ちくま学芸文庫

ロバート・オッペンハイマー

愚者としての科学者

藤永 茂

筑摩書房

この作品は一九九六年三月、朝日新聞社より刊行された。

目次

ロバート・オッペンハイマー　愚者としての科学者

——Because I was an idiot.

「なぜなら，私が愚かだったからだ」
1954年4月14日，R.オッペンハイマー，
聴聞会の発言から

序

1 オッペンハイマーを知っているか？

『ジュラシック・パーク』という映画がある。これまでに数百万の人が見た映画だろう。その中にロバート・オッペンハイマーの肖像写真が大写しになる所がある。恐竜パークを管理するコンピューターのモニター・スクリーンの向かって左側に貼りつけられている。オッペンハイマーの顔のすぐ上には原爆のキノコ雲のマンガも貼ってある。そのコンピューターを操作する男ネドリーにとっては、オッペンハイマーがアイドルであることを、この映画の監督スピルバーグはきわめて意識的に示そうとしているのである。ここに、オッペンハイマーとは私たちにとって何かという問題が見事にまとまった形で顔を出している。

このネドリーという男の性格、思考パターン、行動は『ジュラシック・パーク』の恐怖物語の展開にとって要《かなめ》の位置を占める。コンピューター技術者としては有能で不可欠の人物だが、自分の欲望に歯止めがなく、金次第でどのような事でもする。他人にどんな迷惑がふりかかろうとお構いなし。このネドリーという無責任野郎がいなかったら、ジュラシック・パークの破局はまだまだ先のことになっただろう。ネドリーと自分を同一化《アイデンティファイ》する観客は一人もいまい。ネドリーは自分ではないのである。地獄に堕ちるネドリーを見つめる快感は、スピルバーグが巧みに私たちに売りつける商品の一つである。

　昭和二〇年（一九四五）八月九日午前一一時三分、原爆が長崎の上空で炸裂した。当時、九州大学の物理学科の学生であった私は福岡市の郊外で父母とともに暮らしていたが、終戦直後のある日、空ろな目をした兄が突然姿を現わした。爆心に近い三菱の兵器工場で働いていた兄は、炸裂の直前、たまたま地下室への階段を下りたため、腕に熱線による火傷を受けただけだった。地下室から上って外に出た兄は、そこに多数の女子工員が形を失った肉塊となって並んでいるのを見た。私が兄から聞いた話はただそれだけである。それから五〇年間、その日のことについて兄は私に何も語らなかった。私も何も聞かなかった。

　幸いにも兄の血管の中に白血球が突然溢れることはなかったようだ。しかし、この半世紀、兄が黙って長崎の死を裡に抱いて生きつづけたことを私は知っている。

　私は一九五九年の秋に渡米して、シカゴ大学物理学教室のR・S・マリケン教授の下で分子計算の仕事を始めた。厳しい木枯しの吹くある朝、大学行きのバスを待っていた私の前に一台の車が止まった。中年の男が自分も大学に行くから乗せてあげようと言う。大学構内で私を見かけたのだろう。経済学部の教授らしいその男は、アメリカでの研究生活についての私の感想を求めた。マリケン教授の下での何の義務も束縛もない毎日は、私にとっては天国のようなものであったから、その通りを述べると、彼はうなずきながら、次にはアメリカが広島、長崎に原爆を投下したことについての私の意見を求めてきた。私が口ごもっていると、彼は言った。「あなたたち日本の知識人は日本のファシズム独裁軍事政権が倒される日の到来を強く待ち望んでいたに違いない。我々の二発の原爆はそのファシズム政権を見事に打倒した。だからあなた方の心の中にはアメリカの原爆によって解放されたという気持があると私は思うのだが、どうだろう」。私は語る言葉を持たなかった。幸いにも車は大学に着き、私は逃げるようにして車を辞した。

マリケン教授は私が滞在した二年間一度も原爆のことを話題にしなかった。教授が、日本の都市への原爆投下に反対したシカゴ大学の科学者集団の重要な一員であったことを私が知ったのは、それから一〇年ほどもあとのことだった。

私の世代で、物理学を学び、それを教えることで生計を立ててきた者ならば、核兵器の問題がいつも心のどこかに貼りついた感じでこの五〇年を生きてきたはずである。原爆を可能にしたのは物理学である。原爆の開発を政府に進言し、それをロスアラモスの山中でつくり上げたのは物理学者である。「原爆の父」ロバート・オッペンハイマーは「物理学者は罪を知った。これは物理学者が失うことのできない知識である」と言った。湯川秀樹は核兵器を「絶対悪」であるとしてその廃絶を唱えた。文芸評論家唐木順三は、その「絶対悪」を生んだ物理学そのものも「絶対悪」であると考えた。ガンによる死の床から、唐木順三は湯川秀樹をはげしく糾弾した（遺稿、一九八〇年）。湯川が原水爆を絶対悪として平和運動を進める一方で、依然として物理学研究の喜びを語っていることが許せなかったのである。核兵器は悪いが、物理学は悪くない、ということがあり得るか。

一九四五年一〇月ロスアラモスを去ったオッペンハイマーは、二度と核兵器の開発を手がけることはなかった。一九四七年一〇月プリンストンの高等学術研究所の所長となり、一九四八年には湯川秀樹を、一九四九年には朝永振一郎を客員教授として招いた。湯川（一九四九年）、朝永（一九六五年）のノーベル賞受賞はオッペンハイマーの推薦に負うところが少なくなかったとされている。一九六七年、オッペンハイマーは、核兵器は悪だが物理学は悪ではないと信じたままで世を去った。

私がロバート・オッペンハイマーに関心を持ってから二〇年はたつ。オッペンハイマーの名は科学者の社会的責任が問われる時にはほとんど必ず引き出される。必ずネガティヴな意味で、つまり悪しき科学者のシンボルとして登場する。オッペンハイマーに対置される名前はレオ・シラードである。シラードは科学者の良心の権化、「あるべき科学者の理想像」として登場する。このおきまりの明快な構図に、あるうさん臭さをかぎつけた時から、私の視野の中で原水爆問題を執拗に包みこんでいた霧が少しずつ晴れはじめたのであった。

この、大天才でも大サタンでもないただの一人の孤独な男を、現代のプロメテウス、ファウスト、メフィスト、フランケンシュタイン博士、はたまた狡猾な傭兵隊長《コンドテイエーレ》、ハッカー・ネドリーのアイドルに仕立て上げ、貶める必要はどこから生じるのか。そうすることで、誰が満足を覚え、利益を得るのか？

私が見定めた答は簡単である。私たちは、オッペンハイマーに、私たちが犯した、そして犯しつづけている犯罪をそっくり押しつけることで、アリバイを、無罪証明を手に入れようとするのである。オッペンハイマーは「原爆の父」と呼ばれる。これは女性物理学者リーゼ・マイトナーを「原爆の母」と呼ぶのと同じく愚にもつかぬ事だが、あえてこの比喩に乗りつづけるとすれば、オッペンハイマーは腕のたしかな産婆の役を果たした人物にすぎない。原爆を生んだ母体は私たちである。人間である。

「人は人に対して狼なり」という西洋の古い格言がある。人間が人間に対して非情残忍であることを意味する。しかし狼は非情残忍な動物ではない。狼に対して失礼というものである。「人は人に対して人なり」と言うべきであろうと私は思う。人間ほど同類に対して残酷非情であり得る動物はない。人間が人間に対して加えてきた筆舌に尽くしがたい暴虐の数々は歴史に記録されている。それは不動の事実であり、人間についての、失うことのできない確かな知識である。

オッペンハイマーの生涯に長い間こだわりつづけることによって、私は、広島、長崎をもたらしたものは私たち人間である、という簡単な答に到達した。私にとって、これは不毛な答、責任の所在をあいまいにする答では決してなかった。むしろ、私はこの答から私の責任を明確に把握することができた。唐木順三の声高な非難にもはっきり答えることが出来るようになった。「物理学を教えてよいのか、よくないのか」という切実な問題に対する答も出てきた。「物理学は学ぶに値する学問である」。

私がこれからロバート・オッペンハイマーを描くことを試みるのは、オッペンハイマーを知る労もとらずに、オッペンハイマーの名と、彼が口にしたとされるいくつかのキャッチフレーズを勝手な方向に乱用する人たちの退路を断ちたいと思うからである。オッペンハイマーのステレオタイプをつくりあげた評伝の類は数々あるが、それに対しては、最近亡くなった物理学者ユージン・ウィグナーの言葉を引用しておく。「彼の名は今ではかなり知れわたっているが、彼について一般に思われていることのほとんどは誤っている」。

1　優等生

2　幼少のころ

ロバート・オッペンハイマーの父、ジュリアス・オッペンハイマーは一八七一年、ドイツ西部の小都市ハナウで農業と小さな穀物商を営むユダヤ人の家に生まれた。一家はユダヤ教の戒律を捨てた無宗教のユダヤ人だった。一八八八年、一七歳になったばかりのジュリアスは単身ニューヨークに渡った。彼を呼んだのは母方の親類の二人の男で、渡米して既に衣料業者として成功していた移民第一世だった。その下で徒弟奉公のイロハから始めた当時のジュリアスは、英語も出来ず、操り人形のような歩き方をする若者であったという。

それから一五年後の一九〇三年、容姿端麗なエラ・フリードマンと結婚する頃には、ジュリアス・オッペンハイマーは一分のすきもない身だしなみの青年実業家になっていた。既製服なるものの出現、流行がめざましい富をもたらした。その金で画廊とも縁ができた。成上がり者の移民が求めたかもしれぬ虚飾の教養の域をこえて、ジュリアスの内心には芸術に対する真正の愛好があったようだ。

エラ・フリードマン、つまり、わがロバートの母となった女性は、これもドイツのババリア地方からアメリカのボルチモアに移住し定着したユダヤ人の旧家に育った。フリードマン家もユダヤ教からはなれていた。エラはパリで一年間印象派の画風を学び、ニューヨークにアトリエを持って生徒もとっていた画家だった。ニューヨークのどこかの美術館か画廊がジュリアスとエラの出合いの場所であったことは十分考えられる。この夫婦の絵画の収集は相当なものであったようだ。少なくとも数枚のセザンヌ、三枚のゴッホ、それにドラン、ヴュイヤールなどが含まれていた。一九一〇年前後の購入だとすれば、彼らの目はなかなかのものであったというべきだろう。ジュリアスがニューヨークに渡ってきた一八八八年はゴッホが南仏アルルにやってきて「ああ日本だ」と叫んだ年でもある。ゴッホは、事実上一枚の絵も売れないままに一八九〇年に没している。

結婚の翌年一九〇四年四月二二日夜、エラはロバートを分娩。難産だった。母親は繊細な体質と大きな碧眼をロバートに与えた。次子ルイスは生後まもなく死亡。第三子フランクが一九一二年八月一四日に生まれるまでの八年間、ロバートは、父、母、エラの母親、二人のメイド、執事《バトラー》、自家用車運転手《ショーファー》を含む裕福な家庭の愛情を一身に集める独り子として育つ。ゆったりした一三室のアパートはマンハッタン島ウェストサイドの高級アパート地区のリヴァサイド・ドライブ一五五番地一一階の高みにあった。幼いロバートは窓際に

上：ロバート・オッペンハイマー（2歳の頃）と父ジュリアス（35歳）
左：8歳下の弟フランクと

立って、独りで、眼下にゆったりと広がるハドソン川の水面《みなも》を行きかう船舶を眺めていたことであろう。気の向くままに裏庭に飛び出して駆けまわることもかなわなかったし、一階下の地面に降り立つにはメイドのお供がついた。大人の訪問客はあったが、バトラーが丁重にドアを開けて、ゴッホが飾られた室内に招じ入れた。

五歳の時、ロバートは初めて大西洋を渡ってドイツにいる父方の祖父に会った。祖父ベンは娘の家族の近くで老後を送るために、ハナウからケルンに移っていた。二〇年前、心もとなげな一七歳の後姿を残してアメリカに旅立った息子のジュリアスが、見るからにかっぷくのよい〝大商人〟になって帰ってきた。美しい妻と、青い目を大きく見ひらいた、内気で聡明な、ほっそりとした孫を連れて。老人ベンの驚きと喜びは大きかった。

ベンは幼いロバートに鉱物標本セットを与えた。それはドイツ語の名票のついた二ダースほどの鉱石がならんだ箱にすぎなかったが、たちまち孤独な少年の心をとらえた。リヴァサイドのアパートのロバートの部屋の棚は岩片や鉱物結晶で満たされた。異例の若年でニューヨーク鉱物学同好会の正会員となり、一二歳の頃にはその会合で研究発表をするまでになった。父のジュリアスはロバートの知的早熟ぶりを目を細くして見守り、金に糸目をつけず、息子の趣味を支援した。ロバートは書物に読みふけることも多くなったが、とりわけ気に入った本ができると、父親は同じ著者のものをすべて買い求めてロバートに与える、といった風であった。その家庭生活には、「正常で健康なやんちゃ坊主になる道がなかったから、全く嫌味なほどお利巧な坊やになってしまった」と、後年、オッペンハイマーは幼少の頃を回想している。

一九一一年九月、ロバートはセントラルパークの西側にある私立学校「倫理文化学園(Ethical Culture School)」の第二学年に入学し、一九二一年、その高校部を卒業する。この風変わりな名称の私立学校は宗教的ドグマに依存しない倫理的全人教育を目標にしていた。

3　アドラーの倫理文化協会

ロバート・オッペンハイマーと弟のフランクが通学した倫理文化学園はニューヨークの裕福な家庭の子供たちの私立学校として知られているが、それは一八七六年、倫理文化協会を創立したF・アドラーが開校し、校長をつとめていた。コーネル大学の宗教学の若い教授であったアドラーは、宗教信仰に依存しない一つの倫理体系を立て、それに立脚して人間改善、社会改善の精神的運動を展開した。人間が倫理的に生き、社会が倫理的であるためには、外から与えられる宗教的ドグマを信ずる必要はなく、むしろ、人間の心に内在する倫理的意志を確認し、それを燃え立たせることこそ肝要である、とするのが熱情家アドラーの提唱する所だった。この「神を必要としない」人間救済の教えは、当然、既成宗教からの攻撃を招いたが、アドラーは、キリスト教諸国での社会悪の蔓延、実業界の無節操な利益追求、児童労働、戦争、などを挙げて既成宗教の無能と腐敗をついた。

その頃のニューヨークには二種類のユダヤ人がいた。主に西ヨーロッパからの移民で、アメリカ東部の産業経済の発展の波頭に乗って、才覚と資力で社会的地位の向上と確立を目指す〝富める〟ユダヤ人と、東ヨーロッパの各地からアメリカの新天地に流れこんではみたものの、金もなく学歴技能もなく、都会の汚濁の中に埋没して生きる〝貧しき〟ユダヤ人である。富めるユダヤ人はマンハッタンの北西部(アッパー・ウェストサイド)の住宅地に居を構え、貧しきユダヤ人はマンハッタンの南東部(ロウワー・イーストサイド)やブロンクス地区のスラムに集中していた。当時の貧民街の生々しい映像が、ニューヨークの『イヴニング・サン』紙の記者J・リースが足で撮ってまわった多数の写真によって今に伝えられている。繊維衣料業界でのユダヤ人実業家たちの成功の裏には、彼らが貧しいユダヤ人移民を低賃金で酷使するという醜い図式が貼りついていた。その状況をリースは次のように書き残している。「二番街の高架鉄道に乗り、半マイルも行くと衣服製造の地帯に入る。道路の両側には果てしもなく安アパートのレンガの壁が建ち並んでいて、開いた窓からこういう工場の内部をちらりと眺めることができる。……男も女もミシンにしがみついたり、ほとんど半裸体のまま窓ぎわでアイロンかけをしている。朝も昼も夜も、まるで変りがない」(猿谷要『ニューヨーク』、文藝春秋、一九九二年)この状況をロバートの父ジュリアスが知らなかったはずはなく、温厚な彼なりに、心の中での処理に迫られたと思われる。アドラーの教える所は、宗教を捨てたユダヤ人、富めるユダヤ人にとってうってつけの救いであった。

倫理文化協会創立の翌年一八七七年、アドラーは無料幼稚園、貧困者に衣料を与えるための裁縫をする婦人グループなどをつくり、人種、宗教のいかんを問わず、病人をかかえた貧困家庭に看護士を派遣することも始めた。身体不自由児や女性失業者の問題なども、時代にはるかに先んじて取り上げられた。ジュリアス・オッペンハイマーはアドラーの熱心な支持者となり、一九〇七年から一九一五年まで協会の理事会の役員もつとめた。協会の記録をみると、一九一一年には産業人グループなるものが結成されて、産業倫理の問題を検討し、企業の雇主と被雇用者との間に公正な関係を確立することをその事業内容とした。

父ジュリアスはアドラーに素直に従うことで内心の問題を処理できたようだが、ロバート・オッペンハイマーにとっては、事はそれほど簡単に片付かなかった、と私は推測する。一九五四年のいわゆるオッペンハイマー聴聞会の冒頭の自己弁護の陳述の中で、社会問題に対する無関心が三〇歳を越えるまで続いたことを申し立てて、オッペンハイマーは「一九二九年秋の株式大暴落も時がたってから知った。投票したのは一九三六年の大統領選挙が最初だった。……物理学には深い興味を持っていたが、人間とその社会との関係については何の理解も持っていなかった」と述べているが、果たしてそのままに受取ってよいものだろうか。

父親ジュリアス五〇歳の誕生日に、一七歳のロバートがたわむれに書いた詩に「アドラー博士を道徳の丸薬よろしく鵜のみにして……」という一行があったという。父を見る高校生ロバートの眼の鋭さがハーヴァード大学に進学して鈍化したとは、いかにしても考えにくい。ハーヴァードは左傾化の著しい時代であったのだから。

4　ピンクの頬の優等生

倫理文化学園は時代に先んじて男女共学制をとっていた。同窓の女子生徒の一人が五〇年の歳月のあとに、往時のロバート少年を鮮やかに想起している。「彼はまだいたいけな少年でした。ひどく頼りなげな体つき、ピンクそのものの頬の色、いたく内気で、もちろんとても頭のよい子でした。……身体的には未発達で——不器用というのとは少し違うのですが——その歩きぶり、椅子に座るときの様子、彼にはどこか奇妙に幼いところがありました。何かバランスの取れてない所があったのです。突然その内気さを振り切って前に出てくることがありましたが、それも、何というか、とても丁寧な物の言い方でした」。

M・ミンスキーは情報工学者のC・E・シャノンの愛弟子で、人工知能の分野では指導的な学者の一人だが、ユダヤ人を両親に持ち、やはりアドラーの倫理文化学園で学んだ。オッペンハイマーの二〇年ほどの後輩にあたる。学園で目立った秀才ぶりを発揮すると、

「君はオッペンハイマーの再来だ」と教師から言われたものだ、とミンスキーは回想している。ロバート少年が伝説化されていた、ということだろう。

教師の間では優等生ロバートの受けは最高だったが、同級生の間では必ずしもそうではなかった。知的能力や知識を鼻にかける一方、体を使うことになるとまるで不ざまになるのだった。一階上の教室に行くにも階段をおっくうがってエレベーターを使うので、ロバートが教室に着くのに時間がかかり、授業の開始がおくれることが度重なった。ある日、「お宅のロバートに階段を上ることを教えていただきたい」という通達がとどいて、ジュリアスとエラを驚かせた。両親は息子をスポーツになじませようと考え、テニスをさせてみたが成果は上がらなかった。勝負相手が必要なこともロバートの性に合わなかったようだ。

一四歳の夏のことである。ロバートを同じ年頃の少年と同じように行動させたいと願う母親のエラは、ある男子高校の校長が企画した夏のキャンプにロバートを送った。参加者は裕福なユダヤ人家庭からの男児だったが、そのキャンプで、ロバートが裸にされてペニスと尻を緑色に塗られ、氷室《ひむろ》の中に一晩中とじこめられるという事件が発生した。

男の子ばかりが集団で起居をともにする世界はロバートにとって全く新しい経験だった。極端に内気で、しかも知的には他を見下している感じのロバートは、ゲームなどにも参加をしぶり、喧嘩を売られても応じなかった。男の子たちの性的好奇心は旺盛で、ポルノグラフィックな会話が好んで交わされ、雑誌の類が回覧された。ロバートは「人生の事実」について初めて具体的な知識を得た。そのことを、無邪気にも、キャンプから両親に手紙で報告したのだが、父親は早速キャンプの現場に出かけて行って監督の強化を申し入れた。氷室での「いじめ」は親に「密告」した裏切り者に対するリンチであった。

十代の危機は誰にでもやってくる。人間成長の正常なパターンの一部と考えた方がよい。ティーンエイジャーの皮膚の感覚は、まず家庭という枠に過敏になる。ロバートにも、家庭を、そして父母を息苦しいものと感じて反抗的になった時期があった。しかしその時期の父母についてさえ、彼の後年の回想には優しいひびきがある。「私の父は実に寛大で心のやさしい人間だったと思う。彼が人びとのためにしてやれることとして考えていたのは、やりたいと思うことを人びとが自分で見つけるように仕向ける、という事だった。父も母も、私が優等生であったこと、チビっ子インテリだったことを喜んでいたし、鉱物を集めてそれを調べあげることにたいそう熱をあげるのを、少しからかい気味ながらやはり誇らしく思い、こうした面での私の生活に大いに満足だったと思う。私がその年頃にふさわしい遊びや仲間について余り興味を示さなかったことについて、特に母親の方が不満だったようで、どの位の間だったかはよく憶えていないが、とにかく、私が他の少年たちと同じようになるように、しきりに努力していたのを憶えている。でもあまりうまくは行かなかった」。

ジュリアスとエラが営んだ裕福な家庭に、とりたてて病的なところはなかった。ロバート少年をつつむ家庭の空気は笑声にあふれるようなものではなかったにしても、そこにイプセン好みの冷たい異常を見ようとするのは見当違いである。

5 旅へ

倫理文化学園は男女共学で各生徒の個性が尊重された。一九〇七年にはPTA、一九〇九年には教師に対して七年ごとに一年の有給研修休暇《サバティカル》制、一九一〇年には高校部に生徒自治会がつくられた。一九一〇年は明治四三年にあたる。学園の進歩性がうかがえる。富裕なユダヤ人家庭からの生徒が多かったのは、ユダヤ人に対する差別がこの学園にはなかったことを示している。オッペンハイマーが目指していたハーヴァード大学では、ユダヤ人学生数の制限を総長が公然と主張した時代であったのだ。

科学史家トーマス・クーンに、オッペンハイマーは、学園で彼の関心を自然科学にいざなった一人の教師について次のように語っている。「物理と化学の先生はオーガスタ・クロックだった。……彼は実に素晴しかった。はじめの年は物理で、私はすっかり夢中になり、次の年の実験装置をととのえるために彼と一緒に夏を過ごし、次年度には化学も受講し、物理と化学の両方をやるようにした。週に五日は彼と一緒に仕事をしたと思う。化学がだんぜん好きになったものだから、今でも、一般の人に科学に興味を持たせるにはどうしたらよいか、と聞かれると即座に『やさしい化学を教えなさい』と答えるほどだ。この学園でクロックさんが先生をしていなかったらどうなったか、それはわからないが、とにかく彼に負う所がはなはだ大きいという気持が私にはある」。夏休みの間も学校で時間を過ごすようになった裏には家庭の枠の外に出たい気持もあったと思われるが、この若い心にとって実験が「科学する」ことの重要な部分を占めたことは教師クロックの感化であった。これがオッペンハイマーの理論物理学者としての離陸《テイクオフ》を少しもたつかせたとも考えられる。彼の自然科学への志向は、まず祖父から与えられた鉱物標本への興味、つづいて教師クロックの巧みな啓発指導によって始まったものであって、若いロバートにとって科学は面白く楽しい知的活動以上のものではなかった。

I・I・ラビはオッペンハイマーの生涯で重要な役割を演ずる大物理学者だが、ニューヨークの「貧しい」ユダヤ人として育つ。一〇歳の頃、ブロンクスの公共図書館でコペルニクスの天体系を知ると、たちまち心を躍らせて家に帰り、小さな食料雑貨店を営む、ユダヤ教の信仰に厚い両親に向かって、「とても簡単。神様なんていらないよ」と宣言した。この日を境にして物理学は少年ラビの心を奪い、ユダヤ教の説く天地の成り立ちは意味を失ってしまった。物理学との宿命的な出合い、といえば芝居めくが、とにかくラビの物理学開眼は劇的であった。わがロバート・オッペンハイマーにはそれがないのである。

倫理文化学園の教師の中で、オッペンハイマーにとって最も重要な人物は、クロックではなく、英語教師ハーバート・スミスである。青春期のロバートはスミスに教師と兄を求め、後年は友人としての関係を持ちつづけた。ハーバート・スミスは一九一一年ハーヴァード大学で英文学の修士の学位をとり、つづいて博士号の準備を進めながらハーヴァード大学とＭＩＴ（マサチューセッツ工科大学）の両方で学部学生を教えていたが、倫理文化学園の学園長アドラーから声がかかった。スミスが英語教師として学園に着任したのは一九一七年、ロバートが高校部《シニア・ハイ》に入った年である。一時の腰かけのつもりだったが、若い多感な男女の生徒たちを教える仕事がすっかり気に入ってしまった。学園の教育理念に共鳴し、生徒と日々接触してそれぞれの個性の成長を助けることに至上の生きがいを見出し、ハーヴァードに帰る気を失った。着任して七年後の一九二四年には高校部の校長に昇進している。

　高校一年に進学したロバートはスミスが初めて担当したクラスの一員となり、三年間、つまり学園卒業の時まで、この意欲的な教師の薫陶を受けた。そのクラスに属する男女の生徒たちは放課後スミスの机のまわりに群がって活発なおしゃべりを楽しんだ。スミスの自宅でのパーティーもこよなく楽しいものだった。この仲間内では、わが内気なロバートも大いにはしゃぐことさえ知っている若者として記憶されていた。その仲間とスミスとの関係、メンバーの間の連帯は学園卒業後もながく続いた。その一人、フランシス・ファーガスンは教師スミスを次のように追憶している。「生徒たちにはとことんまで親切だった。

ロバートや私や、ほかの生徒たちのことを親身に考えてくれて、何か困っているとその解決のために気を配りつづけて、どうしたらよいか忠告してくれた」。

フランシス・ファーガスンは、ハーヴァード大学入学の準備のため、ニューメキシコ州のアルバカーキからニューヨークにやってきた。アルバカーキは、のちに原爆研究所が置かれたロスアラモスの南約九〇キロにあるニューメキシコ州最大の都市で、原爆開発の物語に深くかかわってくる。フランシスはブロンクスの公立高校に二年在学したあと倫理文化学園の高校に転入して一年間スミスのクラスの一員となり、ロバートとの密接な関係がはじまった。その前途には、後年、ロバートがフランシスの首を絞めるという奇怪な事件が待っている。この二人の関係には、これまでのオッペンハイマーの伝記に読み取られている以上のものが含まれている、と私は考える。

ロバートは一九二一年二月に、フランシスは六月に学園を卒業した。その秋、二人はマサチューセッツ州ケンブリッジのハーヴァード大学に入学する予定だった。その年の晩春から夏にかけてロバートは両親と弟のフランクと共にドイツに旅行した。親族との交歓が主な目的だったのであろうが、ロバートは単独行動に出て、ただ一人でボヘミアの古い鉱山地帯に踏み入って、ながい間、鉱石の採集を行った。岩石片で一杯の革カバンを引きずって山を下りてきたロバートは、ひどい下痢に悩まされて衰弱しきっていた。重症の大腸炎と診断され、入院加療ということになった。やや体調が回復してからニューヨークに戻ったが、自宅で療養をつづける必要があり、その秋のハーヴァード大学進学は無理になってしまった。フランシス・ファーガスンは予定通りに進学したが、ロバートの方はアパートに閉じこもったまま、その冬をうつうつと過ごす破目となった。

両親は学園で同窓の男女の友人たちをアパートに招く努力を払い、スミスもクラスの仲間たちがロバートを訪ねるように仕向けた。しかしロバートは友人たちを喜び迎える様子を示さず、自室にこもって読書に耽溺し、食事のとり方などで母親が少し口やかましくすると、あらわに反抗するまでのうつ状態に落ち込んでしまった。暗いニューヨークの冬も明けた一九二二年の春、父親ジュリアスは手に負えなくなった息子の心機一転の策として、ハーバート・スミスにロバートを西部旅行に連れ出してくれるように依頼したのだった。スミスは、その前年、同じようなふさぎ虫に取りつかれた学園長アドラーの甥をニューメキシコに連れて行った経験があった。

旅立ちを前に、ロバートは、自分を弟ということにしてもらえまいかとスミスに頼んだ。ユダヤ人であること、ユダヤ商人の子であることを隠したい気持からの依頼であることを知ってスミスは驚いたが、ロバートの頼みはきっぱりと断った。

コロラド州のデンバーを経由してニューメキシコ州のアルバカーキに到着した二人を、先廻りして帰省していたフランシス・ファーガスンとその家族が迎えた。フランシスの兄ハーヴェイも姉のエルナも文筆家としてすでに身を立てていて、ファーガスン家は知的な空気にみちていた。ロバートは、さらに、フランシスを通じて、同年齢の才気煥発の若者ポール・ホーガンを知った。やがて作家として名を成す人物である。三人はお互いに心を許す親しい仲となった。ポールがたわむれに「偉大なるトロイカ」と呼んだこの三人組は、寄れば人生論、文学談議に時を忘れた。ロバート・オッペンハイマーの死から九年後の一九七六年、ポール・ホーガンはそうした若き日々のロバートを次のように追想している。「彼には大きく人に立ちまさる資質があったが、それは大きな魅力をもともなっていたし、とても純真なところもあった。……後年、彼の傲慢さや自己中心性が取り沙汰されても、私はいつも、本当かなあ、と思ってきた。彼にそんな所があったなんて、私にはとても考えられない」。

6　ロスピノス

オッペンハイマーは、晩年に、「私が最も愛したのは物理学とニューメキシコだった」と述べている。

ニューメキシコ州は南をメキシコに接するアメリカ南西部の州で、ズニ、アコマ、ホーピなどの先住民に当てがわれた多数のインディアン保留地がある。先住民の多くは大昔から、土、石、木材で構築した平たい屋根の大きな重層住宅に住んでいた。一五〇〇年代のなかば、メキシコから北上してきたスペイン人が、それをプエブロ（村落や町を意味する）

と呼び、そこに住む先住民たちを一括してプエブロ・インディアンと呼んだ。現在この州を東西に切るハイウェイ40（ルート66）と北から南に流れてメキシコ湾に入る大河リオグランデ（リオは川を意味する）が直交する所に州最大の都市アルバカーキがある。そこからリオグランデを北に二〇〇キロほどさかのぼるとタオスの町に達する。この辺りの先住民の文化は紀元前六〇〇年頃にすでに明確な形をとり、その驚くべき美しさを誇る陶磁器生産の歴史に文化伝統の強靭さを見ることができる。

リオグランデ沿いに南から北へと侵入してきたスペイン人がニューメキシコの地を植民地とし、アルバカーキの北東九〇キロの地に首都サンタフェを置いたのは一六一〇年のことだった。英国の清教徒の一団がメイフラワー号でプリマスに到着したのが一六二〇年だから、ヨーロッパ人による本格的な植民地化という意味では、ニューメキシコはニューイングランドと同じ古さの歴史を持っている。

ヨーロッパ人によるアメリカ大陸先住民の制圧は例外なく苛酷無情なものだった。サンタフェ地域でも、一六八〇年、スペインの暴政に堪えかねたプエブロ・インディアンたちが一勢に蜂起した。不意を突かれたスペイン人はサンタフェ、アルバカーキを棄て、算を乱して南へ敗走したが、一三年後にはバルガスの率いるスペイン軍がサンタフェを奪回し、七〇人のインディアン指導者を処刑してスペインの支配を再建した。サンタフェは現在もニューメキシコ州の州都である。

サンタフェの東北三〇キロのコールズに近いロスピノス牧場（ランチ）でロバート・オッペンハイマーとハーバート・スミスは一九二二年の夏を過ごした。一般の逗留客を受け入れる施設をととのえた民宿牧場で、アメリカ東部の富裕な知識人層の客が多く、サロン的な雰囲気があった。経営者はキャサリン・シャベーズ・ペイジというスペイン系の女性とその夫だった。

シャベーズ家はスペイン植民地時代から続くスペイン郷士の家柄で、ニューイングランドの古い家柄に相当する格式を持っていたと思われる。キャサリンの父ドン・アマドが家長で、ファーガスン家とも親しい間柄だった。キャサリンは当時二八歳、その品格と美貌はあたりを払うものがあった。フランシスもポールもロバートもキャサリンに魅了された。彼女はこの三人を「わたしの奴隷さんたち」とたわむれに呼んでいた。ロバートは生まれて初めて女性に対するまことの慕情を経験したようだ。

キャサリンを含むシャベーズ家の人たちは、ニューヨークからやって来たユダヤ商人の息子を家族の賓客として温かく迎え入れてくれた。シャベーズ家、ファーガスン家、ロスピノスの民宿牧場の逗留客がつくるサロン的雰囲気の中で、「名を知って物を知らぬ」ロバートも、不器用につまずきながらも、人間的に成長をとげたものと思われる。ロスピノスで乗馬をおぼえたことも大きな収穫だった。ひと夏でニューメキシコの荒々しい山野を駆けめぐる馬乗りになって、同伴のスミスを驚かした。前かがみの歩きぶりも不ざまな若者がひとたび馬上の人となると、颯爽と風を切った。ロバートを先導するキャサリンの乗馬姿も刺激的であったに違いない。

ある日、ロバートはロスピノスから西に向かい、リオグランデを渡り、パヤリト台地の高みに馬を進めてロスアラモスの地に達した。ロスアラモスは〝アスペンの林〟を意味する。アスペンはポプラの一種で、白樺に似た青白い幹が高く立ち、夏は軽い青葉を陽光におどらせ、秋は鮮明な黄色にさんざめく。ロスアラモスから東を望めばサングレ・デ・クリスト（キリストの血）山脈が南北につらなり、その山並みは落陽を受けてその名のままに深い茜《あかね》色に染め上げられる。

乗馬への熱中はニューメキシコの自然の異様な美への開眼でもあった。その強烈に透明な空気、硬い青の大きな空、生と死を止揚するかのような山容と砂漠に魅せられた人は少なくない。しかしそれは文化果つる西部の砂漠ではなかった。タオスの町は当時すでに芸術家コロニーとして知られていた。オッペンハイマーと入れ違いに、一九二二年九月上旬、英国の作家D・H・ローレンスがタオスにやってきたのも、コロニーに住む一女性の働きかけによるものだった。ローレンスはその秋と冬、近くの牧場に腰を据えて旺盛に創作に従事した。『ニューメキシコ』と題する次のエッセーは彼の思い入れがいかに強いものであったかを示している。

「ニューメキシコは、英国以外の世界での経験として最も大きかったと思う。たしかにそれは私を永久に変えてしまった。……ニューメキシコの壮麗熾烈な夜明けに、はじけるように目がさめ、魂の真新しい部分が突然に覚醒し、新しい世界が古い世界に取って代わった。……広大で誇りかな砂漠の世界を見おろす高みに生えた松林の中にテントを張って、ただひとり、幾度も朝を迎えた者ならば、その天地がほとんど堪えがたいまでに、どんなに美しいかを、その昼の強烈さがどんなに明快で断乎たるものであるかを知るだろう……」

この鮮烈な光と風がオッペンハイマーの身と心を洗ったとすれば、その真新しい感受性に富んだ魂に刷り込まれた思想は何であったか。その内容をさぐる鍵はA・ハックスリーの小説『クローム・イエロー』にある、と私は強く推測する。

一九一九年、第一次世界大戦はドイツに苛酷な制裁を加えたヴェルサイユ条約によって終結したが、後味は悪かった。同じ年にアメリカでは共産党が結成されて話題となった。ハックスリーは、戦後の虚無的な自由思想の旗手の一人として英語圏の知識人層の人気を集めた。小説『クローム・イエロー』は一九二一年に出版された。その翌年の夏、ロスピノスの「サロン」でこの戦後小説が話題になった形跡がある。そのモデルとなったガーシントンのサロンは、戦時中バートランド・ラッセルなどが集まって、平和論の拠点となったことも思い出しておこう。詳しくは節を改めて考えることにしよう。

ロバート・オッペンハイマーは健康を回復し、生への新しい期待と新しい不安に胸を一杯にしてニューヨークに帰ってきた。その秋一九二二年九月、両親のもとを離れて、マサチューセッツ州ケンブリッジのハーヴァード大学の化学科に入学し、寄宿生活を始めた。一八歳である。

7 『クローム・イェロー』

「ハーヴァードには、おっとりとした、しかも、どこか滑稽な風情《ふぜい》があります。リベラル・クラブの石化した横柄さ、酔っぱらいのような愛国者たちのおきまりの無意味な罵声、フランシスとその仲間たちの創作の苦闘、ほとんどの講義の張りのない空虚さ、これらは『クローム・イェロー』と同じぐらい面白く、まあピコス風には楽しめます。……」。ハーヴァード入学の三カ月後、師スミスに送った手紙の一部である。若い頃のオッペンハイマーの文章には、気障《きざ》でバロック的な修辞に満ちていて読みづらいものが多い。この文章もその一例だが、ハーヴァードでの彼の精神形成の出発点を示しているので読み解いてみよう。

前にも述べたが、一九二一年に出版されたA・ハックスリーの小説『クローム・イェロー』の知的なニヒリズムと風刺が、一九二二年の夏のロスピノスの「サロン」で話題になったことは十分考えられる。スミスへの手紙で『クローム・イェロー』が何の註釈もなしに言及されていることを、その証左と見ることもできよう。明らかに読み取れるのは、ロバートが身の回りをこの小説の視点から見ている事である。

ロンドンの北方、丘や谷の緑の起伏も美しい田園地帯の村クロームの荘園に城館のような構えのウィンブッシュ家の大邸宅がある。プリシラ・ウィンブッシュ夫人の招待を受けた二三歳の青年詩人デニス・ストーンは逗留客として夏を過ごし、家族のメンバーや他の逗留客、訪問客と交際する。自己意識過剰で行動力に欠け、読書を通じての知識しか持たないデニスは、実世界の、生身でしたたかな男女たちの中で、不細工な挫折をくりかえす。プリシラ夫人の姪でデニスより年上の魅惑の女性アンに恋心を抱くが、肝心な所でいつも告白の機会を逃す。デニスとは対照的に手の早い画家ゴンボールドは、ダンスを軽蔑するふりをしているデニスの眼前で、さっさとアンを抱いて熱いダンスを披露するが、デニスは嫉妬に身を焼くだけで動きもとれない。さらに、ドン・ファンめいた美男子アイヴァーが短期の滞在客として現われ、早速アンを始めとする女性たちを口説きにかかり、その一人メアリーをものにしてしまう。アイヴァーの陽気さに引きずられて広い芝生の傾斜を駆けおりていたアンがつまずいて転んだ時、デニスは足を痛めたアンを両手にかかえて屋敷に戻りかけるが、もともと体力に欠ける悲しさ、ついよろけてアンを落としてしまう。

『クローム・イエロー』は、しかし、さえない青年デニス・ストーンの滑稽な失恋物語に止まるものではない。多彩な登場人物の言動を借りて、セックス、道徳、宗教、知識、人間性……等々についての自由奔放なアイディアが飛び交い展開される所にこの小説の真骨頂がある。

クローム邸のモデルはロンドンの北の郊外にあったモレル家の邸宅で、オットリン・モレル夫人の周囲には、詩人、作家、画家、哲学者などが一つの活発なサロンを形成していた。夫のP・モレルはリベラルな政治家として知られた人物で、この夫婦が一九一五年にガーシントンに移る前にはロンドンのブルームズベリ区に居を構え、オットリン夫人はヴァージニア・ウルフとその一族とも親交があり、時としてはいわゆるブルームズベリ・グループの一員とみなされることもあった。

第一次世界大戦は一九一四年から一九一八年まで戦われたが、戦前から戦後にかけて、英語圏の前衛的文化の中心はロンドンにあり、ブルームズベリかガーシントンに関係した人たちがその中核をなしていたといってよい。詩人、作家としては、D・H・ローレンス、V・ウルフ、E・M・フォースター、K・マンスフィールド、A・ハックスリー、T・S・エリオット……、哲学者、学者にはB・ラッセル、A・N・ホワイトヘッド、L・ウィトゲンシュタイン、G・E・ムーア、G・サンタヤナ、L・ストレイチ、M・ケインズ……、画家ではV・ベル、R・フライ、A・ジョーンズ……など、豪華な顔ぶれだった。当時のアメリカの知識人たちの視線がブルームズベリとガーシントンに注がれていたことは容易に想像できる。そこで織りなされた人間模様は、自由、錯綜、熾烈、ヴィクトリア朝時代の偽善的な道徳的規範を踏み破ることが芸術上で表現され、実生活で実践された。

D・H・ローレンスの『恋する女たち』のハーミオンのモデルがオットリン・モレル夫人であったため、ローレンスとオットリンの関係が悪化したが、『クローム・イエロー』のプリシラもオットリンがモデルであった。夫人とラッセルとの恋愛関係もよく知られた事実である。ラッセルとその最初の妻アリスとの夫婦関係は一九〇二年には冷えきったものになっていて、ラッセルはホワイトヘッドの協力を得て進めていた『プリンキピア・マテマティカ』の執筆に打ちこむことで、その苦悩を忘れようとした。しかし、『プリンキピア』脱稿直後の一九一一年、ラッセルはアリスと離婚しないまま、オットリンは夫を持つ身のままで、二人の恋愛が始まった。この事件にはホワイトヘッドも夫人のイヴリンも巻きこまれた。『クローム・イエロー』では、B・ラッセルはシニカルな思想家スコーガンとして登場する。

前掲のオッペンハイマーの手紙にあるピコスは、ロスピノス牧場やコールズの町を含む一帯を指す地名である。「ピコス風に楽しめます」とは、シャベーズ家を中心としたサロン的雰囲気を指している。その中での我が身の立ち居ふるまいの不器用さを、クローム邸でのデニス・ストーンのそれに重ねてみたに違いなく、デニスの慕情に気付かず、彼をただの「良い子《ナイスボーイ》」として扱った年上の女性アンをキャサリン・ペイジに重ねてもみたことであろう。『クローム・イエロー』の戯画の向こうに、ガーシントンに集まった強烈な個人たちの不羈《ふき》の生き方の向こう側に、ある人間的な真摯さ、一種の倫理性をすら感じ取った可能性もあったと私は思う。それがロバート・オッペンハイマーにとって幸福なことであったかどうか、それはまた別の問題である。

8 リベラル・クラブ

手紙の解読をつづけよう。「リベラル・クラブの石化した横柄さ、酔っぱらいのような愛国者たちのおきまりの無意味な罵声」とは何を意味するのだろうか。

ハーヴァード大学の学生リベラル・クラブは第一次世界大戦の戦後体制に反発し幻滅する一方、レーニンの共産革命、コミンテルン、ソビエト連邦の成立に強い関心を持つ学生たちによって結成された。一年上級のJ・エドサルは新入生オッペンハイマーに目をつけて入会させたが、彼はクラブの左傾した独善的な雰囲気になじまず、「水から出た魚」のように感じたと述べている。ロバートにとって居心地のよかった「水」とは何であったのだろう。

一九二二年当時、リベラル・クラブでの大きな話題の一つがサッコ-ヴァンゼッティ事件であったことは間違いない。一九二〇年四月一五日、ボストンの南二〇キロの工場地区の製靴工場で、給料の入った箱を運んでいた二人の男が射殺され、一万六〇〇〇ドルが奪われた。五月五日に貧しいイタリア人移民サッコとヴァンゼッティが逮捕され、九月一一日殺人犯として起訴された。翌一九二一年五月三一日に裁判が始まり、七月一四日に死刑の判決が下された。死刑は一九二七年八月二三日に執行。アメリカ合州国の刑事裁判史上でもっとも烈しい論議を呼んだ事件である。

一九二一年一〇月、フランスの作家アナトール・フランスは、「旧世界の一老人からの訴えを聞いてほしい。私は外国人ではない。なぜなら私は全人類の世界の市民だから。あなた方の国の州の一つで、二人の男、サッコとヴァンゼッティは、考え（opinion）を持つという罪を犯したとして起訴された。……」として、二人の放免を望むアピールをアメリカ国民に送った。H・G・ウェルズも「サッコ - ヴァンゼッティは彼らが抱いた思想の故に死刑に処せられた」と言ったが、これが事件の核心である。単なる冤罪事件ではなかった。サッコ - ヴァンゼッティ事件の余震は今も続いている。

サッコは靴職人、ヴァンゼッティは魚屋、ともにイタリアからの移民で、第一次世界大戦では兵役を忌避し、アナーキストとして社会改善運動に参加していた。外国からの移民労働者、兵役忌避者、アナーキスト、これだけ揃えば被告は犯罪者も同然――これが陪審員たちの支配的な考え方だった。陪審員長をつとめた男は当初から「こんな奴ら、どっちみち絞首刑ものだ」と言っていたとされ、死刑を申渡した判事W・セイヤーは「被告人の理想は犯罪と血のつながりを持っている」と放言したことが伝えられている。これが当時のニューイングランドの保守的「愛国者」たちの叫ぶ所であった。サッコ - ヴァンゼッティ事件は「自由の国」アメリカ合州国史上の特異点ではない。一八八六年、シカゴのヘイマーケット事件では五人のアナーキストが確かな犯罪証拠もないままに死刑になった。「この自由共和国は、五人の男を、その所信の故に殺した」とW・D・ハウェルは書いた。一七歳のユダヤ人移民ジュリアス・オッペンハイマーが、ドイツの田舎からニューヨークにたどりついたのは、その翌々年一八八八年だった。

すでに述べたように、ニューヨークの繊維衣料業界は既製服の大量生産で大発展期に入り、第一次大戦の軍服の需要も重なって利潤を積み上げていったが、そこには西ヨーロッパからのユダヤ人の中小資本家が東ヨーロッパからのユダヤ貧民を低賃金で酷使するという基本的図式があった。

一九〇三年には暴力的な「外国人」社会運動家を国外に追放するための法律ができた。それは一九一八年に強化されて、平穏なアナーキズム思想の持ち主でも国外に追放できる悪法になった。第一次世界大戦は一九一八年一一月に終わったが、アメリカを含む連合国軍は、一九一九年三月、宣戦布告なしに、新しく生まれたソビエト共産主義政府を攻撃した。その一方で、同年九月にはアメリカ国内で共産党が結成されたこともあって、社会全般に「赤」に対する恐怖心が広がったが、若いインテリの左傾化もはげしく進行した。一九一九年の春から夏にかけて、移民に対する排斥差別に抗議する爆弾事件が続発した。合州国法務長官A・M・パルマーは一般大衆と保守的「愛国者」のムードを読み取って、憲法無視の弾圧にふみ切り、一九二〇年一月二日に行われた最大の「赤狩り」では、全国で二五〇〇人が逮捕され、一〇〇〇人の「好ましくない外国人」が国外追放になった。これがサッコ－ヴァンゼッティ事件を迎えた社会的背景であり、この社会心理の流れの延長線上に、戦後、マッカーシー時代が出現し、ロバート・オッペンハイマーがその最も著名な犠牲者となる。彼もまた、まさに、その所信の故に裁かれるのである。

サッコ－ヴァンゼッティ事件はハーヴァード大学をしたたかに巻き込んだ。アメリカの画家ベン・シャーンの力作にサッコ－ヴァンゼッティ事件についての二三枚の連作がある。その一枚では、サッコとヴァンゼッティの入った二つの棺のそばに三人の正装した紳士が立っている。その中央の男が時のハーヴァード大学学長A・L・ローウェルである。彼は二人の死刑執行に積極的な役割を果たしたが、ハーヴァードの中でも論争がおこり、この裁判の過程と判決内容に対する批判が、法律学の教授F・フランクフルターや心理学の教授モートン・プリンスなどによって展開された。

ここに、わがロバート・オッペンハイマーとサッコ－ヴァンゼッティ事件との接点を探り当てることができる。一九二四年一月のスミス宛の手紙に注目しよう。ボストン、ケンブリッジ周辺の文化的雰囲気が「散文的です」と書いて、例の気取りを見せたあと、「週に幾晩か出かける場所が町に二つほどあって、これは息抜きになります。一つはビーコンヒルの上のカーター家のサロン風のところです。……もう一つはとても生きのよいイタリア人の所で、彼は……モートン・プリンス夫人に僕を紹介してくれたりします」。プリンス夫人は当時のボストン知識人層の中心人物の一人であった。このサロンの主人がサッコやヴァンゼッティと同国のイタリア人であったこと、モートン・プリンス教授が、当局によるサッコとヴァンゼッティの犯行動機の同定には心理学的に問題があることを繰返し指摘していたことを考えると、このサロンで事件が重要な話題であったことは疑いない。それに連関してフランクフルター教授の名も出たことであろう。フランクフルターの名はN・ボーアとの友人関係を通じてアメリカの原爆政策史上にも再浮上し、オッペンハイマーの後年の知己ともなる。当時、ハーヴァード大学の教授にユダヤ人はわずかしかいなかったが、彼はその一人だった。

サッコとヴァンゼッティに対する公正な裁判を声高に要求した勢力の主流はボストン、ケンブリッジ地域の進歩的知識人たちであり、ハーヴァードの学生の多くが含まれた。その中にドス・パソスもいたのである。しかしわがロバートは、進歩性を鼻にかけたリベラル・クラブの「石化した横柄さ」にもなじむことができず、保守的な「酔っぱらい愛国者たち」の外国人労働者排斥のヒステリックな罵声にも耳をおおい、次第に社会的現実についての思考を自ら停止するようになったのではなかったか。それを助長するものとして「ユダヤ人」問題があったとも推測される。

時のハーヴァード大学学長A・L・ローウェルはニューイングランドの名家の出身で、ユダヤ人に対する典型的な偏見を持っていた。大学図書館の図書の紛失が問題になった時、数多い紛失図書のただ一冊を盗んだユダヤ人学生だけを処分した。また、英文学の教授にユダヤ人が採用されるのを自ら阻止したとも伝えられる。オッペンハイマーが入学した一九二二年にはユダヤ人の学生数に制限の枠を設けることをローウェルは提案した。アメリカの大学での反ユダヤ人感情が普通のことであった時代である。

ロバートがそれを感じなかったことはあり得ない。人種偏見というものは、不感症でいられるというようなものではない。しかし、友人のファーガスンに宛てた二、三の手紙を除いて、彼は沈黙を守っている。問題は、すっかり内攻してしまったと考えざるを得ないようだ。それでは彼の心の深みで問題との執拗な格闘が行われたのであろうか。哲学者ウィトゲンシュタインは、まだ幼少の頃、「うそをつくことは悪いことか」という問題を考え抜いたあげく、悪いとする確固たる論拠はあり得ない、という結論に達した、と伝えられているが、オッペンハイマーはそうした粘着力のある徹底的な思考は苦手であったようだ。父親に手を引かれてアドラーの非宗教的な倫理の洗礼を受けた後、ユダヤ教、キリスト教、イスラム教のいずれも避けて、ヒンズー教に接近するようになるのだが、これは一つの逃避であったかも知れない。当時のハーヴァードの学生の大多数が受けた左翼思想の洗礼についても、ロバート・オッペンハイマーは自分の内的な問題を処理し切れないままに、意識的に避けたのではなかったかと推測したくなる。

9　ハーヴァードを三年で

ロバート・オッペンハイマーは一九二二年九月から一九二五年六月までの三年間でハーヴァードを駆け抜ける。四年の学部課程を三年で、しかも「最優秀」の字句の入った卒業証書を手にするのである。しかし、ここで若い天才的理論物理学者の出現をイメージするのはあやまりである。ロバートは知的に大きく混乱したまま化学科の優等生としてハーヴァードを卒業したのだった。一九二二年は文学史上で「奇蹟の年」と呼ばれる。T・S・エリオットの『荒地』、J・ジョイスの『ユリシーズ』、P・ヴァレリーの『魅惑』、翌年にはM・R・リルケの『ドゥイーノの悲歌』が世に出た。ロバート卒業の年、一九二五年は量子力学誕生の「理論物理学の奇蹟の年」である。

一九六三年T・クーンに語ったハーヴァード時代の回想に次のような部分がある。「倫理文化学園とハーヴァードでは化学や物理に直接関係のないことを随分と勉強した。学園ではその頃としてもややエキゾチックだったギリシャ語を学び、ハーヴァードでもそうしたことに大いに精を出しつづけたから、私が一つの明確な道筋をたどっていたように考えると当たっていない。ごく貧しい知識しかなかったフランス語とフランス文学を自分のものにしようと心にきめて励んだし、ホワイトヘッドと一緒に『プリンキピア』を読んで刺激的《エクサイティング》な時間を楽しみもした」。

『プリンキピア』とはB・ラッセルとA・N・ホワイトヘッドの共著になる数学基礎論

『プリンキピア・マテマティカ』で、この三巻二〇〇〇ページの大作は一九一〇年に書き上げられた。その前身にあたるラッセル単独の著書『数学の原理』は一九〇三年に出版された。L・ウィトゲンシュタインがそれに接したのは一九〇八年、マンチェスター大学工学部の航空工学の学生（二〇歳）であった。この出合いは彼の哲学への志向を決定した。一九一一年彼はケンブリッジにラッセルを訪れ、波乱にみちた師弟関係が始まる。『プリンキピア』は一九三一年に発表されたK・ゲーデルの「不完全性定理」の論文のタイトルの中にも現われる。ゲーデルがこの不朽の仕事をしたのは二五歳の時だった。しかし、プリンキピアに対するオッペンハイマーの関心は、ウィトゲンシュタインやゲーデルの場合とは全く別の次元にあったと思われる。前掲の回想で、その講読がまるで趣味的な課外活動ででもあるかのように語られていることからも、彼がラッセル－ホワイトヘッドの論理主義的数学基礎論を本格的に学ぼうとしたものではなかったことがうかがえる。百科事典『ブリタニカ』の「ブルームズベリ・グループ」の項に「G・E・ムーアの『プリンキピア・エティカ』とラッセル－ホワイトヘッドの『プリンキピア・マテマティカ』がブルームズベリの精神であった」と書かれているが、ホワイトヘッドがハーヴァード大学学長ローウェルから招かれて哲学科教授として着任したのは一九二四年だから、着任直後のホワイトヘッドに友人一人を誘ってセミナーを依頼しに行ったというロバート・オッペンハイマーの心中では、数学基礎論への興味よりも、ブルームズベリとその精神の具現者の一人の碩学に対する憧れの方が強かったのだと思われる。ホワイトヘッドがロバートに与えたセミナーの成績はBであった。この若者は文学と自然科学の狭間で自分の知的焦点をはっきり結ぶことができないままで、ハーヴァードを卒業してしまうのである。

それは友人関係にも反映していた。化学科の同級生としてはF・バーンハイム、W・C・ボイドと親密な関係を結んだが、本格的に文学を論じ、自作の詩や小説を交換する相手はフランシス・ファーガスンとポール・ホーガンであって、この理科、文科の二組の友人たちの間に交流は全くなかった。ロバートが引き合せなかったのである。この意味でハーヴァード時代のオッペンハイマーは二重生活者だった。

ハーヴァード大学卒業の年（1925年）のオッペンハイマー　4年課程の化学科を3年で修了した。

大学の一般講義のつまらなさについてスミスに書き送ったロバートだったが、ハーヴァードの大きな図書館では鮮烈な興奮を味わった。この化学科の一年生は、自由に近づける書架にならぶ、あらゆる書物を手にし、乱読を始めた。入学後八カ月の一九二三年五月二四日、理論物理の少壮教授E・C・ケンブルに宛てて一通の手紙をしたためた。学部の物理学課程の単位を取得することなしに、大学院レベルの課程の受講の許可を求める内容だった。すでに読んだ物理学書の一部として、当時著名な一五冊をあげているが、その中にはポアンカレーの『現代物理学』(フランス語)、オストワルトの『溶液論』、ギブスの『非均一系の平衡論』、ジーンズの『気体運動論』、ゾンマーフェルトの『原子構造とスペクトル線』(ドイツ語)など重量級の名著が含まれていた。

このオッペンハイマーの大胆な申請に対して、六月六日の物理学教室の会議で許可の決定がなされた。後年、オッペンハイマーはこう語っている。「これは作り話かもしれないが、私の申請を検討した教室会議で、C・W・ピアース教授が、もしこれらの本を読んだというのなら、この男が嘘つきだということは明らかだが、これだけの本の題名を知っているだけでも博士号ものだろう、と発言したという話を、後になって聞かされたことがある」。

たしかに、ゾンマーフェルトの『原子構造とスペクトル線』一冊をとりあげても、化学科一年生のロバートがその内容を読みこなし、その意義をつかんだとは考えにくい。N・ボーアは一九一三年原子構造の量子論を発表し、ゾンマーフェルトはその理論を拡張一般化して、この分野での成果をまとめて出版した。第一版は一九一九年、第二版は翌年、一九二二年には第三版が出版されて、量子論の年鑑の役を果たすようになり、世界の物理学者が新版の出現を待ちかまえるといったホットな出版物となった。

ハーヴァードの気鋭の理論物理学者ケンブルは、ボーア－ゾンマーフェルトの量子論に、新しい物理学の到来が切迫していることを鋭敏に嗅ぎとっていた。一九一七年実験物理学者P・W・ブリッジマン教授の下で博士号を得たが、学位論文は彼自身の着想でボーア－ゾンマーフェルトの量子論を気体の赤外線吸収スペクトルの解析に適用した理論的内容のものだった。一九一九年ハーヴァードの物理に戻ってその一員となり、ロバートが入学した一九二二年にはケンブルの下でヴァン・ヴレックが量子論の理論的論文で学位を得ている。一九二三年にはシカゴからR・S・マリケンが研究協力者《リサーチ・フェロー》としてハーヴァードの量子論グループに参加し、J・スレーターもヨーロッパから帰ってきた。一九二三年から翌年にかけて、海外からゾンマーフェルト、ボーアがハーヴァードを訪れている。このように、ケンブルを中心とするハーヴァードの若い俊英たちは一九二五年の量子力学の夜明けを迎え、時を逸せずその発展充実に参加していく。この量子力学前夜のハーヴァードの刺激的な空気にロバートは全く鈍感であったように見える。学部の学生であったことがその理由の一つであろうが、彼の物理学書の乱読が若い知的酩酊の域に止まり、理論物理に天職を見いだした者の読み方ではなかったのだ。リルケの『ドゥイーノの悲歌』とギブスの『非均一系の平衡論』、ジーンズの『気体運動論』とエリオットの『荒地』がロバートの心中で混在していたのであろう。

ハーヴァード二年目の後半にブリッジマンの「高等熱力学」を受講したオッペンハイマーは、碩学ブリッジマンの人柄に魅せられて、研究の手伝いを申し出て、実験の下働きに多くの時間を費した。一万五〇〇〇気圧下の合金の電気伝導の測定だった。ブリッジマンは高圧下の物性の研究の大先達で、その業績で一九四六年、ノーベル賞を得た。ロバートにとってブリッジマンの魅力はホワイトヘッドと同じく、学問の体現者としての魅力であったと思われる。たしかに、人望高く卓越した存在だったが、所詮、旧い世代に属する実験物理学者であり、その下で自ら進んで実験に従事したロバートが、当時の理論物理学がはらんでいた爆発的な未来を予感できなかったのは不幸なことであった。

ハーヴァードでの物理と数学の勉強について、オッペンハイマーはその死の四年まえにT・クーンに次のような告白をしている。「高校でのごく初歩の課程を除けば、私は物理学の基礎的課程は何一つ修得しなかったから、今でも煙の輪とか弾性振動とかの事になるとパニックを覚える。そうしたことはまるで頭に入ってなくて、穴に少し覆いがしてあるだけ。私の数学修業も同様で、当時としても全くのお粗末、これは後になって私が研究を何とかこなしていったやり方にも厭になるほどはっきり現われていたものだ。……私が何をどこで憶え、どの本から学んだかについて、確信を持ってお話しするのは出来そうにもないが、とにかく時間不足だったから、物理学の一部については論議の詰めもスキだらけ、しばしば演習や訓練にひどく欠けたままで大急ぎに上っ面《つら》をなでただけのことになってしまった、と考えていただいて間違いない。まあ、やっと化けの皮をはがされずにすんだ、といった所だった。物理学の諸課目でAの成績はもらったものの、私がそれに値したとは思わない」。オッペンハイマーの卒業成績には二つのBがあった。一つは力学に関連した数学の課目、もう一つは『プリンキピア・マテマティカ』のセミナーだった。

オッペンハイマーは、ハーヴァードで二年過ごした時点、つまり卒業の一年前の一九二四年の夏には、はやくも英国行きを心に決め、その準備を始めていたようだ。ケンブリッジ大学の巨人的存在E・ラザフォードに、そのキャヴェンディッシュ研究所で学位を取りたい旨を一九二五年一月に書き送ったが、半年後にやっと届いた返事は、冷たい調子でしかるべき推薦状を求めたものだった。オッペンハイマーから依頼を受けたブリッジマンは長文の推薦状をラザフォードに送った。そこには、勿論、オッペンハイマーの優秀な成績が強調されていたが、実験の仕事には不向きであるというブリッジマンの判断も述べられていた。「オッペンハイマーが本当に重要な貢献をするかどうか、いささかギャンブルのように思われますが、もし彼がうまくやったら、ただものでない成功をおさめるものと信じます。もし貴殿が気楽にこの小さな賭をやってみられる立場におありになるならば、これほど面白い賭はざらにはありますまい」。しかし、ラザフォードはこの賭には乗ってこなかった。ケンブリッジに到着したオッペンハイマーは、キャヴェンディッシュ研究所の前所長、老いたJ・J・トムソンの方に回されることになる。余談だが、ブリッジマンの手紙は次のように結ばれていた。「彼の名前からもお分かりのように、オッペンハイマーはユダヤ人ですが、しかしユダヤ人にありがちな特質は全然ありません」。

英国のケンブリッジ大学を選んだことについて、晩年、クーンにこう語っている。「なぜケンブリッジを選んだのかなあ。……たしかにブリッジマンには相談した。……ラザフォードの研究室で仕事をしたかったのだが、ラザフォードが私をとってくれるはずもなかった。彼はブリッジマンを高く買っていたわけではなかったし、私の資格証明書の中味は変則的で大したものでなかったから、ラザフォードのような良識家に感心してもらえなかったのは当然だった。それでもトムソンの研究室で働けるようにはなった。ラザフォードが手配してくれたのだと思う。……ドイツに行くこともコペンハーゲンに行くことも頭に浮かばなかった。なぜハーヴァードを離れたのか、それさえはっきりしないが、まあ、ケンブリッジ大学の方が物理学の中心に近いと感じたのだったと思う」。

遠く若い日への追想にしても、妙に空とぼけた話ではないか。この不可解さは少し探ってみる必要がある。一九二五年四月、英国のオックスフォード大学ですでに二年間在学中の親友フランシス・ファーガスンに宛てた手紙の中で、ブリッジマンの下で研究実験の手伝いをした話の結論として「僕が何を専門にするにしろ、それは実験科学ではないことを思い知らされた」とはっきり書いているのである。それにもかかわらず、実験物理学者ラザフォードの指導下に入ることを希望し、結局はトムソンの下で実験の仕事をやらされて苦しむことになる。ラザフォードの下で理論をやることも可能ではあったろうが、それならば、ゾンマーフェルトのミュンヘンか、ボーアのコペンハーゲンを目指す方が筋が通っていた。ホワイトヘッド、ブリッジマンにつづいて、ロバート青年の有名学者好みがラザフォードを選んだのかもしれぬ。私には、しかし、ロバートの心中には英国のケンブリッジ、オックスフォードという憧れの知的牙城があって、ラザフォードはそれに至る橋頭堡として選ばれたように思われてならない。そして、その城塞の中ですでに一人前の騎士として受けいれられていると見えた友人フランシス・ファーガスンのあとを追う気持が強く働いた、と私は推測する。

2 救いと物理学

10 フランシス・ファーガスン

これまでのロバート・オッペンハイマーの伝記の盲点の一つは、友人フランシス・ファーガスンであろう。生涯の終わりに近く、オッペンハイマーが「私にはとてもよい友人があった。彼はニューメキシコの出身で、……今日にいたるまで私の最も親密な友人の一人だ。二人の人生行路は幾度か交差した」と言ったことが、四〇年以上にもわたって維持された親友関係という単純なイメージを定着させたようだ。倫理文化学園、ロスピノス、ハーヴァード、英国、パリ、と二人の人生は強くもつれ合った。一九二五年の末にはロバートがフランシスの首を絞めにかかるという奇妙な事件が発生する。一九二六年フランシスがアメリカに帰ってからはお互いに疎遠になり、第二次世界大戦中はすっかり音信が絶えた。二人が再び接触を始めるのは戦後の一九四七年以降である。

フランシス・ファーガスンはハーヴァード大学の入学準備の目的で、アルバカーキからニューヨークに出て、倫理文化学園高校部の最終学年に転入し、ハーバート・スミスのクラスに組み入れられた。スミスを囲む男女生徒の中で、知的な早熟さでは君臨していたロバートは、新しく割りこんできたフランシスに「対等」の相手を見つけて親交を結ぶのだが、それはライヴァルの出現ということでもあったと考えられる。ロバートは一九二一年夏のドイツ旅行で体調を崩して、その秋のハーヴァード進学を果たせず一年おくれるが、フランシスは予定通りに入学し、ハーヴァードを足場にしてセシル・ローズ奨学金を得て英国のオックスフォード大学に移るという計画を着実に進め、二年在学のあとオックスフォードに転入して、演劇、文学の研究者としての道に踏み出した。すべてが自分の計画通りに運ばれた。

ハーヴァード大学入学から第二次世界大戦終結の一九四五年までのロバート・オッペンハイマーを知るための最も重要な資料は、一九八〇年にハーヴァード大学から出版された、A・K・スミスとC・ウェイナーの編集による『オッペンハイマー 書簡と回想』である。フランシス・ファーガスン宛、ハーバート・スミス宛の手紙が多数収録されているが、そこに、若いロバートの痛々しい肉声を聞くことができる。

ハーヴァード時代のロバートは常時多すぎる数の講義に出席する一方で、詩や短編小説をしきりに書いて、スミスとファーガスンに送っては批評を求めた。二人からの返事の手紙も作品自体も失われてしまったようだが、反応が芳しくなかったことは、オッペンハイマーが書いた数々の手紙から明らかに読みとれる。ここでは、スミスに宛てたものを一通、ファーガスン宛のものを一通だけ取りあげる。一九二三年五月にスミスに送った近作四つについて、ロバートはこう書き添えている。「『征服』を読むのは、どうか一番あとにして下さい。あなたはそれを嫌な作品だと思うでしょうし、僕が病的で神経症的だと非難するにきまっています。趣味も悪く筆の運びもまずい、ともおっしゃるでしょう。しかし、一つだけ絶対に言ってほしくないことがあります。この作品は感傷的な涎《よだ》れのたれ流しだ、とあなたが言えば、あなたと僕の形而上学的、文学的交際はプッツリと終わることになりましょう。僕は死を選びます」。しかし、ハーヴァードの大学院で英文学を専攻したスミスとしては、駄作は駄作というほかはなかったであろう。

フランシスは兄や姉と同じく文才に恵まれ、やがて、演劇、文芸の評論家、比較文学の教授として重きをなす。そのフランシスと文学作品を交換しながら、ロバートは相手の優越と自分の非才を思い知らされた。一九二三年のクリスマスにフランシスに送った長文の手紙では、受け取った手きびしい批評に対して手負いの獣のように開き直っている。手紙は相手の作品を過度に持ち上げることで始まる。「君の送ってくれた数章はすばらしい。僕が滅多なことでは小説を好きになることがないこと、『女の一生』とか『クローム』あたりでなければのぼせ上ったりはしないことは君も先刻承知のはずだ」としたあとで、重苦しい過剰な讃辞がつづく。ここでクロームとは勿論ハックスリーの『クローム・イエロー』である。この小説をロバートがいかに高く買っていたかを示している。彼は筆を続けて酷評に一矢を報いようと試みるが自虐におちいるだけのことであった。「僕たちにとって、お互いの何層かの単純素朴さを理解し合うことは結局無理なのだと僕は思う。このことがあるから、僕が君に送ったガラクタについて君の言うことに全面的には賛成できないのだ。……人間は知性があるか、そうでないか、の二つに一つだと君はかねがね言い張ってきた。つまり──僕の曲解かもしれないが──ある男がここかしこでは頭がよく働いても、ほかの事になると馬鹿者のように物が見えない、などということはあり得ないわけだ。しかし、僕は、時としてそうした奴が自分の中にいるのに気が付くのだ。その奴らを僕の中から追い出すこと、これ以外に僕がものを書く口実はない。君や、チェホフや、君の兄貴に備わっているらしい、物語ることの喜び、短編作家の喜びを僕はからきし持っていない。僕は頭の中ででっち上げた非現実的な思考体系を放り出してしまうために書くのだが、それは君がいみじくも指摘するように、書くということではない。そのことが僕の書くものを、とことんまで自慰的な性格にしてしまうのだ。君を退屈させてすまなかった。……君の手紙でこれほどはっきりと、反論の余地もない形で『もう書くのをやめろ』と言われても、やっぱり僕は書きつづける。僕の作品が無意味だということがわかっているのに、やめる気にならないのは不思議だし、いくら書いても上達しないのもおかしなことだ。……」。ロバートはこの友人をメフィストフェレスとよんで手紙を結んでいる。

ハーヴァード時代、英国時代のロバートとフランシスの関係は前掲の書簡集から明らかに読み取れるように、表面の親密さの下に緊張を秘めたものだった。少なくともロバートの側からは典型的な愛憎の関係であったように思われる。ファーガスンは、人生の各時点で、自分が何をなすべきか、何をしているかを明確にわきまえて、自信たっぷりに生きていた。そうしたファーガスンが、不器用で足元も定まらぬオッペンハイマーの焦燥をあおった。畏敬と屈辱感、親愛の情と嫉妬、これは暴発の危険をはらむ混合物といわなければなるまい。

11　首絞め事件

事件は一九二五年のクリスマス休暇、旅行先のパリでおこった。ファーガスンがオッペンハイマーと文学談議をしていると、相手が突然おそいかかって首を絞めようとした。頑丈な体格のファーガスンはその思いがけない攻撃を苦もなく退けた。これは、オッペンハイマーの死から一〇年後に、ファーガスンが語った所である。

オッペンハイマーは一九二五年九月はじめにニューヨークを出航し、ケンブリッジで大学入学の手筈をしてからコーンウォールにファーガスンを訪ねた。二年ぶりの再会とあって、一〇日ほどの間、二人はのべつに語り合った。ファーガスンは渡英以来の社会的、知的、心理的冒険《アドベンチャー》の数々について得々と語りつづけ、オッペンハイマーはもっぱら聞き手にまわった。ファーガスンの身に備わった社交的な洗練と成熟は、かねてからオッペンハイマーの羨むところだったが、今はそれに加えてセシル・ローズ奨学生という名誉ある肩書がついて、オックスフォード大学内外の知的サークルに好意的に迎えられることになった。かつて『クローム・イエロー』を通して垣間見ていたガーシントンの世界が、ファーガスンにとっては現実の世界になっていたのだ。そのフランシスのことを、ロバートはニューヨークのハーバート・スミスに次のように報告している。「フランシスはこの冬ニューヨークに行きますから、彼のことについては僕が書くより彼自身からずっと首尾一貫した話が聞けるはずです。彼はひどく変わりました。自分は幸福だ、なんてさえ言うのです。……オックスフォードの人なら彼は誰でも知っています。あのやんごとなき女祭司、T・S・エリオットやB・ラッセルのパトロネスであるオットリン・モレル公爵夫人のお茶の会にも出入りしているのです。……」。

一方、フランシスとロバートの間の開きをかねてから気にしていたスミスは、右の手紙をロバートから受けとる前に、フランシスにまったく予言的な忠告の手紙を送っている。「ロバートはうまくやっているだろうか。冷えびえとしたイングランドは、君が出くわしたように、社会的にも気候的にも地獄めいているのだろうか。それとも彼は異国情緒を楽しんでいるだろうか。何はともあれ、ロバートの水先案内をする君の腕前を、あまり大盤ぶるまいせずに、むしろ良く手心を加えながら発揮してほしいと思うのだが、どうだろう。君の方が二年も先になってしまったし、それに君の社交的適応性を見せつけられると、彼は絶望してしまうだろう。例のジョージ何がしとかいう奴に君があわや飛びかかって首でも絞めそうだったのを私は憶えているが、ロバートなら、君の首を絞める代わりに、この人生もはや生きる価値なしと思いつめてしまうのではあるまいか。いやはや、老婆心もよいところ、どうか許してくれ給え」。

ジョージと呼ばれる人物は、一九二三年の夏、ロスピノスの民宿牧場に逗留した客の一人で、やはりそこで夏を過ごしたファーガスンからの手紙に答えたオッペンハイマーの返事から察して、あの『クローム・イェロー』の画家ゴンボールドの強引な実行力と美男アイヴァーのドン・ファン性を兼備したような男であったと思われる。ロスピノスの女帝キャサリン・ペイジの寵愛を一身に集めたつもりであったフランシスは、その夏のロスピノスのサロンの人気を独占したジョージに対する悪口雑言を一度ならずロバートに書き送った。ロバートはフランシスに口裏を合わせながらも、男としての自分に欠けた資質を備えたジョージなる男に対して、屈曲した羨望と軽蔑を抱いたようだ。

しかし、いま目の前で、現実のオットリン・モレル夫人のサロンについて得々と語りつづける友人フランシスは、ジョージよりも遥かに始末が悪い。この自信にみちた友人には軽蔑の対象にできる愚劣さがない。ロバートの嫉妬と焦燥に歯止めをかけるものがない。しかも、一九二五年の年の瀬にロバートを追いつめていたのは、フランシスという鏡にうつった自分の姿のみじめさだけではなかった。

気の進まないままにトムソンの下で実験の仕事を始めたオッペンハイマーは「二本の銅線をつなぐハンダ付けすらできない」自分に改めて絶望していた。しかし、もっと衝撃的な事件は新しい量子力学の出現だった。一九二五年六月にハーヴァード大学を後にしたオッペンハイマーは、ニューヨークの北のベイショアの海岸の別荘で専用のヨットをあやつって休養した。夏の終わりに近く、父母を誘ってニューメキシコの地を再訪し、キャサリン・ペイジの歓待を受けた。英国のケンブリッジを指して旅立ったのは九月の初旬であった。この三カ月の「空白」の間に、ハイゼンベルク（二四歳）の量子力学（行列力学）の論文が発表され、その戦慄が物理学の脊柱《スパイン》を走った。ケンブリッジ大学の学生ポール・ディラック（二三歳）は、師のファウラーから手渡されたハイゼンベルクの第一論文の校正刷を読んだだけで、あとは自力で、ハイゼンベルクの先を越す仕事をしてしまうのだ。その歴史的な興奮の唯中に突然自分を見いだしたロバート・オッペンハイマーがはっきりと理解したのは、眼前にあるものが物理学者として千載一遇の機会であり、しかも、自分にはその前髪をしかと把まえる準備も力も欠けている、ということであった。「これが、せめて二、三年あとのことであったら」と友人に洩らしたという彼の無念さと焦りは想像にかたくない。

オッペンハイマーが自殺に走らず、ファーガスンの首に飛びかかったのは、まだしもの幸いだった。『クローム・イエロー』の中に、城館の主人ウィンブッシュ氏が話相手のデニス・ストーンに「人の心はわからない。次の瞬間に君が突然とび上って私を殺しにかかるかも知れないのだ」と語るところがある。錯乱したオッペンハイマーの脳裡に、その会話が一瞬ひらめいたかもしれぬ。

パリからケンブリッジに帰ったオッペンハイマーは精神科医のもとに二カ月ほど通った。医者の診断を受けながら、自分の精神状態を直視し分析することによって、ファーガスン、実験物理、量子力学という三つの取りつき難い冷たい壁につつまれた暗闇の中に捕われた自分を認めたはずである。そしてファーガスンの世界への愚かな憧れを断ち、実験物理に今こそきっぱりと見切りをつけ、量子力学という新しく未知の世界から洩れる一条の光に自らを賭けることを決心して、自力で精神の危機からの脱出を開始した。「初歩的ながら私は（量子力学に）かなり強い興味を持ちはじめた。……とびきり親切に助けてくれたのはR・ファウラーで、若い者たちに手をさしのべる天賦の資質をそなえた人だった」。ファウラーはラザフォードの一人娘を夫人とした理論物理学者で、ボーアの高弟でもあった。天才ディラックも彼の下で育った。

ここで、二つの文章を引用しよう。

「何しろ量子力学は、まだできたての学問であったので、それについての教科書などはない。原論文だけが唯一の資料である。ところが、論文というものは、教育用には書かれていないので、その理解には多くの予備知識を必要とする。そして、予備知識を持つためには、その論文に引用してあるおびただしい論文を一つ一つ読んでいかなければならない。そのおびただしい論文を理解するためには、さらにまたそこに引用してあるたくさんのものを読まねばならない。このようにして、読まねばならない論文の数はほとんど無限にひろがっていく。これは大変な仕事であることが、あとになってわかった。しかし今さらやめるわけにもいかず、全くやけくそのようになって、とにかく、まがりなりにも、何とか卒論をまとめ、試験もどうやらパスしたけれども、その結果見出したものは、全く疲労困憊し切った自分自身だった。劣等感のかたまりのようになった自分自身であった」

「私が一九二六年の秋に研究生活に入ったのは、新しい量子力学が突如としてこの世に出現した直後のことで、何をおいてもまずその勉強をしなければならなかった。ディラックをのぞけば、ケンブリッジで新しい量子力学をよく理解した人間がいたとは私には思えない。それについての講義などなかったから、ドイツ語を学んで原論文を読むよりほかに手はなかった」

この二つの文章がケンブリッジ大学時代のオッペンハイマーのものであっても、おかしくはない。はじめの方は朝永振一郎の回想である。優れた物理学者をさいなむ劣等感は優れた芸術家のそれと変わらない。目指すものと自己の才能との間の大きな距離の予感が紡ぎ出す絶望がそこにはある。二番目の文章はN・モットのものである。彼もやがてノーベル賞を受ける理論物理学者だが、一九二六年当時のケンブリッジに、ディラック以外に量子力学をよく理解していた者はいなかった、という断定はあやまっている。一九二五年の暮れから一九二六年の夏にかけてのわずか数カ月の間に、まずハイゼンベルクの行列力学を、つづいてシュレディンガーの波動力学を理解して、二編の立派な論文を書き上げた男がケンブリッジにいた。ロバート・オッペンハイマーである。

分子の出す光のスペクトルを扱った第一の論文ではハイゼンベルクの行列力学が使われている。この仕事は一九二六年の初め、つまり「首絞め事件」の直後から進展したものと推定される。その頃、ディラックが行列力学とその独創的な一般化である自分の仕事について小人数のセミナーを開いていて、それにオッペンハイマーも出席していた記録があるが、第一論文には謝辞は一切ない。第二の論文では一九二六年に入ってから発表されたシュレディンガーの波動力学が早速使われていて、そこにはファウラーとディラックへの謝辞もある。興味深いのは、生化学専攻の友人J・エドサルが計算を手伝ってくれたことが論文中に明記されていることである。エドサルはハーヴァード時代にオッペンハイマーをリベラル・クラブに入会させた人物である。

一九二六年の三月から四月はじめにかけて、オッペンハイマー、エドサル、J・ワイマンの三人はフランス領のコルシカ島に旅行している。紺碧の海と高い空があった。野も山もまだ人間に飼いならされていなかった。三人は一〇日間山の中をほっつき廻り、小さな宿に泊まり、ワインと料理を楽しんだ。エドサルによれば、オッペンハイマーは些細なことでもよく笑ったという。おそらく、生涯はじめての、しかも新しい量子力学を使った論文の目鼻がつきかけていたのだろう。論文はファウラーによって一九二六年五月二四日にケンブリッジ・フィロソフィカル・ソサエティに届けられている。

三人はコルシカ島からイタリア領のサルディニア島へ向かう予定だったが、コルシカでの最後の晩餐の食卓で、突然オッペンハイマーがケンブリッジにひき返すと言い出した。同僚のP・ブラッケットの机の上に毒入りのリンゴを置いてきたのが気になるから――という途方もない理由だった。オッペンハイマーはケンブリッジにもどり、他の二人はサルディニアへの旅を続けた。

四月なかばにエドサルがケンブリッジに帰ってみると、オッペンハイマーは複雑な計算に夢中になっていて、計算結果のチェックをしてくれないか、と言う。エドサルは物理的内容はわからないままで日曜一日丸つぶしで計算の手伝いをしたことを、五〇年後に追想している。オッペンハイマーは何事もなかったようにエドサルをブラッケットに紹介した。P・M・S・ブラッケットは理論にも達者な優れた実験物理学者で、オッペンハイマーは彼を心から敬愛している様子だった。ブラッケットは宇宙線の研究でノーベル賞を受けるが、戦後の原爆外交のきびしい批判者となった。「毒入りのリンゴ」とは、仕事のことでオッペンハイマーがブラッケットの机上に書き置きしてきた事に、思い違いか計算違いがあったのに、コルシカ島の旅先で突然気がついた、といった事ではあるまいか。リンゴ

(apple) は英語ではいろいろな表現に使われる。

コルシカ島旅行の時点で、オッペンハイマーが自分の精神状態に自信を取り戻して旅の日々を楽しむことができたことは、旅行の前にファーガスンに出した手紙と、旅行の後で弟のフランク・オッペンハイマーに書き送った手紙から、はっきりと読みとることができる。一九二六年三月、ファーガスンへ。「手紙ありがとう。君の首を絞めそこなったことについての悔恨は、今では感情的なものではなく、知的なものだ。君がイタリアに行く前に僕の所に来る気になれば、身の安全は保証するよ。……」。一九二六年晩春、弟のフランクへ。「いつかぜひ一緒にコルシカに行こう。ワインから氷河、伊勢えび《ラングースト》からブリガンディ帆船、いい物ばかりが揃っている。高校と大学の間の休暇にでもね。……」。

理論物理学者として生きる決意を固めることで、過去の低迷から脱出はしたが、新しい量子力学の爆発的進展の中で生きて行くことは、オッペンハイマーの神経に苛酷な消耗を要求しつづけた。突然叫び声をあげたり、失神して床に倒れたりしたことが、ラザフォードやディラックによって伝えられている。誰が知らせたのか、わが子の精神状態を案じた両親がケンブリッジにやってきた。父親に強くすすめられて、オッペンハイマーはロンドンで別の精神科医を訪れるようになった。一九二六年六月頃の事として、ファーガスンは次のように回想している。診察の後、二人は街頭で落ちあうことになっていた。帽子を斜めにして突っ立っているロバートの様子には異様な感じがあった。一緒になるとロバートは前かがみのままで足早に歩き出した。「どうだった?」と尋ねると「医者の奴、てんで間抜けで僕の言うことがわからないんだ。どこが悪いのか、僕の方が医者より良くわかっている」という答が返ってきた。同じ頃、エドサルには、医者から早発性痴呆(dementia praecox)と診断され、治療の見込みなしと見放された、と語っている。科学性に乏しい古い病名だが、痴呆と断定された事はオッペンハイマーの記憶に貼りついたに違いない。

医者がオッペンハイマーを見放したのが一九二六年六月だとすれば、それはまた、彼の方も医者に見切りをつけ、自分の精神状態を自己観察し統御する自信を持ちはじめた時でもあったと思われる。第二論文「二体問題の量子理論について」が完成に近づいていた。七月二六日にはケンブリッジ・フィロソフィカル・ソサエティで発表されることになる。水素原子は一つの原子核と一つの電子からできている。二体問題である。その電子のエネルギーが非連続な飛び飛びの値をとることは、どの量子力学の入門書にも詳しく書いてあるが、電子が連続的なエネルギー値をとる状態もあるのである。これを手を抜かずに取扱うのは、数学的にかなり厄介である。だから入門書にはあまり書いてない。一九二六年春といえば、シュレディンガーの波動力学が発表されたばかりの頃である。エネルギーの非連続状態の問題は解かれたが、連続状態の問題は未解決だった。青二才のオッペンハイマーは勇敢にもその難問に喰いついたのだ。その格闘の初期に、ボーアがラザフォードを訪れた。ラザフォードの紹介で、オッペンハイマーは初めてボーアと会った。長年にわたる、歴史的にも重要な関係の始まりである。仕事のことをボーアに聞かれて「難しくて困っています」と答えると、「物理的な困難？　それとも数学的困難？」とさらに尋ねられた。「それがよくわからないのです」と正直に答えると、ボーアは「そりゃいかんな（That's bad）」と言ったという。ボーアの英語らしい愛嬌と温かみがこもっている。

ケンブリッジを次々に訪れるトップクラスの物理学者たちとの接触も、量子力学の発展に参画しようとするオッペンハイマーの意欲をかき立てた。オランダのライデン大学のP・エーレンフェストが訪れた時、ブラッケットはオッペンハイマーを紹介した。それが機縁で、オッペンハイマーは一週間ほどライデン大学に滞在し、エーレンフェストの助手のG・ユーレンベックと親しい仲になった。ユーレンベックの回想。「私たちは出合いばなから、すっかり息が合ってしまった。……ロバートは大変あたたかい人だった。……物理学に夢中だった。……話が合うことばかりで、私たちはまるで昔からの友達のようだった」。ユーレンベックはやがてアメリカに移住し、二人の友情はオッペンハイマーの死まで続いた。

行列力学を発表した時（一九二五年夏）ハイゼンベルクはゲッチンゲン大学のマックス・ボルンの助手だったが、そのボルンが一九二六年の晩春にキャヴェンディッシュ研究所を訪れた。ボルンはオッペンハイマーの「連続スペクトル」の仕事を高く評価し、その研究をゲッチンゲン大学で続けることをすすめた。同年秋、ロバート・オッペンハイマーは当時の量子力学のメッカ、ゲッチンゲン大学に移る。

12　原子と原子核

この世界は分割できない極微不変の粒子である原子からできているという考えを具体的に化学の基礎に置いたのは、イギリスの独学の化学者J・ドルトンだった（一八〇五年頃）。**第1図**（一三九ページ参照）には周期表のはじめから二〇個の原子とウラン原子の大きさが示してある。全部で一〇〇ほどの違った原子があり、それが千変万化のやり方で付いたり離れたりして、私たちの住む世界が営まれている。ひとりぼっちの時は丸い団子のような原子が、他の原子と出合うと、相手に応じ、状況に応じて、個性にあふれた結合をする。ダイナマイトを発明（一八六六年）したノーベルが使ったニトログリセリンも、そのあとで出来た高性能火薬TNTも、H、C、N、Oという四種の団子を適当につなぐと出来あがる。化学者は、こうして物をつくることには熱中したが、団子（原子）の中味を覗いてみようとはしなかった。

一八九六年、H・ベクレルはウランから妙な帯電粒子がとび出してくることに気がついた。原子の放射能（放射性元素）の発見である。キュリー夫妻はラジウムがウランの数百万倍も強力な放射能を持っていることを発見した。出てくる荷電粒子には二種類あり、α粒子、β粒子と名づけられた。β粒子は一八八七年にJ・J・トムソンが気体放電管で発見した電子と同じものであることがわかったが、α粒子の方はラザフォードが正体をたしかめるのに何年も苦労した。それがヘリウム原子から電子を二つ剝ぎとったあとの粒子と同じものであることを確認したのは一九〇九年だった。今でいえば、ヘリウムの原子核、ということだが、当時は、原子の中心には原子核があり、その回りを電子がとり囲んでいる、という原子の内部構造がまだわかっていなかった。

電子は軽くて負の電荷を持っている。原子は電気的に中性だから、その中に電子があるとすれば、その負の電荷に見合うだけの正の電荷がなければならない。原子の中は一体どうなっているのか。ラザフォードは、α粒子を原子に当てて、それを探ってみようと考えた。α粒子は正の電荷と電子の七〇〇〇倍以上の質量を持ち、ラジウムから猛烈な勢いで飛び出してくる。そのα粒子の流れを細く絞って金の薄膜に当ててみると、信じられない事がおこった。時々、α粒子が薄膜を通れずに弾き返されてきたのだ。「私の生涯で、これほどびっくり仰天したことはなかった。たとえていえば、一枚のティッシュペーパーを張っておいて、これに四〇センチ口径の砲弾を撃ちこんだら、ドンとはね返ってきて、こちらに命中した、というのと同じ位信じにくい事だったのだ。よく考えて計算してみると、これは一回の衝突の結果であり、これだけのはね返りは、原子の質量のほとんどすべてが小さな核に集中しているのでなければ、とても不可能であることがわかった」。これはラザフォードの後年の回想である。

およその見積りで、原子の世界の尺度は一億分の一（10^{-8}）センチメートル、原子核はそのまた一〇万分の一（10^{-5}）のオーダーの大きさであることもわかった。原子を直径一〇〇メートルの丸い巨大な風船だとすると、原子核はその中心に置いた一粒の真珠といった見当になる。**第1図**の団子のまん中に原子核を書きこむつもりで、鋭い針の先で目に見えないほどの小さな穴をあけても、もう大きすぎる。それほど原子核は小さいのだが、ここに原子の質量のほぼ全体と、核の外にむらがる電子たちの負の電荷の総量とつり合うだけの正の電荷が集中している。これが一九一一年ラザフォードが実験的に探りあてた原子の構造だった。この発見の重要性をすぐに把握したのはボーアだった。彼は、まず、原子核の内と外をはっきり区別した。放射性原子から勢いよく飛び出してくるα粒子やβ粒子は原子核の内側から出てくるものであり、原子の化学的また光学的性質は、核の外側にある電子たちが演出していることを、はっきりと認識したのである。

ここから、物理学者たちの関心はふた手にわかれる。ラザフォードはラジウム原子から出てくる威勢のよいα粒子で原子の中を覗きこんで原子核を発見したが、このα粒子は原子核の中からほとばしり出てくることを認識すると、同じα粒子の弾丸で今度は原子核の、中を探るべく突進した。この極々微の世界から、やがて核爆発のエネルギーが出てくるのだが、その話はまた後でしよう。一方、原子核の外側の世界についても、それまでの物理学では解けない謎が山積しつつあった。

まず原子から出てくる光の奇妙さが、かれこれ一〇〇年も謎のままだった。太陽の光が雨粒で屈折すると虹ができる。ガラスのプリズムと細い窓を組合せた装置を使うと、こうした光の「スペクトル」を詳しく調べることができる。原子を熱や電流を使って刺激すると光を出すが、そのスペクトルを調べてみると、細い線が美しく並んでいて、その線スペクトルはそれぞれの原子に特有のパターンを示す。人間の指紋のようなものだ。この事は一九世紀の初めから知られていて、天体からの光を分光分析して遠くの星にも地上にある原子と同じ原子があることも発見されていた。しかし、美しい線スペクトルの並び方は何を意味するのか？　原子が私たちに語りかけてくる暗号文は一〇〇年間も解読されないままになっていたのだ。

大まかで深遠な議論の好きな哲学者たちはあまり気にもかけなかったが、物理学者はこの謎が気になって仕方がなかった。それを解く鍵の一つは身近な所にあった。陶芸の窯の温度を上げながら、中から出てくる光の色を見ていると、暗い赤色から次第に白熱の色に変わっていく。この変化の様子が古い物理学ではどうしても説明できなかった。一九〇〇年、ベルリン大学の四〇歳を越えたばかりの理論物理学者M・プランクは、光のエネルギーが粒々のかたまりのようにやりとりされる、と仮定することでその説明に成功した。この光量子の考えは、一九〇五年、アインシュタインによって、もっとはっきり打ち出されたが、光の粒という考えがあまりに突飛なものだったから、プランク自身も当惑したほどであった。

焚き火にあたって、いくら頬が熱くなっても日焼けしないが、晴れた冬の日にスキーをするとすぐに日焼けする理由も、遠い遥かな星が肉眼で見えるのも、光量子の考えに立って初めて説明できる。この光量子にあらわれた不思議な自然の非連続性を、ボーアは水素原子の理論に持ちこんだ（一九一三年）。ボーアによれば、電子は核のまわりを円を描いて運動するが、その円軌道の半径は、ボーアが考えついた条件をみたす必要があり、とびとびの寸法の半径だけが許される。電子のエネルギーも、それに応じて、とびとびの、つまり、連続でない値になる。電子のエネルギー状態の変化は一つの軌道から他の軌道に移ることで行われる。そのエネルギー差をΔEと書けば、ちょうどΔEのエネルギーを持った光がやってくると、電子はエネルギーの低い軌道から高い方へ移り、高い方から低い方へ電子が移るとΔEのエネルギーの光を放出する。

この奇妙な仕掛けがH原子の中で働いていると考えると、H原子が放つ光のスペクトル、美しい規則性を示して並ぶ多数のスペクトル線の様相を見事に与える計算公式が得られることをボーアは示したのである。理論と実験との一致はあまりに鮮やかだったから、ボーアの理論が何か新しく深い真理に触れていることは明らかだったが、理論そのものは、それまでの物理の立場から見ればナンセンスの塊りのようなものだった。負の電荷をもつ電子が正の電荷をもつ原子核のまわりで運動すると、電波を出して連続的にエネルギーを失って、核と心中してしまうはずである。安定な円軌道運動などあり得ない。また、一つのエネルギー状態からもう一つのエネルギー状態に、その途中のエネルギーをとらずに非連続的に移ると言われても、その様子を頭の中で描きようもないではないか。ところが、原子のエネルギー状態が非連続で段階的になっていることを直接たしかめる実験が、一九一四年、ハンブルク大学のJ・フランクとG・L・ヘルツによって行われた。電子の流れをつくり、そのエネルギーを変えながら原子に当ててみよう。もし原子のエネルギー状態がとびとびの値になっていて中途半端なエネルギーが取れないとすると、先ほどのエネルギー差ΔEにあたる電子が外からやって来た時に限って、原子はそのエネルギーを受取って一段高いエネルギー状態に移るだろう。フランク－ヘルツの実験はこの予想をはっきりと確かめたのだった。フランクはボルンの親友で、やがてゲッチンゲン大学に移り、その後ナチス・ドイツを逃れてアメリカへ渡り、シカゴ大学で、日本への原爆投下に反対する有名な「フランク報告」を発表する。

ボーアの考えの受け容れをしぶる人たちも少なくなかったが、ミュンヘン大学のゾンマーフェルトはボーアの円軌道を楕円軌道に一般化して多電子原子に適用し、そのスペクトルの解明を進めた。オッペンハイマーがハーヴァードで読んだと称した『原子構造とスペクトル線』の著者である。この、いわゆる前期量子論が一九一三年からの一〇年間に収めた成果は決して小さなものではなかったが、所詮、当座の間に合せに過ぎず、物理学が、しばらくの間、嵐をしのぐための仮小屋のようなものであることは、ゾンマーフェルト自身がよく知っていた。彼は当時の物理学の状況をユーモラスに、しかも適切に要約した。「御用心！　危険建造物、完全再建のため一時閉鎖中」。

物理学の革命と再建へのゾンマーフェルトの最大の貢献は、この仮小屋の中で二人の天才W・パウリとW・ハイゼンベルクを育て、学位を与えて世に送ったことであろう。前期量子論の不可解な有効さと、その不細工な軌道模型が内蔵した矛盾が、この二人の天才によって濾過されて、パウリの排他原理とハイゼンベルクの行列力学に結晶する。一九二五年のことであった。この二人は相ついでゲッチンゲンのボルンの助手となり、またコペンハーゲンのボーアの所にも滞在して強い影響をボーアから受けた。

ボーアはゾンマーフェルトの楕円軌道に電子たちを適当に収容することで周期表に見られる原子の化学的性質を理解しようとしたが（一九二二年）、それを引きついで、一つの軌道を占める電子の数は二つまでであることをはっきりと打ち出したのはパウリだった（一九二三年）。軌道は電子の状態をあらわし、それは三つの数（量子数）の一組で指定される、とゾンマーフェルトは考えたが、原子スペクトルが示す複雑な様相、特に原子に強い磁場をかけた場合のスペクトル（異常ゼーマン効果）については、ゾンマーフェルトの三つの量子数ではどうにも説明がつかなかった。パウリはこの謎に想いを潜めて苦しんでいた。その頃のパウリの様子を、オッペンハイマーは敬愛の情をこめて伝えている。直接聞いた話であろう。「彼がコペンハーゲンで研究していた時、ニールス・ボーアの奥さんが聞いた。『パウリさん、パウリさん、あなたはどうしてそんなに不幸そうなの？』。すると彼は怒りっぽく彼女の方を向いてこう言った。『不幸にならないでいられるものですか。僕には異常ゼーマン効果がどうしても理解できないんです』。この意味では、科学することはいつも幸せとはいかない。しかし、人生のほかのすべてのことにくらべて、科学することは幸せだ、と私は思う」。これは死の三年前のオッペンハイマーの言葉である。

パウリは苦しい時間に耐えて、電子の状態を指定するもう一つの量子数の存在を確信する。その第四の量子数はただ二つの値だけを取り、古典物理学的な描像の存在しない、電子に内在する性質に由来するとパウリは考えた。古典的描像の拒否といえば、その頃にはパウリはボーア－ゾンマーフェルトの軌道概念ときっぱり訣別し、軌道という表現は一切使わなくなっていた。原子内の電子の状態は四つの量子数によって指定され、一つの状態には一個の電子しか収容できない、というパウリの「排他原理」は一九二五年に発表された。第四の量子数はスピン量子数と呼ばれるようになる。排他原理は、やがて一般にフェルミ粒子と呼ばれる素粒子一般に適用されるきわめて基本的な自然界の原理になる。

原子内の電子の軌道という、存在をたしかめるすべもなく、矛盾ばかりの古典的描像を徹底的に排除するパウリの潔癖さがハイゼンベルクに感染した可能性は十分考えられる。ハイゼンベルクも軌道という考えを完全に排除して、原子から出てくる光の振動数、その強さ、定常状態のエネルギーといった観測可能な量の全体で原子内の電子の状態は表現されると考え、そうした量を支配する物理法則を記述する数学的枠組をとらえようとした。一九二五年の春晩《おそ》く、花粉症がひどくなったハイゼンベルクは、ボルン教授から二週間の休暇をもらって、北海の空気清浄なヘリゴランド島におもむいた。新しい理論の決定的なひらめきは深夜に彼を訪れた。興奮に眠られぬまま薄明に床を出たハイゼンベルクは、島の南端に向かって歩き、突出した岩に登って日の出を待った。島からゲッチンゲンに帰ると早速仕事にかかり、その七月、「運動学的力学的関係の量子論的再解釈について」という題名の論文を『ツァイトシュリフト・フュア・フィジーク』誌に投稿した。

ボルンは、ハイゼンベルクが扱っている量が数学者のいう行列《マトリクス》にほかならないことに気がついた。行列は当時の物理学者にはなじみの薄い代数量で、ボルンも、学生の頃、大数学者ヒルベルトの講義で習った記憶があるに過ぎなかった。ボルンは、若く優秀な学生P・ヨルダンも動員して、行列を使ってハイゼンベルクの考えをよりよく体裁の整った、充実した理論に仕上げた。行列力学の誕生である。この三人共著の論文が書き上げられた直後の一九二五年一一月二〇日、ハイゼンベルクはケンブリッジのディラックから長い驚くべき手紙を受け取った。そこには、彼が取り扱った物理量の間の数学的関係の本質が、古典力学でポアッソン括弧《かっこ》と呼ばれるものに似た形でとらえられていて、ハイゼンベルク、ボルン、ヨルダンの三人がまとめ上げたばかりの行列力学よりもさらに一般的で完全な量子力学の理論が展開されていた。三人が呆然として舌を巻いたのは言うまでもない。

ディラックは、一九二五年八月、ケンブリッジのファウラー教授が手に入れたハイゼンベルクの第一論文の校正刷の写しを渡された。ディラックは、ハイゼンベルクが物理量を表わすために用いている数学量の間に、掛算の交換則が必ずしも成立っていないことに気がついた。AとBが普通の数ならば、A×B＝B×Aである。2×3＝3×2である。しかしA×BがB×Aに等しくない量は数学者にとっては珍しくなかった。AとBが行列である場合がその一例である。A×B－B×A＝[A, B]と書くと、この[A, B]は古典力学のポアッソン括弧に似ていて、それを仲立ちにして、ハイゼンベルクの新しい力学と古典力学との間に、ある形式的な対応がつくのではないか、とディラックは思った。それは一九二五年九月のある日曜日、一人で長い散歩に出かけた途中での着想だった。急いで家に帰ったディラックは本やノートをひっくり返してみたが、ポアッソン括弧のことは見つからなかった。どんなものだったか正確には憶えていなかったのである。日曜日で図書館は閉まっていた。翌朝、待ちかねるようにして図書館に入ったディラックは、ポアッソン括弧が彼が思った通りに役に立つことを確認したのだった。

明けて一九二六年、もう一つの衝撃波がやってきた。シュレディンガーの波動力学の出現である。一月から六月にかけて五編の論文がたてつづけに発表された。ミクロの世界の法則が一見なじみの深い微分方程式の形で与えられた。シュレディンガーはその方程式をまず水素原子について解いてみせたが、その手順は、数学的には、当時の物理学者が先刻承知のことばかりで、しかも難しい行列力学が与えた結果をすべて正確に再現した。シュレディンガーは、その論文の一つで、行列力学と波動力学が全く同じ答を与えることを一般的に証明することにも成功した。

シュレディンガーの波動力学の魅力は、その数学的な取り扱いのやさしさに止まらなかった。水素原子の中の電子の定常状態のそれぞれに、固有な形をした波動関数が対応する。それは、例えば、太鼓の膜の振動の定常波と同じように、図にも描ける。物理量が行列で表現され、それ以上には何も見えない行列力学にくらべて、シュレディンガー方程式の解である波動関数は、物理学者に、原子の中の世界を直接のぞきこむような感じを与えたのだった。波動力学の人気は圧倒的だった。行列力学に取りつきかねていた並の物理学者だけではなく、プランク、ボーア、ゾンマーフェルト、アインシュタインなどの大家も、こぞって歓迎した。ロバート・オッペンハイマーも、第一論文では行列力学を使ったが、第二論文では波動力学に乗りかえたことは前にのべた。ボルン当人でさえ、波動力学の使いやすさには脱帽せざるを得なかった。一九二五年の夏からの一年間ほど理論物理学の世界が白熱化した時期はほかにはない。今後もないだろう。これがロバート・オッペンハイマーを巻きこんだ歴史の時点であった。

13　ゲッチンゲン

二二歳のロバート・オッペンハイマーを迎えたゲッチンゲンは、中世の香りを美しくたたえた大学都市で、当時は学術の中心としてドイツで最高に輝いていた。とりわけその数学の伝統はすばらしい。少年の頃から天才の誉れの高かったガウスは一八〇七年ゲッチンゲン大学の教授となり、やがて「数学の王」と呼ばれる。それからの一世紀に、ガウス、ディリクレ、リーマン、デデキント、クライン、ヒルベルト、ミンコウスキー、ワイル、ネーター、フォン・ノイマン……等々の名が連なる。数学を学ぶ者にとっては勿論、物理学者にとっても、すべてが親しい名前である。加えて、一九二五年の量子力学の誕生と、それに続く熱狂の中心として、ゲッチンゲンの名は、物理学徒にとって、永遠にノスタルジックな魅力を失うことはないだろう。当世風にいえば、ゲッチンゲンのキャフェもビヤホールも、古都をめぐる散歩道も、物理学のロマンに満ちあふれていたのだ。「ゲッチンゲンは、私には物理学の天国のように思われた」とはE・ウィグナーの回想である。

ゲッチンゲンの物理学の華麗な開花は、一九二一年ヒルベルトが教え子のボルンをデバイのあとの教授の席に据え、同時にボルンが旧友のJ・フランクを迎えたあたりに始まる。ボルンとフランクは着任の翌年一九二二年にコペンハーゲンのボーアをゲッチンゲンに招き、ボーアは彼の量子論の講義を七回二週間にわたって行った。ゲッチンゲンから遠くないアイゼナッハで恒例になっていた「バッハ祭」にならって「ボーア祭」と呼ばれた。ゲッチンゲンの外からも、ゾンマーフェルト、エーレンフェスト、O・クライン、ランデ、ハイゼンベルクなどが参加した。ハイゼンベルクはまだゾンマーフェルトの学生だったが、ボルンもボーアも、まだ少年の面影の去らない金髪の若者の才能に強い印象を受けた。同じくゾンマーフェルトの下で育ったパウリはゲッチンゲンでボルンの助手をしていたが、ボーアに魅せられてコペンハーゲンに移り、そのあとにハイゼンベルクがボルンの助手となり、一九二五年、量子力学の創始者となる。ボーア祭の開催された一九二二年にはボーアがノーベル賞を受け、一九二五年にはフランク－ヘルツの実験に対してノーベル賞が与えられた。ヒルベルト－ボルン－フランクのトリオの下で、約一〇年の短い期間ではあったが、ゲッチンゲンの物理学は絢爛と花咲いた。ちなみに、ゲッチンゲンの哲学はフッサールにつづいてハイデッガーの時代に入る。

ドイツ国内の政治情勢はよくなかった。第一次大戦のドイツ降伏のあと、連合国側は苛酷なヴェルサイユ条約をドイツに強制した。その重荷の下でワイマールのドイツ共和国政府は悪性インフレの進行に打つ手を欠き、国民の不満は次第に暗いナショナリズムに傾斜し、ヒトラー台頭の土壌を準備しつつあった。

それと対照的に、大戦はアメリカに好況をもたらし、アメリカの大学生や大学教授たちは、奨学金や旅費を得て大量にヨーロッパに渡った。ドイツの諸大学にはアメリカのロックフェラー財団などから多額の援助資金が与えられた。ゲッチンゲン大学も大いにその恩恵に浴し、留学生たちが落とす外貨もインフレに苦しむ市民の懐をうるおした。地元のドイツの学生とアメリカの留学生の暮らし向きには大きな落差があったが、オッペンハイマーはその中でも際立って裕福な学生だった。

W・M・エルザッサーはオッペンハイマーと同じ一九〇四年の生まれである。ゲッチンゲン大学で初めフランクの学生になったが、理論に転じてボルンの下で学位を得た。その自伝の中で、ゲッチンゲンに現われたオッペンハイマーの印象を綴っている。ロバートのほっそりとした容姿は若い詩人を思わせた。「知りはじめの頃は、現代詩、特にT・S・エリオットのことをしきりに私に話したものだった」。その頃ロバートは『荒地』を愛誦していた。それから三〇年後、プリンストンの高等学術研究所の所長として、彼はエリオットを研究所に招くことになる。ヒンズー文学にも強い関心を寄せ、その聖典『バガヴァッド・ギーター』を原語で読むためにサンスクリットを学んだ。「このヒンズーの宇宙観(宗教、神話、哲学といってもよい)への強い関心がロバート・オッペンハイマーに及ぼした影響は十分に強調されて然るべきだと私は思う。知り合った初めから、彼が、実は古代の神々の住む地の住人で、たまたま人間界に迷いこみ、けんめいに人間のふりをしているかのように感じたものだった」。オッペンハイマーの終生の親友ラビも「オッペンハイマーにあっては地上的な要素は稀薄だった」と言っている。

ゲッチンゲン到着から二、三カ月後と思われる頃のオッペンハイマーの様子がボルンの自伝の中に描かれている。「私のいつもの量子力学セミナーで、彼は、話している人が誰であろうと、私さえ別扱いせずに、たびたび人の話をさえぎって黒板に進み出ると、チョークを握って『そこの所はこうやった方が断然いいじゃないか。……』と割り込むのだった。このひっきりなしの邪魔とさし出口を参加者たちがにがにがしく思っているのを私は感じてはいた。そのうちに彼らは、どうにかしてくれと言い出したが、私にはオッペンハイマーをちょっぴり恐れる気持もあって、つい及び腰になり、私の制止は通じなかった。とうとう、文書になったアピールを私は受け取った。主謀者はマリア・ゲッペルトだったと思う。彼女は若々しい学生だったが、今はカリフォルニアで有名教授になっている。手渡されたのは中世の書き物のスタイルの羊皮紙まがいの一枚の紙だったが、もし彼の妨害が止まらないのならセミナーをボイコットする、という脅しが書きこまれていた。私はほとほと困り果てたが、結局、その文書を私の机の上に置いて、オッペンハイマーが学位論文の進み工合の報告と討論にやってきた時に、いやでも目につくようにすることに決めた。万全をはかって、彼が来たら数分間私を呼び出してもらう手配もした。これはうまくいった。私が机に戻ってみると、彼は青ざめた顔つきで、いつものようには喋りまくらなかった。それからというものは、セミナーでの妨害はぱったりと止まってしまった」。ボルンの自伝から逸話をもう一つ。「私が電子と水素原子との衝突についての論文を書きあげた時、その論文をオッペンハイマーに手渡して、その中の計算のチェックを頼んだ。彼は、それを戻しに来て、こう言った。『間違いは一つも見つかりませんでした。ほんとに一人で計算したのですか?』。この言葉にも表われ、彼の顔にも書いてある驚きを、私は大目にみることにした。私は長い計算をうまくやれたことがなく、いつも馬鹿げた誤りを犯すのが常だったから。学生たちは皆そのことを知っていたのだが、ただロバート・オッペンハイマーだけが、冗談めかしたりもせず、思った通りのことを言ってのけたのだ。そこに何の悪意も私は感じなかった。むしろ、尋常でない彼の人格に対して敬意を強めることになった」。

量子力学の突然の出現は、当時の物理学者を、老若を問わず、同じ出発点に立たせた。教授が学生より優位に立つ理由がなかった。むしろ年嵩の者の方が、前期量子論も含めて、過去の物理学を足かせとして引きずることになってしまった。コーネル大学からサバティカルでゲッチンゲンに来ていたE・ケナードは、一九二七年三月三日付の同僚宛の手紙で「物理学はひどいことになってしまった。新しい方法を毎週のように勉強しなけりゃならない」と悲鳴をあげている。前期量子論についての無知が、一九二六年春からのオッペンハイマーの見事な立ち上り方にプラスに働いた面があったかもしれない。ゲッチンゲンでボルンのセミナーに参加した時には、すでに量子力学を使った二編の論文が、権威ある学会誌に掲載されていた。地元の凡庸なドイツ人学生やサバティカル制を利用してアメリカの大学から出張してきた中年の物理学教授とは、量子力学の理解に格段の開きがあったはずだ。オッペンハイマーがセミナーで自分の優越性を鼻にかける誘惑は強いものであったと思われる。

大学には宿泊施設がなかったから、学生や客員の学者たちは市民のアパートや家に寄宿するのが普通だった。オッペンハイマーが住み込んだのは医者カリオ博士の所で、一戸建ての大きな家だった。カリオ氏の息子はフランクの下で実験物理の助手をしていた。「カリオ家は、以前はたいそう裕福だったが、大戦後のインフレですっかり零落し、ナチズムの温床になった典型的な苦渋感を抱いていた。彼らがナチだったと言っているのではない。私が知る限り、そうではなかったと思う。ゲッチンゲンの町の中心から遠くない所に大きな家屋と庭を持っていたが、現金はからきしなかった。それで下宿人を受け入れたのだ。……大学からほんの数分の所で、城壁にもごく近く、ディラックと私はそのまわりをよく散歩したものだった」とオッペンハイマーはT・クーンに語っている。

ディラックは一九二七年の二月から六月にかけてカリオ家に住みこんだ。二人は生活の場を共にして、日曜日には連れだって長い散歩に出ることもあり、ケンブリッジに始まった友情は一段と深められた。ディラックは物理以外にはほとんど何も興味を持たず、極端に無口であったことが知られている。対照的な二人の組合せは想像するだに楽しいものがある。E・コンドンもロックフェラー財団の研究者奨学金《ポストドック》を得てゲッチンゲンにやって来て、カリオ家に下宿した。「……オッペンハイマーは頭の回転がすごく速く、口も達者で、つい相手を不利な立場に追いつめたものだった。その上、癪なのは、彼の言うことが、いつも、正しいかまたは当たらずといえども遠からず、ということだった」。コンドンの回想である。「コンドン－ショートレー」と略称される原子スペクトル理論の名著で知られた人物である。ロスアラモスでは、当初、副所長の資格でオッペンハイマーを補佐したが、マンハッタン計画の総帥グローヴス将軍と衝突して辞任した。

光量子の存在を目に見えるような鮮かさで示した実験、コンプトン効果（一九二三年）のアーサー・ホリー・コンプトンの実兄で、後にMITの学長になったカール・T・コンプトンの一家もカリオ家にしばらく滞在した。夕食の席での会話は主人のカリオ博士が中心で、科学に関する話題が多かったが、どんな話題でもこなす才気煥発のオッペンハイマーに、コンプトンは少なからずたじろぎを感じた。しかしその一方、オッペンハイマーはコンプトン夫人が食卓の会話から除け者にならないように細かく気を配る面も持っていた。コンプトン夫人の回想によれば、オッペンハイマーがコルシカ島のすばらしさをあまり宣伝するので、コンプトン一家もクリスマスの休暇にコルシカ旅行に出かけたという。この事からも、一九二六年早春のコルシカへの旅が、オッペンハイマーの心の中で、記念すべき転機として生きつづけたことが確かめられる。カール・コンプトンは、一九四五年、日本への原爆投下の可否についての米国政府内の討議に関係する。

一九二六年の夏の終わりに、また帰ってくる気持を残してケンブリッジをはなれたオッペンハイマーだったが、ゲッチンゲンでの研究も生活も、予想をはるかにこえて好調に進み、ケンブリッジで着手した連続スペクトルの量子力学の仕事をボルンの下で発展させ、それを学位論文とした。一九二七年春三月、つまり、ドイツに渡ってから六カ月でゲッチンゲン大学から博士号を得た。例のアピール事件で受けた内心の傷は深かったかもしれないが、学位論文の仕事に続いて、ボルンに協力して分子の量子力学の基礎的近似概念を確立する研究を成しとげた。それは「分子の量子理論について」と題して、『アナーレン・デア・フィジーク』誌にボルンと共著の二七ページの大論文として発表された(一九二七年八月二五日受理)。この「ボルン-オッペンハイマー近似」は、現在でも分子の量子力学を学ぶ者が必ず理解しなければならない重要事項である。オッペンハイマーの学問的業績の評価はあらためて行うが、彼の名は、まずはこのボルン-オッペンハイマー近似と共に不朽であろう。

ハーヴァード大学での師ケンブルは、一九二七年六月にゲッチンゲンを訪れ、そこから同僚のT・ライマンに次のように報じている。「オッペンハイマーは、ハーヴァード時代に我々が思っていたよりも一段と目覚ましい秀才ぶりを発揮している。新しい仕事を次から次に発表して、こちらの数理物理学者のきらめく新星たちの誰を相手にしても互角に渡りあっている。ただ残念なことに、ボルンの話だと、彼は自分の考えをはっきり文章にするのが苦手で、これはハーヴァードで我々が気がついていたままのようだ」。たしかに、この時期（二二歳から二三歳）のロバート・オッペンハイマーの仕事ぶりはまことに目覚しく、七編の論文をヨーロッパとアメリカの権威ある学術誌に矢つぎばやに発表した。一九二六年の夏ゲッチンゲンに滞在してボルンの研究協力者にもなったノーバート・ウィーナー（当時三二歳）に次の述懐がある。「ハイゼンベルク、ディラック、W・パウリ、J・フォン・ノイマンといった若い連中は、ほとんど毎日のように新しい発見をしていた。こんな熱に浮かされたような雰囲気の中では、私はとても仕事などできたものではない」。しかし、若いロバート・オッペンハイマーは、ハイゼンベルク、パウリ、ディラックを含む先頭グループの後にぴったりとついて疾走することが出来たのであった。

その頃ボルンと直接関係のあった人たちを、彼が八三歳の時の追憶にもとづいてまとめてみよう。まず、ボルンの歴代の助手としては、W・パウリ、W・ハイゼンベルク、F・フント、E・ヒュッケル、W・ハイトラー、N・ノルトハイム、L・ローゼンフェルト。次にボルンの下で学位を得た人たちは、P・ヨルダン、F・フント、R・オッペンハイマー、W・エルザッサー、M・デルブリュック、M・ゲッペルト、V・ワイスコップ。研究協力者となった人たちには、A・ランデ、Y・スギウラ（杉浦義勝）、V・フォック、E・ヒレラース、N・ウィーナー、G・ルメル、J・マイヤーがいる。ボルンは、大学での定例の談話会のほかに、自宅の大きな書斎に若い俊才たちを招いて、深更まで討論の集いを持つことがよくあった。そうしたボルンの「サロン」に出入りした人たちとしては、すでに挙げた名前に加えて、E・コンドン、O・クライン、P・ディラック、E・フェルミ、J・フレンケル、J・タム、N・モット、F・ロンドン、L・ポーリング、J・フォン・ノイマン、E・テラー、E・ウィグナー、R・マリケン、G・ガモフなどがいたと考えられる。湯川－朝永時代を知る日本の物理学者にとって、これは、必読文献にも名を連ねていたまぶしいばかりのリストである。一二人のノーベル賞受賞者も含まれている。

しかし、オッペンハイマー自身の追憶（一九六三年）は、はなはだ頼りない感じのものだ。「ケンブリッジで、ましてやハーヴァードでは味わうことのなかった意味合いで、私は、興味や嗜好の似かよった、そして物理についてはたくさんのことに同じ関心を持った人たちでできた小さな集団《コミュニティー》に属していた。私はこの事を講義やセミナーよりもよく憶えている。ボルンの講義のいくつかに出席したのはたしかだと思うのだが、憶えていない。セミナーで、私も一つや二つは話をしたと思うのだが、憶えていない」。ボルンの講義やセミナーについては、ほろ苦い思い出もあって、とぼけてみせたのかもしれないが、オッペンハイマーにとって、もっとも強烈な経験が、ゲッチンゲンの物理学の黄金時代の空気を、それを醸成した仲間うちの一人として、深々と胸に呼吸したことであったのは疑う余地がない。ガーシントンのオットリン・モレル夫人のサロンのメンバーシップは逸したが、ヒルベルト－ボルン－フランクの「ゲッチンゲン・サロン」のりっぱな常連の一人になることができたのだ。彼は幸せだった。「この集まりは文化的にも実に豊かで暖かく、私をよく支えてくれた」。

しかし、学位を取り、「ボルン－オッペンハイマー近似」の力作を物にしたあたりで、そろそろアメリカ帰国の里心もついてきた。理論物理学者としてのキャリアが軌道に乗りつつあるという、たしかな予感と、それから来る快い安堵の気持もあったであろう。

一九二七年六月の末、オッペンハイマーとディラックは、そろって、ライデン大学のエーレンフェスト教授からの招待を受けて、オランダにおもむいた。そこには前回の訪問で親しくなっていたユーレンベックとその同僚のS・ハウトスミットも待っていた。オッペンハイマーはライデンから英国に渡り、七月中旬、リヴァプールから出航してニューヨークに向かった。

14 帰国

オッペンハイマーの後を追うように、一九二七年九月、新婚早々のユーレンベック夫妻、ハウトスミット、若い女性物理学者シャルロット・リーフェンシュタールの一行がニューヨーク港についた。埠頭では、オッペンハイマーが運転手《ショーファー》つきの父親の大型車で出迎えた。

当時のマンハッタンは天を摩《ま》す高層ビルの建築ラッシュのただ中にあった。その華麗な繁栄のバブルがわずか二年後の一九二九年の秋に弾けようとは、誰が思ったことであろうか。オッペンハイマーは新来の客たちをまず五番街の高級ホテルに落着かせ、夕食には林立するマンハッタンの摩天楼の夜景を一望におさめるブルックリンのレストランに案内した。

翌日、彼らはリヴァサイドのオッペンハイマー家に招かれた。ドアの所で客を迎えたロバートの弟のフランク（一五歳）の人なつっこい様子、ゴッホ、ゴーギャン、セザンヌが壁をかざる広い客間、母親エラの物静かな優雅さ。初訪問の印象はユーレンベックの新妻エルゼの心にながく残った。

ユーレンベックとハウトスミットは、パウリの第四の量子数に対応する電子の「スピン」の概念を提唱して名をあげ、アンアーバーのミシガン大学に職を得て渡米してきたのだった。これを機にアンアーバーはアメリカの理論物理学の重要なセンターの一つになっていく。

シャルロット・リーフェンシュタールはニューヨークに近いプーキプシーにある女子大の名門ヴァサー・カレッジに教職を得た。ロバート・オッペンハイマーはシャルロットに想いを寄せたが、彼女はロバートの人間的な成熟の不足を理由に彼を袖にした、とも伝えられるが、これはシャルロットの言葉の読みすぎだろう。二人の関係の始まりについて、よく引用される話を、エルザッサーの自伝から取ってみよう。

ゲッチンゲンの若い連中が学会出席のためハンブルクに汽車旅行をした。その時、ロバートの旅行鞄のエレガントさに感心したシャルロットがそれを褒めると、ロバートはすぐさま「気に入ったのなら差上げよう」と申し出た。おどろいた彼女は言下に断ったのだが、旅行のあとでシャルロットを訪れたロバートは、その鞄を彼女に押しつけて帰ってしまった。「そうした気前のよさが相手の女性を困惑させるかもしれないこと、ましてや、心の素直でない人間ならば曲解するかもしれないことなど、彼は全く思いも及ばなかったのだ」。エルザッサーの感想である。

ヴァサーのシャルロットはニューヨークのオッペンハイマー家を何度か訪れたようだが、やがてまたドイツに帰って物理学者F・フーターマンと結婚した。フーターマンにはゲッチンゲン時代にオッペンハイマーと一緒にダンテの『神曲』を原語で読んだという伝説がある。一九二七年の夏のある日、フーターマンは英国の天文学者G・アトキンソンとゲッチンゲンの郊外を散歩中に、星のエネルギー源として、初めて熱核反応を思いついたとされている。水爆を生んだアイディアである。その後、彼はロシアに移ってスターリンの下で投獄され、数奇な運命をたどり、結局アメリカに渡った。妻のシャルロットはオッペンハイマーとの交際をつづけ、一九六七年死期の迫ったオッペンハイマーをプリンストンの病床に訪ねている。

ゲッチンゲン滞在中にオッペンハイマーは、ハーヴァードの旧師ケンブル、ハーヴァードからミネソタ大学に移った先輩ヴァン・ヴレックなどに推薦状を依頼して、アメリカ政府の研究奨学金を得ていたので、帰国した一九二七年の秋からクリスマスまではハーヴァード大学で、一九二八年の前半はロサンゼルスの北東隣りのパサディナのカリフォルニア工科大学（Caltech, キャルテク）でポストドックとしてR・トールマンやP・エプシュタインなどのもとで研究を進めた。この工科大学は一九二一年の創立以来、学長R・A・ミリカンの強引な政治的手腕で急ピッチに内容を充実しつつあった。ミリカンは電子の電荷の値を決定した油滴実験で名をあげ（一九二三年ノーベル賞）、当時のアメリカの物理学界の大御所の一人だった。

オッペンハイマーはパサディナの物理教室の談話会で、ヨーロッパから持って帰った出来たての量子力学の話をしたが、学生は勿論、ミリカンを始めとする教授連中にも難解だった。話は途切れがちで、言葉が出ない合間には、ニムニムニムといった音声がはさまった。ゲッチンゲンのボルンのサロンにも顔を出していたL・ポーリングは理論化学の助教授の地位にあったが、オッペンハイマーの話のまずさを見かねて、ユーモラスな批判と忠告を与えた。この親切に対する礼であったかもしれないが、オッペンハイマーは幼い頃から集めてきた見事な結晶の収集品を惜気もなくポーリングに与えた。ポーリングは彼の名著『化学結合論』の執筆をはじめていた頃で、巨大な方解石の結晶などをもらって大喜びだった。

一九二八年三月、弟のフランクに宛てた手紙でロバートは「パサディナはすてきな所で、たくさんのすてきな人たちが、すてきなことをしようと、ひっきりなしに持ちかけてくるものだから、仕事をする時間を見つけるのに苦労している」と書いている。彼は大学の内外の家庭的パーティーに招かれると、喜々として足を運んだようだ。女性たちにも人気があり、パサディナに始まった親しい関係のいくつかは、その後もながく続いた。ヘレン・キャンベルの場合がその一例である。

ある土曜の午後のパーティーで二人が知りあった時、ヘレンはバークレーのカリフォルニア州立大学の物理学講師サム・アリソンと間もなく結婚することになっていた。そのヘレンを夕食に誘ったオッペンハイマーはボードレールを朗読した。一九二九年の秋、バークレーに着任したオッペンハイマーはヘレンと再会し、その夫サムとも親しい友人関係を結んだ。サム・アリソンは翌一九三〇年にシカゴ大学の物理教室に移ってボスのA・H・コンプトンのお気に入りとなり、フェルミとともに人類最初の原子炉を建設する。一九四二年の暮には、オッペンハイマーに乞われて、ロスアラモスの地に同行し、原爆研究所の構想を助けた。最初の原爆実験で「……三、二、一、〇」のカウントダウンをしたのもサム・アリソンである。この人物は、終戦直後に軍部の研究統制に反対する講演をして物議をかもすのだが、ここでは、その妻ヘレンとオッペンハイマーとの親しい間柄が、お互いの夫妻相互のものとなって長く続いたことに注目しよう。これはロバート・オッペンハイマーの一つの特質であったようだ。先にのべたシャルロットの場合もそうだった。

一九二七年の夏ゲッチンゲンからアメリカに帰ったオッペンハイマーは一九二八年の春

までに、国内の大学から一〇件、ヨーロッパから二件ほどの就職勧誘を受けた。母校ハーヴァードからの勧誘には大いに心が動いたが、結局は、カリフォルニア州の南北二つの大学、パサディナのキャルテクとバークレーのカリフォルニア大学の両方かけ持ちの助教授の席を選ぶことにした。

「私はバークレーを訪れてみて、ここは砂漠みたいに何もないから、ここにしようかなと思った。理論物理が全くの空白だったから、何か初めからやってみるのもいいな、と考えたのだ。それと同時に、あまり孤立無援というのもあぶないから、キャルテクとのつながりも保っていようと思った」とT・クーンに後年語っている。

このバークレー＝パサディナの就職話には、着任は一九二九年秋の新学期からでよいという好条件もついた。自由な身のままで、もう一年ヨーロッパで修業したい気持がオッペンハイマーには強かったのだ。前回と同様に遊学の費用は父親が持ってくれたであろうが、今度はロックフェラー財団からの留学奨学金を得て、自力でヨーロッパに向かうことになった。

旅立ちを前にした一九二八年の夏の前半、オッペンハイマーはアンアーバーのミシガン大学のH・ランダル教授から招かれて、その「理論物理学夏の学校」に参加した。ランダルが始めたこのサマースクールは、その後毎年、優秀な講師と参加者がアメリカ国内とヨーロッパから集まり、アメリカの理論物理学の振興に歴史的な役割を果たすのである。オランダからユーレンベックとハウトスミットを呼んだのもランダルで、この二人は夏の学校の重要な支柱となった。

アンアーバーの後、オッペンハイマーはニューメキシコに旅して、ロスピノスのキャサリン・ペイジの経営する民宿牧場の客となった。弟のフランクも後からやってきた。兄弟はキャサリンの案内で、民宿牧場からわずか二キロほどの所にある土地つきの丸太小屋を見に行った。海抜三〇〇〇メートル、針葉樹の林と高原の草花に囲まれ、眺望は雄大だった。家の一階にはリビングルームと台所、二階には二つの寝室があった。二人はこの家と土地がすっかり気に入って、早速父親に連絡して、次の冬から家族の山荘として借りる手筈をとった。ペロ・カリエンテ牧場と呼ぶことになった。英語でいうとホット・ドッグだが、例のソーセージをはさんだパンの意味のほかに、「こりゃいい！」「しめた！」といった意味の間投詞としても使われる。ロバートが現場を見て、思わず口にした言葉を、キャサリンがスペイン語に移して洒落てみた、ということであったらしい。ペロ・カリエンテの北五〇キロの所にはオホ・カリエンテという地名もある。西へ五〇キロ、リオグランデの流れを越した高みにはロスアラモスの台地が位置している。

3　美しき日々

15　再びヨーロッパへ

国際的に開かれた科学者の共同体《コミュニティー》――クエーカー教徒の集会に似て、相互の合意以上の権威は存在しない、本質的なアナーキスティックな科学者共同体の可能性を口にすれば、科学たたき《バッシング》が時代の流行になっている昨今では、笑い草にされるのが落ちであろう。ロバート・オッペンハイマーにとっては、その存在は、幻想でも希求でもなく、実感であった。その実感は、若き日の二度のヨーロッパ滞在の間に彼の心に植え付けられて、それは、良きにつけ悪しきにつけ、彼の思考、判断、行動を左右した。

オッペンハイマーのヨーロッパ留学奨学金の申請書には、はじめにケンブリッジのファウラー教授、次にコペンハーゲンのボーア教授か、ライデンのエーレンフェスト教授の所で「量子力学の諸問題」について研究することになっていた。しかし実際には、まず一九二八年九月にエーレンフェストの所に落着き、ユトレヒトのA・クラマースの世話にもなり、翌一九二九年一月にはエーレンフェストにすすめられてチューリッヒのパウリの許に行った。

P・エーレンフェストは一八八〇年、オーストリアのウィーンで生まれた。アインシュタイン（一八七九年生）、ボーア（一八八五年生）、パウリ（一九〇〇年生）と親しく、人望の高い人物だった。ボルン（一八八二年生）が一九二九年に過労で倒れた時、ゲッチンゲンに行ってボルンの講義の肩代わりをしたことがあった。その頃ボルンの下で学位取得前の学生だったV・ワイスコップに、エーレンフェストはいかにも彼らしい忠告を与えている。

「ここゲッチンゲンで幅をきかせている難しそうな理論に圧倒されないように、また、たくさんのすごい科学者たちに気を呑まれてしまわないようにしたまえ。質問をすることだ。間抜けに見えてもいいじゃないか。数学の厚い茂みに足をとられず、基本のアイディアをつかむように努めなさい。物理学は単純だが微妙でもある（Physics is simple but subtle）」

以前からエーレンフェストを尊敬していたオッペンハイマーだったが、そばに行ってみると、五〇歳に近いエーレンフェストの学問的スタイルになじめず、エーレンフェストの方も、若いロバートが明らかに抜群の才能に恵まれながら、数式を軽率にもてあそび、はやとちりの結論に走る傾向があるのを惜しく思った。オッペンハイマーはライデンの次にはコペンハーゲンに行く予定にしていた。ボーア参り、つまり「コペンハーゲン精神《ガイスト》」に触れることは、当時の量子力学研究者の誰もが願うところであった。しかしエーレンフェストは、ボーアの所ではなくチューリッヒのパウリの所に勉強に行くことを強くすすめた。

オッペンハイマーの回想。

「エーレンフェストの考えははっきりしていて、ボーアの大きさ、茫洋とした所は、私の身のためにならず、必要なのは、誰かがっちりとした計算の腕を持った物理学者であり、それにはパウリがぴったりだ、というものだった。まあ言ってみれば、私には、ビシッとした訓練と教育がもっと必要だと彼は考えたのだ」

エーレンフェストは一九二八年一一月二六日付の手紙で、パウリに次のように書いている。

「オッペンハイマーはいつも機知に富んだアイディアを持ち出してくる。彼の大きな科学的才能を十分発展させるためには、今のうちに、愛情をこめて良い形にきたえ上げるべきだと私は確信している」

ロバートをパウリの許に送って、しっかりした躾《しつけ》をと願ったエーレンフェストの心には、彼の健康に対する父親的な配慮もあった。ロバートは頑固な咳に始終なやまされていたのである。ライデン到着の前から結核の疑いがあった。北海のデンマークよりもスイスの方が彼の健康によいに違いなかった。

オッペンハイマーをチューリッヒに迎えてから一カ月余りたった一九二九年二月一五日付の手紙で、パウリは彼の印象を詳しくエーレンフェストに報告している。長所は、着想が豊かで創意にも富んでいること。短所は、生半可なことですぐ満足してしまうこと、粘りと丹念さに欠けること、やりはじめた問題をよく詰めないで放り出すこと。「しかし、うんと締め上げたり、おだてたりしているうちに彼はきっと立派になるだろうと楽しみにしている」とパウリは書いている。パウリは、オッペンハイマーがわずか四歳年上の彼を、あまりに権威者扱いして寄りかかってくるのに当惑した。ロバートは、大いに頼りになる兄貴の役をパウリに求めていたのであろう。

　幸いに、パウリの薫陶よろしきを得て、ロバート・オッペンハイマーは理論物理学者として見事に成長した。前から手がけていたクローン場での自由電子からの輻射の問題についての仕事を進める一方で、パウリに導かれて量子電磁力学の問題に足を踏み入れた。一九二六年にシュレディンガー方程式が出てからは、それが適用可能の物理現象について理論を立て、計算結果と実験を比較する仕事に大部分の物理学者が従事したが、パウリとハイゼンベルクはそうした「応用問題」を「雑魚《ざこ》たちにまかせて」、マックスウェルの電磁場を量子化し、物質（電子など）の方も物質場（電子場など）として量子化し、電磁場と物質場との相互作用を量子力学的に定式化する問題に挑戦した。量子電磁力学についての、ハイゼンベルク－パウリの歴史的な第一論文がまとまり、研究の第二段階に二人がとりかかったちょうどその時に、オッペンハイマーはチューリッヒにやってきた。量子電磁力学の事の始まりから、その二人の創始者の間に割りこんで実地の経験を味わえたことは、全くの好運だった。第二論文については、オッペンハイマーの名も共著者として含めようとハイゼンベルクは考えたようだが、実現はしなかった。オッペンハイマーがした仕事の内容は、アメリカ帰国後、「場と物質の相互作用についてのノート」と題する一七ページの単名論文として『フィジカル・レヴュー』誌（一九三〇年）に発表された。オッペンハイマーはこの論文をハイゼンベルク－パウリの第三論文と呼んでいた。

チューリッヒ滞在はわずか半年だったが、得たものは大きかった。学問的には、アメリカに帰って場の量子論の研究の指導者となる力を身につけたことが最大の収穫だったが、物理学者たち相互の人間的関係、それがつくる自由で開放的なコミュニティーの存在を肌で感じとったことも、その後のオッペンハイマーの生き方を決定的に左右した。

「それは実に身のためになった期間だった。私は極端なまでにパウリに尊敬の念を抱いたばかりでなく、しんそこ彼が好きになり、彼から多くのことを学んだ。……パウリと過ごした時間は、ただただこの上もなく素晴しいものに思えたのだった」

オッペンハイマー晩年の追憶である。かつてのポストドックから、これほどの敬愛の讃辞を引き出し得る人物は稀であろう。

W・パウリは一九〇〇年ウィーンの生まれで早熟の天才であった。一八歳、ミュンヘン大学入学の直前に一般相対論についての論文を発表し、二年後には数理科学百科事典の一項として二三六ページにもわたる「相対性理論」を書いた。これはアインシュタインの称

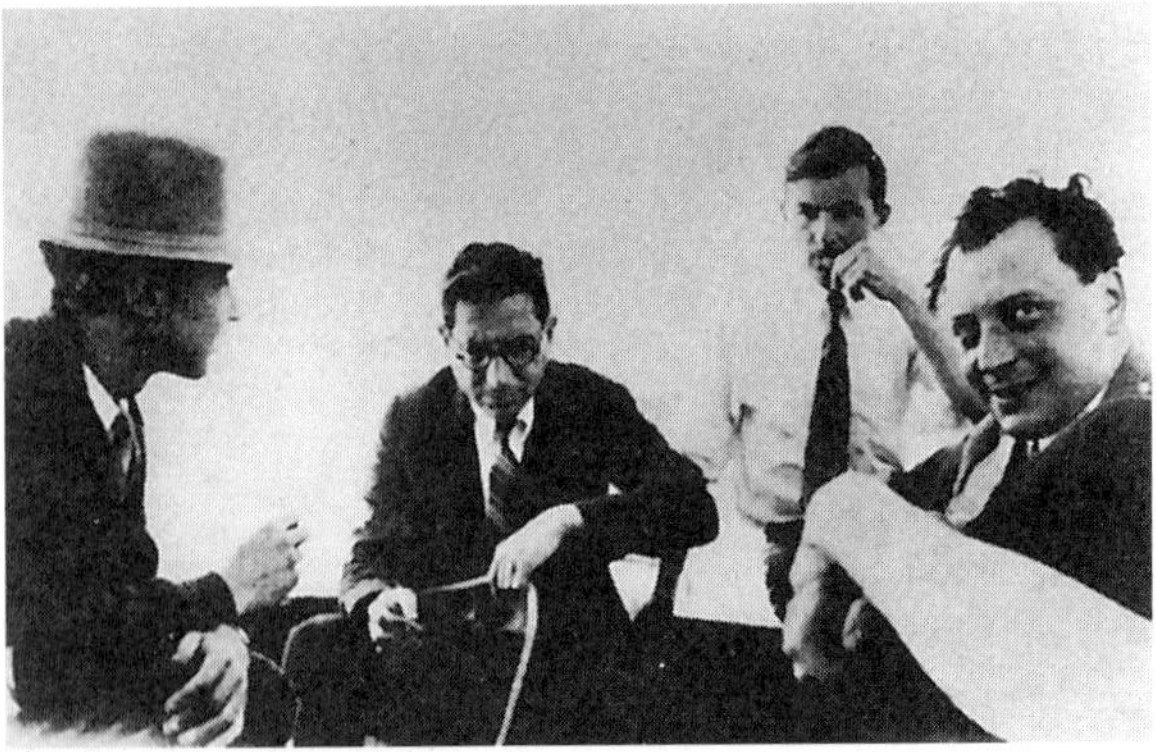

1929年，チューリッヒ湖上で　左からオッペンハイマー，I.ラビ，一人おいてW.パウリ．オッペンハイマーは，生涯を通じて，ラビを親友として，パウリを師として敬愛した．

讃も受け、現在でも読むに値する名著である。パウリの師であるゾンマーフェルトの談話会でアインシュタインが話をした後、まだ学生だったパウリが立ち上って「アインシュタイン教授の言うことはそう馬鹿げてはいない」と言った話は有名である。パウリの毒舌を伝える話は無数にある。エーレンフェストにパウリが初めて会った時、エーレンフェストが二〇歳年下のパウリに「私は君という人間よりも君の物理の方が好きだ」と言うと、パウリは「エーレンフェスト教授、あなたについてはちょうどその逆ですね」とやり返した。それにもかかわらず、二人の親交はエーレンフェストの死まで続いた。一九三三年、エーレンフェストは知能障害を持った息子を道づれにして自殺した。その師ボルツマンも、一九〇六年の晩夏、アドリア海を望むドゥイーノの古城の近くで、家族と休暇中に自殺して果てている。

一九二九年二月、オッペンハイマーはライプチヒのハイゼンベルクを訪ねた。量子電磁力学についての議論をしたと思われる。ハイゼンベルクはアメリカ各地での講演旅行に出かける直前だった。E・テラーとR・パイエルスが学生として、I・ラビがアメリカからの留学生として滞在していた。ハイゼンベルクが発ったあとの三月はじめ、オッペンハイマーはラビを同伴してチューリッヒに帰ってきた。ながい堅固な友情の始まりである。まだ学位のなかったパイエルスも、ハイゼンベルクの推薦でパウリの助手になることになっていて、やはりチューリッヒに移ってきた。テラーは来なかったが、その友人であるハンガリー出身の三人の偉才、L・シラード、E・ウィグナー、J・フォン・ノイマンはオッペンハイマーのチューリッヒ滞在中にパウリを訪れている。これらの名前はすべて原爆開発とかかわってくる。まったく無関係のままであったのはパウリただ一人である。

R・パイエルスは一九二九年から一九三二年の三年間パウリの助手を務めてからケンブリッジ大学に移った。一九三三年の秋からパウリの助手になることになっていたワイスコップは、気難しいことで評判のパウリにどう仕えたらよいかを、先輩のパイエルスに尋ねた。

「パウリは、本当は、とても気のよい、まるで子供のような人間なんだ。よく話題になる、彼の気難しい性格なるものは、悪意からなんかじゃなくて、むしろ彼の正直さから来ている。いつも思った通りの事をそのまま言うものだから、時々人の気持を傷つけてしまう。しかし、何を考えているかを、いつも君にわかるようにしてくれる人物と一緒に仕事をするのは、とても楽なものだよ」

パイエルスの言葉に元気を得てチューリッヒにやってきたワイスコップだったが、初対面から驚かされた。ドアのノックに答えて「おはいり」というパウリの声で室内に入ったが、パウリは机に向かって何やらしきりに計算していた。「待ってくれ。この計算をすまさないとね」。数分間待たされた。頭をあげてワイスコップの方を向くと、

「君は誰？」

「ワイスコップです。助手になれというお話でしたから」

「ああそうだった。実はベーテを欲しかったんだが、彼は固体論の仕事をしていて、それが気に入らなかったのでね」

それから数週間後のこと。ある問題の考察と解決をワイスコップに依頼したパウリは、その結果の報告を手にしてこう言った。

「やっぱりベーテを助手にすればよかったなあ」

以上のやりとりは私の創作ではない。ワイスコップの自伝から採ったものだ。自伝の中で彼は敬愛の念をこめてパウリの人柄を回想している。

「物理学者の間に出回っている数多くのパウリの逸話は、彼の人柄についての歪んだ印象を与える。頭のめぐりの悪い仲間を痛めつけて楽しんでいる意地の悪い男にされている。これほど真実から遠いことはない。パウリは時々ひとにつらく当たることがあって評判をとったが、それは生半可な真実や疎漏な考え方に対する彼の嫌悪の表現であって、個人に向けられたものではなかった。パウリはほとんど子供のような正直さを持ち、いつも彼のありのままの考えを率直に表現した。……彼は人びとを愛し、学生や研究協力者にあくまで誠実だった。彼の弟子はすべて彼に深い人間的愛着を持つようになったが、それはパウリが弟子たちと多くの学問的洞察を分かちあったからだけではなく、その根本的に愛すべき人間的資質の故でもあった。今は、政治、自己宣伝、野心など——パウリにはまったく無縁のもの——が物理の世界にもはいり込んでいるにもかかわらず、物理学者のコミュニティーが、ある程度の健康な単純さ、正直さ、率直さを保っているのは、たしかにパウリに負う部分がある」

この物理学者のコミュニティーへの寄与は、パウリの場合、ほとんど無意識になされたものであったが、ニールス・ボーアの場合には、その貢献は積極的にボーアの信条から出たものであり、ヒトラーのユダヤ人迫害に対しては、多くのユダヤ人物理学者の救出被護の形をとったが、その基盤はボーアの学者としてのスケールの大きさと魅力にあふれた人間性にあった。オッペンハイマーは一九二九年アメリカ帰国の前に、しばらくボーアの研究所に滞在するつもりだったが、結局六月の末までパウリの所で過ごして、ボーアの所には行かずじまいになった。それから約一八年間、戦後になるまでオッペンハイマーはアメリカを離れなかったが、ボーアの方が一九三二年パサディナを訪れて二人の親交が始まった。一九三七年のアメリカ再訪の際にはバークレーのオッペンハイマーに、デンマーク人の若者を一人、学生として託している。ボーアのロスアラモスの原爆開発への参加についてはあらためて語ることにしよう。

パイエルスは、その自伝の中で、次のように書いている。

「ニールス・ボーアの研究所は物理学者をひきつける焦点だった。小規模の、肩のはらない、しかもきわめて活発な学会が毎年のように開かれ、また、いつ行ってみても、世界中から多くの訪問者がたむろしていて、新しい物理学を押し進め、最先端の知識を身につけようとしていた。ボーアは並はずれた魅力の持ち主だった。当時の最も有名な科学者の一人だったのだが、傲慢さ、勿体ぶった所はみじんもなかった。誰であろうと、地位や身分に関係なく、丁重親切に接するのを常としていた。しかしその一方、彼が真理と見たもの、それを表現する正しいやり方だと彼が考えたものには、とことんまでこだわるのだった。この二つの性向が、時として滑稽な結果を生んだ。たとえば次のような物の言い方だ。『私は文句をつけるためにこう言うのじゃないが、それはまったくのナンセンスだ!』。どの国語を使うにしても、彼の言葉の使い方は独得だったが、それが周囲の人たちにも伝染してしまうのだった」

こうしてボーア風の言い回しに感染してしまった人は、その話しぶりから、ははあ、この人はコペンハーゲンにしばらくいたな――とわかってしまうことが、よくあったという。

ハウトスミットも次のように回想する。

「一九二〇年代には、小ぢんまりしたボーアの研究所は物理学者の精神的な中心地であった。すべての道はコペンハーゲンに通じていた。そこにはボーア・コンフェレンスに五〇人ほど集まることを除いて、一時に二〇人も人がいることはなかった。我々はコペンハーゲンに招かれれば、すべてをうち棄てて馳せ参じた。我々の考えを確認し、精密化し、あるいは分析するためにそこに行き、それが完成するまで、数日であろうが数カ月にわたろうが、そこに滞在し、ボーアの研究室で議論に議論を重ねた。その間ボーア夫人がたくさんのサンドウィッチと紅茶を用意してくれた。あるときはビヤホールで、あるときはティボリ公園で話し合った。……巨大な研究所もなかった。軍事研究もなかった。企業の歯車になることもなかった。ロックフェラー奨学金をもらえば、それで十分だった。我々はみんな親しいものが集まってできた集団に属していると思っていた」

日本人物理学者堀健夫の回想も同じ調子である。

「コペンハーゲン・スピリットというふうな名前もついているボーア研究所の雰囲気というのは、まことに我々の驚嘆に値するもので、日本における雰囲気とは全く違っておりました。コロキウムが盛んに行われるんですね。頻繁に行われる。何も日にちが決まっているわけじゃございません。だれかが話をする素材料を持ち出したときには、直ぐボーア先生自身が各研究室を回って、今からコロキウムをやるから集まれといわれながら、みんなを招集しておられました。

　また、そのコロキウムの議論の活発なことといったら、それこそ、本当に日本で経験できなかった活発さ。全然お互いに無遠慮で、質疑、応答。当時、量子力学の本当の最初の発展期で、日に日に発展しておった時代でございますから、ボーア、ハイゼンベルク、クライン、ディラック、フント、えらい、そうそうたる人の議論を聞いておりまして、私も私なりに随分教わることが多かったのでございます」

　量子力学が誕生し、風にあおられた野火のように発展した一九二五年から一九三〇年の五年間はまさに疾風怒濤《シュツルム・ウント・ドランク》の時代であった。ロバート・オッペンハイマーは、それを壮烈の時（a heroic time）と呼んだ。ここに彼の有名な一文がある。その修辞のスタイルは万人の好む所ではあるまいが、高揚の頂点にあった時代の真骨頂を写し得た名文であることは否定しがたい。

「原子物理学、我々が原子系の量子理論と呼ぶものの解明は、その始源を世紀の変わり目に持ち、一九二〇年代にその偉大な総合と決着が行われた。それは壮烈な時代だった。一人の人物がなした業ではなく、多くの国々からの多くの科学者の協同作業であった。とはいえ、事の始めから終わりまで、ニールス・ボーアの深く創造的で、しかも絶妙峻厳な精神が、その事業を導き、節度を与え、深化させ、ついに金字塔となしたのである。それは、研究室における忍苦の作業、是非を分ける実験、大胆な行為の時であり、多数のあやまったスタートがなされ、多くの臆測が崩れ去った。それは、真摯な交信と、あわただしい提案、討論、批判、そして目もさめる数学的即興の時だった。それに参加した者にとって、それは創造の時だった。新しい真理を垣間見た彼らの心には高揚とともに戦慄が走ったのだ。それは、おそらく、歴史として完全に記録されることはないであろう。歴史としてのその再現には、オイディプスを物語り、クロムウェルを物語る芸術の高さが要求されようが、我々の通常の経験からあまりにもはなれた行為の世界は、いかなる詩人、いかなる歴史家も、ついに知るところとはならないであろう」

16 バークレー－パサディナ時代

一九二九年七月はじめにヨーロッパから帰ったロバート・オッペンハイマーは、あたふたとニューメキシコのピコスに向かうのだが、この話は後でしょう。

八月上旬、カリフォルニア工科大学（パサディナ）に挨拶の顔を出し、八月一五日からはバークレーのカリフォルニア州立大学で、助教授としての勤務を始めた。本場のヨーロッパで量子力学の発展に参加した俊秀による量子力学の講義とあって、人びとの好奇心は高かったが、ふたをあけてみると、さんざんの不評を買った。つぶやくような低い声、吃音ともとれる間投音、内容は難解で、学生の理解力に対する配慮がなかった。その上、性急、短気、その鋭い舌先は学生たちをふるえ上らせた。オッペンハイマーをバークレーに呼んだ物理教室主任のR・バージ教授の元には苦情が持ちこまれた。しかし、そのクラスの中の一人の女子学生メルバ・フィリップスはオッペンハイマーを指導教官にえらんだ。彼の最初の大学院学生である。

バークレーの秋の学期はクリスマスで終わる。オッペンハイマーは年が明けるとパサディナに居を移して、そこでまた一学期分の講義をするのが、それからの毎年のパターンになった。パサディナでの初回の講義に出席したC・アンダーソンは、その難解さにおそれをなして、いったん登録した課目をやめると申し出た。オッペンハイマーは「馬鹿を言うものじゃない。どう転んでも合格するよ。単位取得の登録をした学生は君一人なんだから」と言ってアンダーソンを引き止めた。その二年後の一九三二年、アンダーソンは宇宙線の中に新しい素粒子である陽電子を発見し、一九三六年にはノーベル賞を受賞する。

W・ファリーは、一九三二年イリノイ大学で学位とポストドック奨学金を手にすると、バークレーに向かった。その前年一九三一年の夏、ファリーはアンアーバーのミシガン大学主催の理論物理学夏の学校に参加した。講師としては、海外から三人の大物、ゾンマーフェルト、クラマース、パウリ、アメリカ人としてはただ一人オッペンハイマーが選ばれていた。

　オッペンハイマーがディラックの相対論的電子理論の話をしている最中のことだった。突然パウリが立上ると、黒板の前に進み出てオッペンハイマーの話をさえぎり、手にしたチョークをふりかざしながら、「いやいや、そんなことは全部まちがいだ」と叫んだ（黒板に書いてあった数式を消してしまったという説もある）。オッペンハイマーも負けていなかった。クラマースが中に入ってやっとおさまった。「パウリ、とにかく話を聞いてからにしよう」。パウリは自分の席にもどって腰を下ろした。天下のパウリを相手に堂々と応酬するオッペンハイマーの姿がファリーの心に焼きついた。これが、結局ファリーをバークレーに向かわせることになったのだった。

　アンアーバーでのパウリとオッペンハイマーのやりとりの話は、潤色されて、パウリの横暴と毒舌の見本として、しばしば引用される。しかし、私は、ロバート・オッペンハイマーが、生涯を通じて、パウリに対して抱いていた深い敬愛の念を忘れてはならず、また、パウリの弟子たちの「パウリの毒舌」についてのコメント（15節）を思い出す必要がある。パウリを識るオッペンハイマーは、アンアーバーで彼の毒舌のために立往生を強いられても傷つきはしなかったのだ。議論をするということは、本当はそうしたものでなければならるまい。残念ながら、世の中ではこのルールは通じない。オッペンハイマーには、その点の分別がよくつかなかった。自分もパウリの真似をしてよいと思った。しかし、彼にはパウリの善良さが身にそなわっていなかった。人並みの邪悪さと、人並みの残忍さを持っていた。オッペンハイマーの辛辣な言葉は、公私の場で、人を深く傷つけた。

ファリーがポストドックとしてバークレーにやってきた時には、二人の大学院学生、メルバ・フィリップス、レオ・ネデルスキー、それにポストドック、F・カールソンがいた。メルバとレオは苦学中の貧しい学生だったが、ファリーがわかりかねるオッペンハイマーの話を理解する力をつけていて、ファリーは劣等感を持った。しかし、一年後には、彼はオッペンハイマーの優秀な研究協力者となり、場の理論に重要な貢献をした。将来はハーヴァード大学の教授として重きをなすのだが、マッカーシーの赤狩りの時代の彼の苦難については、また別に語ることにしよう。

ロバート・サーバーは一九三四年にバークレーにやってきた。オッペンハイマーの高弟、腹心の部下、長年の親友となる人物である。その夏、ウィスコンシン大学のヴァン・ヴレック教授のもとで学位と研究奨学金を得たサーバーは、東部のプリンストン大学でポストドックとして研究生活を始めるつもりで東に向かう道すがら、アンアーバーの理論物理学夏の学校で一カ月を過ごすことにした。オッペンハイマーも講師として招かれていて、サーバーはその講義を聞き、ひざを交えて話し合う機会があった。そこでオッペンハイマーにすっかり惚れ込んでしまったサーバーは、東から西へ方向を変えて、バークレーに来てしまったのだった。初めの頃はさんざんの不評だったオッペンハイマーの量子力学の講義、学生たちとの応対も、五年の歳月のうちに改善され、むしろ、講義に内在する知的な魅惑が学生たちの若い感性をあやしくとらえるようになっていた。サーバーの語る所を聞いてみよう。

「オッペンハイマーの講義は教育的にすぐれたものであると同時に、インスピレーションを与えるものだった。物理学の論理的構造は美しいという感じ、物理学の進展が与える興奮を、彼は学生たちの心に伝えた。ほとんど誰もが講義を二度聴講した。オッペンハイマーは、学生たちが三度四度と聴講しようとするのを思い止まらせるのに苦労することも時々あった」

バークレーでは、オッペンハイマーは「オッピー（Oppie）と呼ばれていた。ライデン大学でエーレンフェストが与えたOpjeという縮小愛称がその起源で、オッペンハイマー自身も手紙の署名にこの綴りを使った」。

「彼のグループはおよそ八人から一〇人の大学院学生と半ダースほどのポストドックから成っていた。彼は、日に一回、彼の部屋でこの連中と会うことになっていた。きまりの時間の少し前に、連中はぞろぞろと部屋に入ってきてテーブルについたり、壁の所に立ったりしている。そこにオッピーがやってきて、一人ずつ、その研究の進み工合について議論する。他の連中は黙って聞いていたり、口をはさんだりする。こうして誰もが広い範囲の話題を知るようになる。オッペンハイマーはあらゆる事に興味を示した。話題が次から次へと変わり、すべてが併存した。同じ午後に、電磁力学、宇宙線、宇宙物理学、核物理学が議論される、という工合だった」

「オッピーと彼の学生たちとの関係は、研究室と教室の中に限られなかった。その頃は彼は独身で、彼の社交生活と我々のそれとがまざり合った。よく我々は遅くまで仕事をして議論は夕食中もつづき、そのあとでもシャスタロードの彼のアパートで続けられた。問題にうんざりした時や、当面の問題点が解けた時には、話は美術や音楽、文学、政治に移るのだった。仕事が思わしく進まないと、放り出して映画を見に行くこともあった。たまには、ひと晩、仕事はお休みにして、オークランドでメキシコ料理を食べたり、サンフランシスコの上等のレストランに行った」

「我々はスタンフォードから出かけてきたフェリクス・ブロッホとその学生たちとの共同セミナーを定期的に持った。セミナーのあとでは、オッピーが出席者全員に、サンフランシスコのレストラン『ジャックス』で夕食をおごってくれることがよくあった。それは大恐慌の後のひどい不況時代で、学生たちは貧乏だった。美食美飲の優雅な生活は、彼らの多くにとって、およそ縁のないものだったが、オッピーは、彼らになじみの薄い生き方を味わわせてくれた。我々は彼の趣向にちょっぴり染まったりもした。一緒に演奏会に出かけ、室内楽を聴いた。オッピーとアーン・ノルドシークはプラトンをギリシャ原語で朗読した。夜のパーティーがたびたびあって、遅くまで飲み、おしゃべりをし、ダンスに興じた」

オッペンハイマーの年俸は五〇〇〇ドル前後だったと思われるが、別に父親がくれた財産から年々一万ドルほどの収入があった。この高収入をオッペンハイマー自身がどう考えていたかは、興味ある問題である。

バークレーでのオッピーの講義が年末に終わると、年の始めには、オッピーのグループは彼にしたがって、渡り鳥よろしくパサディナに移り住むのだった。

「彼の学生の多くは、彼にくっついて毎年旅をした。……車の後部に積んでしまえる家財しか持っていなかったのだ。パサディナでは物理の新知識を仕入れるかたわら、活発に社交生活も楽しんだ。トールマン教授一家はよい友人だったし、チャールズ・ローリッツェンとそのグループとも親しく交わった。我々はオルヴェラ通りのメキシコ料理店で多くの夕べを過ごし、ローリッツェン家のガーデン・パーティーで多くの夜を楽しんだ。一九四〇年にロバートは結婚し、私たちの関係は、彼の美しく心やさしい妻キティーの友情によって、さらに豊かなものになった」

R・サーバーは物静かな男だった。師弟の関係はいつしか深い信頼で結ばれた友人関係に移っていった。ロスアラモスでは、サーバーは文字通りオッピーの片腕となり、その妻シャルロットは図書室を有能にとり仕切った。戦後は、コロンビア大学教授としてアメリカの物理学界に重きをなした。オッペンハイマーの死後、サーバーの友情は、残されたキティーにとって大きな慰めとなった。

「オッペンハイマーの性格のいろいろの面が偉大な教師になるのに役立った。物理学者としての偉大な力量、広い知的興味、頭の回転のおどろくべき速さ、すぐれた表現の才、感受性のこまやかさ、人目を引きつける風采、そうしたものが、人の集まりでは、いつも彼を中心的存在とした。彼の学生たちは、できるだけ彼をまねようとした。彼の身振り、彼の癖、彼の口調までまねようとした」

ここで癖と訳したのは mannerisms である。部外者には鼻につくオッピーの気取りまで、学生たちはまねようとした。馬鹿馬鹿しいと言ってしまえばそれまでだが、個性の強い教師の身辺でよく見られる現象である。ボーアの場合の話は前にした。哲学者ウィトゲンシュタインもよい例だが、ゲッチンゲンからアメリカに渡った偉大な女性数学者エミール・ネーターの場合には、男性の学生も彼女を真似ようとしたと伝えられる。こうした内輪の取りまき連中ができると、その外にある者が疎外された不快感を抱くのも、また当然の理であろう。

ロバート・オッペンハイマーは大学院学生やポストドックに安易な問題は与えなかった。時間さえかければ結果が得られると思われる課題はとりあげなかった。未解決の重要問題に彼自らが立ち向かい、時代に先んじたアイディアを抱き、弟子たちに協力を求めた。彼の生涯最大の業績は、原爆ではなく、彼のもとから優秀な物理学者が輩出したことである、と私は考える。これはH・ベーテやA・パイスの下した評価でもあり、また、おそらく、最後まで自らを語ることの少なかったオッペンハイマー自身の評価であり、満足の源泉であったと思われる。ベーテやアインシュタインがアメリカ最大の理論物理学の学派《スクール》と呼んだ、オッペンハイマーの弟子たちのリスト*そのものが、彼の業績への最高の讃辞であろう。

*Melba Phillips, Leo Nedelsky, Arnold Nordsieck, Glen Camp, Fritz Kalcar, George Volkoff, Sid Dancoff, Joe Keller, Willis Lamb, Hartland Snyder, Leonard Schiff, Bernard Peters, Bill Rarita, Eldred Nelson, Phil. Morrison, Stan Frankel, Joe Weinberg, Chaim Richman, David Bohm, Shuichi Kusaka, Robert Christy, Wendel Furry, Robert Serber, Franklin Carlson, Ed. Uehling, M. S. Plesset, Bert Corben, J. S. Schwinger, R. S. Sachs, Hugh Wolfe
最後の九人はポストドックである。

オッペンハイマーは、良き研究者こそ良き教師たり得る、と信じていた。後年、評論の中でこういう。

「すべての答を知っているわけではなく、よくわからない事をはっきりさせようと努力している教師には、解きたい問題の前で絶望的な気持で立ちつくしている時間がある。ある意味で、彼は、教えるだけの人間よりも、はるかに学生の方に近いのだ。なぜなら、ただ教えるだけの人間はすべての答を知っているからだ。学生が経験するのは、わからない、と思うことであり、ただ理解することではなく、頭の中をかきまぜられること、次第次第に秩序が見えてくることであり、新しいアイディアを思いつき、それまで考えていたことが誤りだったと気がつくことである。こうしたことは、研究に従事する人間にとってありふれた経験であり、それはまた学生の経験でもある。ここに両者の調和の一点がある」

この意味で、バークレー‐パサディナ時代のオッペンハイマーは理想的な教師であった。それでは、研究者としてのロバート・オッペンハイマーはどのように評価されるべきであろうか。

一九五四年のオッペンハイマー失脚のきっかけとなったW・ボーデンの手紙の前文に次の文章がある。

「J・ロバート・オッペンハイマーは科学の進歩に大した貢献はしていないが、アメリカの二流どころの物理学者の間では、仲間うちの敬意を受ける地位にはある」

ボーデンにはノーベル賞の有無が一流と二流を分ける明白な線に見えたのであろう。オッペンハイマーが一流の物理学者ではなかったとするのは、ジャーナリズムの固定観念になっている。オッペンハイマーを知っていた物理学者たちのネガティヴなコメントが歓迎され、好んで引用される。

ノーベル賞受賞者のM・ゲルマンによれば、オッペンハイマーは忍耐力に欠けていた。「根気というか、ドイツ語で言うSitzfleisch、一つの椅子に座りつづける尻の肉、を彼は持たなかった。私の知る限り、彼は一度も長い論文を書かなかったし、長い計算のようなことは何もしなかった。彼にはその辛抱がなかった。彼自身の仕事は、小ぶりの、しかしキラキラ輝く着想でできていた」

ゲルマンの指摘は大体当たっていようが、正確ではない。オッピーも若い頃には結構長い論文をものにしている。

オッピーの弟子の筆頭であったサーバーは、「彼の物理はよかったが、計算はひどいものだった」と言っている。しかし、物理学者や数学者はこの手の辛口評言をよく飛ばす。湯川秀樹がノーベル賞を受賞した時、伏見康治は「湯川さんは数学が不得手だ」と言った。こうした断片的な発言を鬼の首を取ったかのように思って拾うのは愚かなことである。一九二五年の「首絞め事件」の後、精神的苦境を自力で克服するきっかけとなった、二二歳のオッペンハイマーの仕事についての、ベーテの具体的な評価を聞くことにしよう。

「彼はX線による水素の光電効果を計算した。今でも、これは複雑な計算であり、ほとんどの量子力学の教科書の程度をこえるものだ。一九二六年、オッペンハイマーは連続エネルギー固有値の波動関数の規格化を含めて、すべての方法を自分で工夫しなければならなかった」

一九二九年八月中旬、オッペンハイマーがバークレーに着任してファカルティクラブの一室に住みこんだ頃は、彼はディラックの相対論的方程式の負エネルギー準位の物理的意味を夢中になって考えていた。ディラック御本人は、負エネルギー準位には電子がぎっしりとつまっていて、たまたま空位（ホール、穴）ができると、それは陽子《プロトン》のように見えるだろうと考えたが、オッペンハイマーは、それは間違いで、穴は正の電荷を持った電子のようにふるまうことを理論的に結論し、翌一九三〇年のはじめに発表した。こうして、オッペンハイマーは、事実上、陽電子（反電子）を予想すると同時に、反陽子の存在の可能性も示したわけだった。

原子核から電子が出てくる（β崩壊）から、原子核の中には電子があるという考えに対して、一九三一年、オッペンハイマーはエーレンフェストと共著で、強い否定論を発表した。その翌年一九三二年チャドウィックが中性子を発見して、原子核は陽子と中性子からできている事が確立した。この論文は、β崩壊の説明のためにパウリがニュートリノ（中性微子）を考えるきっかけの一つになった。

当時、ミリカンをはじめとするパサディナの物理学者たちが熱心に観測していた宇宙線は、宇宙から驚くべき透過力をもって地球にふりそそぎ、シャワーと呼ばれる謎の現象を示していた。一九三二年、オッペンハイマーとカールソンは宇宙線の透過力について重要な論文を発表した。同じ年にアンダーソンは宇宙線の中に陽電子を発見した。オッペンハイマーとプレセットは陰陽電子対の生成機構を具体的に解明した（一九三三年）。

一九三四年には、オッペンハイマーとファリーは、ディラックの相対論的電子理論を場の理論として定式化する仕事を発表した。それは、現在でもほぼそのままの形で用いられている。オッペンハイマーの真の狙いは、当時の基礎的な中心的問題であった「無限大問題」で、この論文に電荷のくり込みの考えも現われているが、用語そのものは一九三五年サーバーによって初めて用いられた。

中性子は電荷を持たないので、とらえ所がない。重水素核は一つの陽子と一つの中性子からできていることに着目したオッペンハイマーは、加速された重水素核が他の原子核のそばを通過する時に、それが核力のおよぶ圏外にあっても、その中性子だけが原子核に吸収される可能性をメルバ・フィリップスとともに示した（一九三五年）。これはカリフォルニア大学の粒子加速器サイクロトロンを使って同僚のE・ローレンスたちによって実験的に確かめられて、基本的で重要な核反応過程として、オッペンハイマー－フィリップス過程と呼ばれるようになった。

一九三六年、オッペンハイマーは一九三三年の電子対生成機構の理論から出発して、カールソン、シュナイダーと共に、電子対生成の宇宙線シャワー現象に対する寄与についてのみごとな理論を提出し、それにもとづいて、宇宙線の中には未発見の粒子があるはずだと結論した。湯川秀樹は、一九三五年、核子（陽子と中性子）の間の力の考察から新しい粒子（中間子）の存在を予想したが、一九三七年にC・アンダーソンとS・ネッダーマイヤーが宇宙線の中に新しい粒子を発見すると、オッペンハイマーとサーバーは直ちにその粒子と湯川粒子との連関についての短報を『フィジカル・レヴュー』誌に発表した。これが一九三五年の湯川の論文を広く世界に知らせることになった。これが機縁で、一九三九年、湯川秀樹はバークレーにオッペンハイマーを訪れた。湯川が談話会で彼の理論の説明を始めて三分もたたないうちに、オッペンハイマーが立上って話を横取りし、その説明を終えた、という話がある。もし本当なら、失礼な話である。しかし、オッペンハイマーは戦後プリンストン高等学術研究所の所長に就任すると、すぐに湯川秀樹を招いた。湯川のノーベル賞受賞もオッペンハイマーの推薦に負う所が大きいと伝えられている。

オッペンハイマーはパサディナに近いウィルソン天文台の人たちとも接触し、トールマン教授の影響もあって、天体物理学、一般相対論にも強い関心を持つようになった。彼がヴォルコフと共に中性子星の生成を予言したのは一九三九年のはじめだった。つづいてシュナイダーと共に、今日でいうブラックホールの存在の可能性を論じた。質量が太陽より十分大きい星は、その進化の果てに大爆発をおこし、あとには中性子の塊りが残る。これが中性子星である。中性子星の質量がある値以上の場合には、重力による収縮が止めどもなく進行することを、オッペンハイマーとシュナイダーは示したのである。

一九四〇年からは、シュヴィンガーなどの協力を得て、中間子理論の研究に従事したが、一九四二年、オッペンハイマーは核爆弾開発の仕事にいよいよ深入りするようになり、一九四三年春、家族とともにロスアラモスに移った。ロバート・オッペンハイマーは、満三九歳の誕生日を目前にして、彼の最良の日々であった一四年にわたるバークレー－パサディナ時代を閉じたのである。約四〇編の質の高い論文がこの期間に出版された。

一九三九年にオッペンハイマーが理論的に予想した中性子星とブラックホールの存在は長い間信じられなかったが、一九六七年にパルサーが発見されてからにわかに脚光を浴びた。一九六三年に書いた一文の中でオッペンハイマーは、今、私たちがブラックホールと呼ぶものを「巨大な重力爆縮」と呼んで、その発見に期待をかけた。しかし、一九六七年二月、彼は満六三歳を待たずに喉頭ガンで世を去った。もし一九七〇年代まで生きていればノーベル賞を得たであろうと考える人は少なくない。

17　父、母、兄、弟

母親エラの右手の指が生まれつき欠けていて、金属性の義指が、人前では手袋でかくされていた事実をとりあげて、それがオッペンハイマー家の空気を暗く重いものにしていたことをほのめかすことも行われてきたが、おそらく当たっていない。静かさの勝った家庭だったに過ぎない。母親はロバートの身辺に気を配りすぎた。父親ジュリアスは長男をやや溺愛気味であったろう。どこの家庭にも、それなりの問題はある。オッペンハイマー家の家族関係に特筆すべき異常はない。

ロバートは実りの多かった二度目のヨーロッパ滞在の終わりに近く、一九二九年五月六日、チューリッヒから弟のフランクに手紙を書いた。フランクが兄の二五歳の誕生日（四月二二日）を祝って送ったカードと、ドガの画集に対する礼と、その夏のオッペンハイマー一家の休暇計画のことが書いてあった。前の年に借用契約をすませたニューメキシコのピコスのペロ・カリエンテの山荘の手入れをして夏を過ごす具体的な計画。六月中旬、フランクがニューヨークから父母と友人をつれてニューメキシコに向かい、まずキャサリンの民宿牧場に落着く。フランクは友人の力を借りて、ペロ・カリエンテの山荘に家具を入れて整備し、馬を手に入れる。予算は三〇〇ドル。山荘に泊まれるようになったら、フランクと友人はそこに移り、両親にも時々来てもらう。ロバート自身は、七月上旬ヨーロッパから帰ったらピコスに直行する。

フランクは、この兄の提案をほぼそのままに実行した。その夏、兄と弟は馬をならべて山野をめぐり、ニューメキシコの高い星空の下で露にぬれて夜を明かした。兄二五歳、弟一七歳、あらゆることを語り合い、兄弟の絆をつよくした。このあと、二人は幾度もペロ・カリエンテで夏を共にした。ロバートの学生たち、友人、同僚たちも、戦前、戦後の二〇年間を通じて、ペロ・カリエンテの牧場に招かれて、その丸太小屋で電気も水道もない「不便な生活」を強いられ、それを楽しむことになった。

その最初、一九二九年の夏は、ロバートは初の就職先パサディナに八月一〇日までに顔を出し、八月一五日からは、バークレーで勤務を始めなければならなかったから、弟のフランクにピコスでの父母の世話を託して、早めにニューメキシコを去った。九月初旬、ロバートは弟に手紙を送り、父と母の夏の生活をことのほか幸せなものにしてくれたフランクの努力に感謝し、あわせてバークレーでの新しい生活の様子を報じている。当分は大学のクラブの一室にそのまま住み込み、仲間の何人かで借りた丘の上の小さな家で時折夜を過ごすこと。そこには大きな石造りの暖炉があり、バルコニーから見おろすサンフランシスコ湾の眺めが素晴しいこと。「明日はその庭でナシゴーレンの料理をするのを皆に約束してある」。ナシゴーレンはオランダの植民地であったインドネシアの料理で、ユーレンベック夫人のエルゼから習ったものであろう。ロバートの調理法は赤唐辛子をたっぷり使う飛びきりの辛口で、食べさせられる人たちは閉口した。

当時の生活についてロバートは次のように述べている。

「私は新聞も『タイム』や『ハーパーズ』のような時事雑誌も読んだことがなかった。ラジオも電話も持たなかった。一九二九年秋の株式大暴落もずっと後になってから知った。投票したのは一九三六年の大統領選挙が最初だった」

一九二九年一〇月二四日のニューヨーク・ウォール街での株価の暴落は世界的な経済恐慌の発端となった。これを知らずに過ごしたというオッペンハイマー自らの発言は、当時の彼が浮世ばなれした物理学者であった証しとしてよく引用される。しかし、これは額面通りに受取るべきではない。まず、この発言が一九五四年のいわゆるオッペンハイマー裁判での冒頭陳述の一部であったこと、ソ連スパイの容疑を含む告発に対する自己弁護の発言であったことに注意しよう。自分が左傾した期間が一九三六年から数年間の短いもので、その偏向は根の浅いものであったことを主張しようとしたのである。

一九二九年秋、バークレーに着任当時のオッペンハイマーの生活ぶりも考えてみる必要がある。彼が住み込んだ当時の大学のクラブの個室には電話もラジオもなかったと思われる。新聞や雑誌はクラブの一室に行けば読めるようになっていただろうが、誰もが利用したわけでもあるまい。着任早々の彼が、初めての講義の準備と、ディラックの相対論的電子論の負のエネルギーの問題で頭が一杯だった様子も伝えられている。それに株価暴落の翌日から巷に恐慌の悲惨があふれたわけではない。株価の持ち直しを期待した投資家もいたのである。オッペンハイマーはこのクラブの一室にそのまま腰を落着けて四年間ほど起居をつづけた。バークレーのシャスタロードのアパートに移ったのは一九三四年の夏だった。

株価暴落の一〇日前、一九二九年一〇月一四日付でバークレーからニューヨークの弟フランクに送られた手紙では、はやばやと次の年の夏の計画を提案している。少なくとも一カ月は母親エラを含めて一家全員でピコスで過ごす、というものであった。エラの健康は目に見えて衰えはじめていた。ほどなく白血病と診断され、一九三一年には病没する。

この手紙では、人間の心にひそむ残忍性がとりあげられている。フランクは馬が大好きでありながら、時おり、馬を残酷に打ちすえることがあることに自ら悩んで、手紙で兄に告白したものと思われる。若年の頃のフランクは何事につけても八歳年上のロバートに相談し、指示を求めた。それに答えてロバートは、そうした衝動はよく自覚し意識して抑えなければならないことを説いたあとで、「しかし、誰かを残酷に扱う欲望からきっぱりと自己を解放することは、少なくとも僕にとっては容易ではない」と書いている。バークレーの生活については、こう報じている。

「あまり気晴らしを楽しむ暇はないけれど、週に一回は馬に乗る。良い馬があるし、サンフランシスコ湾を見おろす丘々のあたりは美しい。気のおけない乗馬仲間もある。時々、わがクライスラーに友人を乗っけて、時速七五マイルでカーブを切って友人の度胆を抜くこともやっている。この車、七五マイル出してもびくともしない」

ロバートの車の運転ぶりの乱暴さは有名だった。パサディナの近くで、走行中の列車と競走して衝突事故をおこし、同乗の女性は失神した。幸いに傷は重くなかったが、父のジュリアスは息子の無謀を詫びて、セザンヌとヴラマンクの小品をその女性に贈ったことがあった。

ある晩、ただ一人の女子学生メルバ・フィリップスを乗せて、バークレーの丘の上までドライブしたロバートは、突然何かを思いついた様子で車を止め、少し独り歩きしてくるとメルバに言って立ち去った。しかし、彼は車には戻らず、そのままクラブの自室まで帰ってきてしまった。一九三三年のことだから、電子対生成のことか何かで頭が一杯になってしまったのであろう。車でただ一人待っていたメルバをパトロール中の警官が尋問したため、新聞ざたになってしまった。

一九三〇年のはじめ、ロバートのパサディナ行きに時を合わせて、両親もニューヨークの冬を避けて南カリフォルニアにやってきた。一九三〇年三月、父親ジュリアスがパサディナからニューヨークのフランクに宛てた手紙がある。ニューヨークに一人残された淋しさから、フランクが立てつづけに書き送った二通の手紙に答えた父親からの返信であった。まず、フランクからの手紙を三人で、つまり、父と母と兄がどんなに楽しく読んだかの礼が述べられ、また、フランクが倫理文化学園の創始者F・アドラー博士と直々に話す機会があったことに対する父親の満足が記されている。次には話題は絵画と音楽に移る。

「正直な所、私はニューヨークのわが家の絵を見られないのをさびしく思っているが、お前がいつも楽しんでいると知ってとても嬉しい。……トスカニーニのコンサートは滅多にない御馳走だっただろう。ベートーヴェンの『英雄』は、もちろん音楽の偉大な傑作の一つだし、それがそんなに見事に指揮されたとあれば、一生にまたとない経験だ。……私たちのことを少しお話ししよう。お母さんがもう書き送ったかもしれないが、トールマンさんのお宅で楽しい夕べを過ごした。明日の午後にはまた伺って、教授連中やロバートの友人たちと会い、金曜日にはトールマンさんの奥さんと一緒にロサンゼルスに行って、チャイコフスキーの演奏会を聴くことになっている。兄さんは、会議、講義、それに自分の仕事と、ひどく忙しいが、それでもお母さんと私は、ほんのわずかの時間にしろ毎日兄さんに会っている。少し疲れているようだが、都合よく間もなく休暇になる。ここの暮らしは実に快適なので、私たちは腰を落着けてしまいそうな感じだ。……修理したクライスラーはありとあらゆるうめき声を立てるので、兄さんが運転をつづけるのは大変よろしくないと思ったものだから、兄さんの強い反対を押し切って新しいのを買った。いざ入手したとなると、兄さんはすっかり御満悦で、しかもスピードを今までの半分ほどに落としたので、もうこれからは事故はないものと願っている。……」

父ジュリアスの手紙にあるリチャード・トールマンは、一九二二年以来、キャルテクの物理化学、数理物理学教授として人望きわめて高く、一九三四年には同大学の大学院部の部長になった。一九三八年にオックスフォード大学から出版された『統計力学原理』は広く読まれた。私にとってもなつかしい書物である。戦時中はマンハッタン計画の最高顧問の一人として、ロスアラモスのオッペンハイマーを側面からよく助けた。トールマンとの親しい関係は、ロバートがポストドックとしてパサディナに滞在した一九二八年の春に始まった。トールマンは二〇歳以上の年上だから、父親的な親愛の情を抱いたのであろう。妻のルース・トールマンは臨床心理学の学位を持ち、ロバートによれば「きわめて聡明で、しかも実にうるわしい人柄」の女性であった。一九二九年の夏、フランクが整備したばかりのペロ・カリエンテの山荘にトールマン夫妻はさっそく招かれて滞在している。夫リチャードは一九四八年に亡くなったが、妻のルースは、その後もながくロバートが心中を打明けることのできる友人として残った。

一九三〇年の秋、フランクはボルチモアのジョンズ・ホプキンズ大学に入学した。ロバートは弟の興味を生物学に向けようとたびたび試みたが、フランクは兄の後を追って物理学者になる気持が強かった。一九三一年の初夏、ロバートは、ピコスでフランクと一緒の日々を楽しんだあと、ニューヨークの両親を訪れた。母親エラの白血病の病状は進み、エラは苦しみの中にあった。その年は、アンアーバーの理論物理学夏の学校に特別講演者として招待されていたので出席して、チューリッヒからやって来たパウリと再会した。パウリがオッペンハイマーの講演を中断したのはこの時である。秋の学期の講義を始めるためにいったんバークレーに帰ったが、母親の病状が悪化し、九月末にはニューヨークの両親のもとに戻った。

一九三一年一〇月一六日にオッペンハイマーがバークレーの同僚E・ローレンスに送った手紙がある。一五日にとどいたローレンスからの美しいバラの花束に対する礼が述べられている。

「母はほんのしばらくの間持ちなおしたあと急に悪くなってしまった。今は昏睡状態で死はもう近い。母は、私に、最後にこう言った。『そうね——カリフォルニア』」

翌日一〇月一七日エラ・オッペンハイマーは永眠した。ロバートは旧師ハーバート・スミスに「私はこの世で一番孤独な人間だ」と言った。母親へのロバートの心遣いは、年来、まことにこまやかで行き届いたものであった。機会あるごとに花束やプレゼントが細心に選ばれて母親を喜ばせた。弟のフランクが、自分より兄の方が母親と親密な関係にあると思ったのも無理はなかった。だから、後年、兄ロバートが「お母さんと一緒の時には話の種を探すのに苦労した」と告白した時には驚いた。よき息子としての役を演じ通したのであった。

エラの死の悲しみをまぎらわす目的もあったのであろう。ロバートは、その年の暮、父と弟を伴って、ニューオーリンズで開催されたアメリカ物理学会の年会に出席した。フランクはすでに大学の二年生で、ローレンスをはじめとする多くの第一線の物理学者たちに紹介されて、物理学への志向をいよいよ固めた。ニューオーリンズから、ロバートと父ジュリアスはパサディナに向かい、フランクは、次の年の夏にペロ・カリエンテでE・ローレンスを歓待することを約して、ボルチモアの大学生活に戻っていった。

妻の死後、父のジュリアスはパサディナかバークレーのロバートの身辺で好んで時を過ごすようになった。ロバートは大学の内外の社交的な交際の場に、努めて父を伴った。人びとも好人物のジュリアスを暖かく迎えいれた。一九三六年八月には、ロバート・オッペンハイマーは三二歳の若さで、バークレーとパサディナの両方で正教授の地位に進んだ。

オッペンハイマー（向って左）とE.ローレンス（右）　バークレーを訪れたE.フェルミをはさんで．オッペンハイマーとローレンスは戦前は親しい間柄だったが，戦後は水爆問題で敵対した．

その一年後、一九三七年九月二〇日、ジュリアスは心臓麻痺で他界した。六六歳だった。相当多額の遺産がロバート・オッペンハイマーに残され、それを基金とする奨学金制度がバークレーのカリフォルニア大学に設立された。

フランク・オッペンハイマーは、一九三三年、兄と同じく三年間の在学でジョンズ・ホプキンズ大学を最優秀の成績で卒業し、これも兄にならってイギリスのケンブリッジのキャヴェンディッシュ研究所で一年半を過ごした。アメリカに帰国してからはキャルテクで学位を取り、ポストドックの修業はスタンフォード大学のF・ブロッホの許で行った。兄と同じくカリフォルニアに住むようになったフランクは、兄に先んじて、兄の反対を押し切って、一九三六年九月、二四歳になったばかりの若さで結婚し、夫妻そろって共産党に入党した。その後の兄と弟の物語は別に語らなければならない。

これまで引用した書簡はA・K・スミスとC・ウェイナーの編集による『オッペンハイ

マー　書簡と回想』（以下『オッペンハイマー書簡集』と省略）から採った。そこには、兄ロバートが弟フランクに宛てた一八通の手紙が含まれている。フランクが兄に宛てた手紙は失われた。「原爆の父」になる以前のロバートには、受取った手紙を保存する気が全くなかったようだ。この書簡集が出版された直後に、ノースウェスタン大学の歴史学教授D・ジョラウスキーによって、以下に述べるような書評が発表された。この評者の、自然科学と自然科学者に対する敵意は明白である。敵意を持つことは個人の自由である。しかし、その事と、オッペンハイマーの書簡の断片を引用して、原意を歪曲し、書評者自身の見解を展開するために利用する事とは別のことである。

この書評の冒頭にとり上げられたのは、一九二八年一二月三〇日、オランダのユトレヒトからロバートがフランクに送った手紙である。二人の間では芸術論議がよく交わされた。ここでは、絵画の文学的内容について、一六歳のフランクの素朴な質問に、二四歳の物理学徒ロバートが答えている。フランクは「絵画は一つの真理、宣言、知識を伝えるもので、その説明を目的とする」と考えたようだが、これに対してロバートは「僕はそうは思わない。『サン・ヴィクトワール山』とか、『デルフトの眺望』は何を表現していることになるだろうか。文学的な要素が重要な絵画もたくさんあるけれど、文学的要素は付随的なもので、本質的なものではないように僕には思われる」、「絵画は――詩も同じことだが――それ自体以外の何かを表現しているのではない。……それは、ある真理の例証でも、世界についての註釈でもない。この世に、それ以前には存在しなかった、新しい何物かなのだ」と書いている。

モナリザのいわくありげな微笑に文学的な意味を求める一六歳の弟に対するもっともな忠告である。ところが、ジョラウスキーは、ここからロバート・オッペンハイマーに対する驚くべき告発を引き出してくる。

「オッペンハイマーにとっては、詩は——そして芸術一般は——『ある真理の例証でもなく、世界についての註釈』でもなかった。科学こそが世界を表現し、この世界の註釈を与えるばかりでなく、それを支配する力を与えるものだったのである」

この二〇年間、私が手にすることのできたすべての資料に照らして、オッペンハイマーが自然科学だけを称揚し、芸術一般を貶める考えを持ったことは決してなかったことを、私は確信をもって断言できる。『オッペンハイマー書簡集』が痛々しいまでに示すように、若いオッペンハイマーは、もし、自分に文学的才能がないことを確信するに到らなかったならば、文学の道を選んだかもしれなかった。エリオット、ボードレール、リルケなどの詩人たちは、彼の生涯を通じて、その内奥の小宇宙に輝く星であることを失わなかった。フランク宛の手紙の中で、フェルメールの『デルフトの眺望』が断りなしに出てくることは、プルーストの『失われた時を求めて』について、以前にロバートがフランクに話をしたことがあったことを示しているのではあるまいか。事実、初回のヨーロッパ滞在中に、ロバートはプルーストを愛読している。後年、プリンストン高等学術研究所の所長になって間もなく、彼はT・S・エリオットを一年間、客員として招いて、エリオットが『荒地』に匹敵する傑作を創作することを秘かに願ったが、エリオットはこれといった作品も生まずに、イギリスに去ってしまった。

一九三二年三月一二日付のロバートからフランク宛の長い手紙がある。その中で、フランクが問題にした「鍛練の価値」について答えている部分がある。「鍛練を通じて、我々は、逆境のつのる中で、我々の幸福になくてはならぬものを維持することを学び、どうしても必要だと前には思っていたものをさっぱりと捨てることを学ぶのだとぼくは信じている。そうすることで、個人的欲望でひどく歪まされていない世界が少し見えるようになってくるのだ。……もともと鍛練には、精神を、やや重要でない目的に服従させる面があり、鍛練がわざとらしいものにならないためには、その目指す所が現実的なものでなければならない。だから、鍛練を喚起するあらゆるもの、勉学、そして、同胞、国家、戦争に対する義務、また個人的な艱難、さらには生活費をかせぐ必要すらも、深い感謝の念で迎えるべきだとぼくは思う」。

この部分をジョラウスキー教授は次のように読む。「彼が一九三二年に告白した市民的信条、つまり、我々の精神が『国家、戦争、そして個人的艱難』によって試されることに対する『深い感謝の念』は、国家元首に命令されれば喜々として国家に奉仕する、典型的な科学者の熱意を指し示すものであった」。

一九三二年の内外の状勢は、すでに容易ならぬものがあった。経済恐慌は国の内外に広がり、F・ローズヴェルトが大統領選挙に大勝。ヨーロッパでは、ヒトラーの政権把握はもはや必至であった。日本は着々と中国侵略を進めていた。ロバート・オッペンハイマーの「市民的信条」の盲目性を笑う資格を持った人間が、当時のアメリカに、あるいはまた日本に、どれだけいたであろうか。

しかし、ここでの問題は、物理学者オッペンハイマーの精神の愚昧さではなく、一人の歴史学者が、一次資料を歪曲した形で引用し、解釈して一般の読者に示す、という学問的倫理の欠如である。核時代の危機を招来した責任の一切を物理学者に転嫁しようとする精神の卑劣さである。

4　核分裂連鎖反応

18　核分裂

原爆を作るのに、実は、量子力学も相対性理論もあまり必要でなかった。アインシュタインの有名な $E=mc^2$ も必要ではなかったのである。その意味で、原爆は現代物理学の申し子ではない。原爆の可能性を示した「核分裂」の発見は小さな木製の実験台の上でなされた。このつつましい実験台の写真と、アメリカが最初の原爆を製造するために二〇億ドルの巨費を投じて建設した巨大施設の写真を並べてみると、単純な物理学的発見とその巨大な悪用をへだてる距離が見えてくる（一四六ページ参照）。原爆を生み出した真の力の正体が見えてくる。

第2図はウラン235原子核の分裂を模型的に示したものである。黒い球（陽子）と白い球（中性子）が集まってできた団子のように原子核が描かれている。陽子と中性子はほぼ同じ質量を持ち、まとめて核子と呼ばれるが、陽子は正の電荷を持ち、中性子は電荷を持たない。核子の間には、ごく短い距離で大変強い引力（核力）が働くので、黒い球（陽子）

の正の電荷の間にはたらく強い斥力に打ち勝って原子核ができるのである。

原子核を指名する便利な記号があって、それは上に示した形をしている。たとえば、$^{238}_{92}$Uはウラン238の原子核で、九二の陽子と一四六の中性子、あわせて二三八個の核子からできていることを表わしている。原子核のまわりを、その陽子の数（Z）に等しい数の電子が取りまくと、原子番号Zの原子になる。ウラン原子は九二個の電子を持ち、天然に存在する最大の原子番号を持っている。ただし、天然ウランのほとんどすべてはウラン238で、それにわずか〇・七パーセントほどウラン235（$^{235}_{92}$U）という原子核が混じっている。中性子の数が三つ少ないわけである。原子の化学的性質はその電子の数、つまり原子番号Zで決まるから、ウラン238とウラン235とは化学的には区別がつかない。両者は同位体《アイソトープ》と呼ばれる。

A ［原子記号］ A：質量数
Z ［原子記号］ Z：原子番号

A＝（陽子の数）＋（中性子の数）

Z＝（陽子の数）

同位体の最も簡単な例は水素の場合で、$^{2}_{1}$H（普通は$^{2}_{1}$Dと書かれる）は重い水素と呼ばれる。この同位体の質量は普通の水素の二倍あるが、五〇〇〇個の$^{1}_{1}$Hに一個の割合でしか含まれていないので、一九三二年になって初めて、アメリカのH・C・ユーリーによって発見された。同じ年にラザフォードの弟子J・チャドウィックは中性子を発見した。中性子は原子核の構成や反応に大きな役割を果たす。その中性子を表わす記号としては$^{1}_{0}$nが用いられ

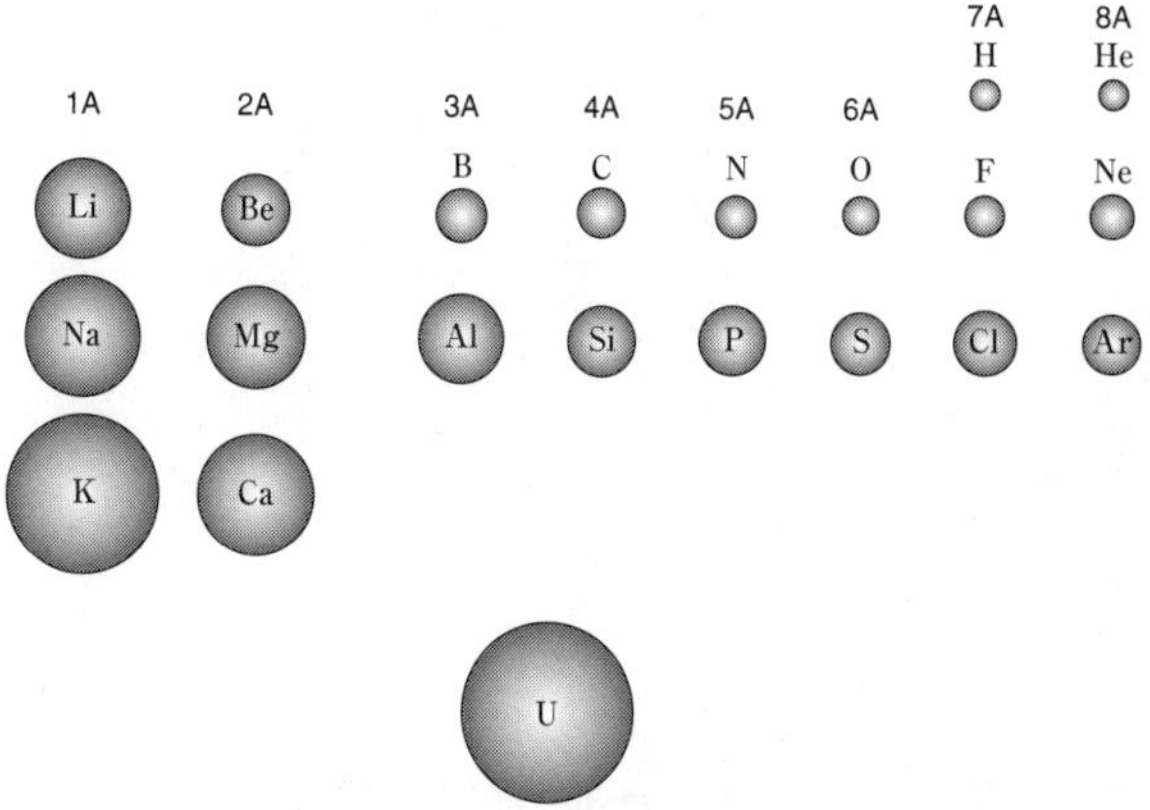

第１図　周期表のはじめから 20 個の原子とウラン原子の大きさ

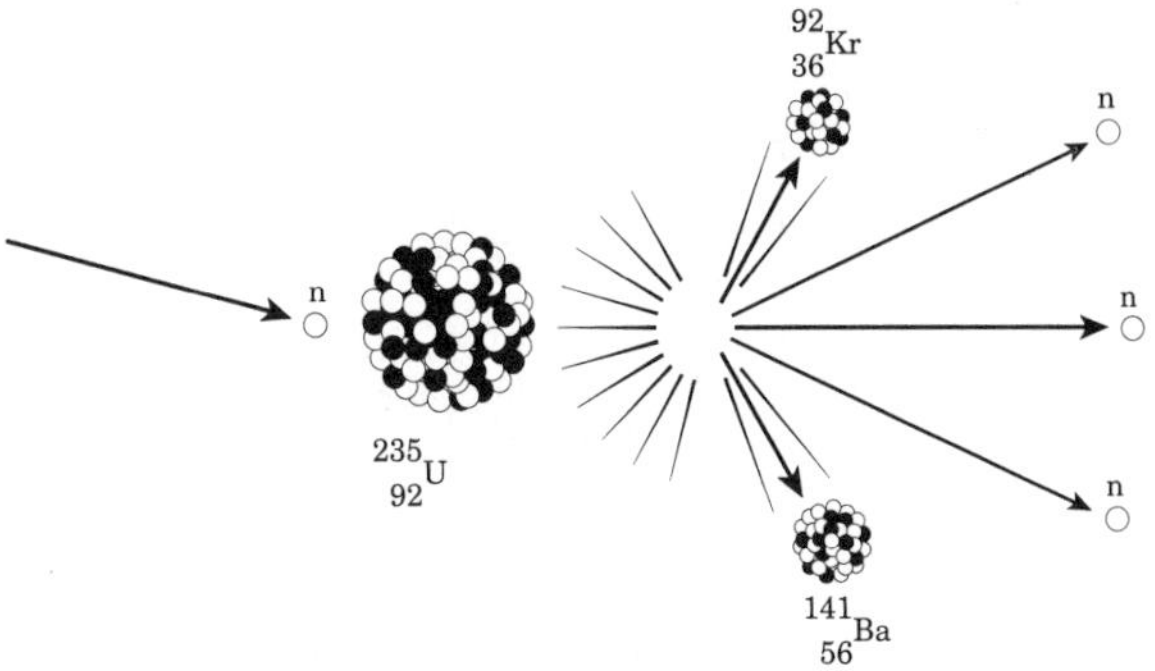

第２図　ウラン原子核の分裂

る。

第2図のウラン235の分裂を式で表わしてみよう。

$${}^{1}_{0}n + {}^{235}_{92}U \rightarrow {}^{92}_{36}Kr + {}^{141}_{56}Ba + 3{}^{1}_{0}n$$

ウラン235の分裂の仕方はこれに限られているのではなく、いろいろな二つの断片に分かれる。このような核分裂反応では大きなエネルギーが放出される。広島に投下されたのはウラン235の核分裂のエネルギーを使った原爆である。

私たちの生命現象が営まれているのは化学反応の世界である。電子の世界といってもよい。電子のエネルギーを測る便利な単位は電子ボルト（eV）である。電子が仲立ちをする分子の結合や分離のエネルギーは数電子ボルト程度の大きさである。一方、ラジウムから自然に飛び出してくる粒子（ヘリウム原子核${}^{4}_{2}He$）のエネルギーは、その約一〇〇万倍のオーダーで、原子核反応のエネルギーの単位としては一〇〇万電子ボルト（$10^{6}eV \equiv MeV$. メガ電子ボルト）が使われる。一つのウラン原子核の分裂で放出されるエネルギーは約二〇〇メガ電子ボルト（二億電子ボルト）の大きさである。原子核の世界のエネルギーは、もともと人間とはまったく相性のわるい大きさのものなのである。

ところで、天然ウランのほとんどすべてを占めるウラン238に中性子が当たった場合の反応の仕方はウラン235の場合とまったく違う。ウラン235が核分裂する際に飛び出てくる中性子のエネルギーはメガ電子ボルト程度の大きさで、これは速い中性子と呼ばれる。一方、これよりはるかにエネルギーの低い中性子が核分裂の発見では使われた。それは遅い中性子と呼ばれる。ウラン235は遅い中性子でも速い中性子でも核分裂を起こしやすいが、ウラン238の方は、十分速い中性子を当てなければ、よく分裂しない。その代わり、低いエネルギーの中性子を吸収すると、まずγ線を出し、つづいて電子を一つ放出して$Z=93$のネプツニウム239となり、さらにもう一つ電子を出して$Z=94$のプルトニウム239に変わる。*

*${}^{1}_{0}n + {}^{238}_{92}U \to {}^{239}_{92}U + \gamma$, ${}^{239}_{92}U \to {}^{239}_{93}Np + e^-$, ${}^{239}_{93}Np \to {}^{239}_{94}Pu + e^-$

天の摂理は不思議なものである。ウランは天然に存在する原子では原子番号の最も大きい、いわば、どん尻、最後の元素である。天然のウランにほんのわずか（〇・七パーセント）のウラン235が含まれていたために、人間が核爆弾を作る手がかりを探しあてた。

もっとも、ウラン235の核分裂という自然のとっておきの秘密を見破るのに、物理学者たちはひどくてこずった。その歴史を少したどってみよう。

ラザフォードは、ラジウムから勢いよく飛び出してくる天然のα粒子を原子に当てて、原子の中心は極微の重い核があり、そのまわりを電子たちが取り囲んでいるという原子構造を発見した（一九一一年）。これは量子力学が生まれる決定的な礎石になったのだが、ラザフォード自身は、原子核の外の量子力学の世界には興味を示さず、同じ天然のα粒子を使って、今度は原子核そのものの秘密に迫っていった。そして、一九一九年には、窒素に

α粒子を当てると酸素と陽子ができることを確認した。核反応の式であらわせば、

$$^{4}_{2}He + ^{14}_{7}N \rightarrow ^{17}_{8}O + ^{1}_{1}H$$

である。初めて人間が原子（核）を変えた。鉛を金に変えたのではなかったが。

ラザフォードは、できるものなら、周期表のすべての元素にα粒子を当てて、何がおこるかを調べてみたかったのだが、相手の原子核の電荷が大きくなると、それに比例して、α粒子をはね返す力が大きくなって、アルゴン（Z＝18）あたりまでが精一杯だった。

天然の放射性元素からのα粒子のエネルギーでは不十分ということになれば、より高いエネルギーを持った荷電粒子（陽子など）のビームを人工的に作ることが当然考えられ、各種の粒子加速装置が工夫されることになった。バークレーでオッペンハイマーと同僚のE・ローレンスは、一九三〇年、サイクロトロンを発明して、この舞台にさっそうと登場する。物理学者が巨大な費用で巨大な装置を作り、自然の秘密の扉を強引にこじあけようとする傾向の出発点となった発明だった。

一九三二年の中性子の発見は核物理学にとって画期的な事件だった。原子核に飛びこんで核反応を起こさせる立役者としての中性子のすばらしさは、電荷を持たないので、原子核の正電荷に反発されずに、すいっと近づける所にある。この利点をすぐに意識したのはローマのエンリコ・フェルミだった。α粒子の代わりに中性子を使えば、アルゴンは勿論

のこと、ウランの原子核も標的にできるだろう。直接にフェルミを刺激したのは、一九三四年のフランスのキュリー＝ジョリオ夫妻の人工放射性元素の生成だった。二人は天然のα粒子をアルミニウム（Al）に当てると放射性の燐（P）ができることを発見した。人工放射性元素の第一号である。フェルミは、α粒子の代わりに中性子を使えば、周期表の全体にわたってたくさんの人工放射性元素を作ることができるだろうと考えたのである。

　当時（一九三四年）、フェルミは核反応実験の経験も装置も持っていなかったから、ガイガー計数管の手作りから始めた。市販のものなどなかった時代である。ローマの公衆衛生局が持っていたラジウムを一グラム使わせてもらって、それから出るα線をベリリウムの粉末に照射して中性子源を用意した。* 中性子を当てる元素としては、弟子のエミリオ・セグレにローマ市内の化学薬品商をまわってもらって、できるだけ多数の元素を入手した。こうして、わずか数カ月のうちに六〇以上の元素について中性子照射による原子核反応を調べて発表した。これがフェルミのノーベル賞受賞（一九三八年）の仕事となり、その経験はフェルミの天然ウラン原子炉の建設に大いに役立つことになった。

＊ ${}^{9}_{4}Be + {}^{4}_{2}He \rightarrow {}^{12}_{6}C + {}^{1}_{0}n$

　フェルミたちの仕事の中には、中性子をウランに当てた実験も含まれていた。その最大の目的は、天然に存在する最大の原子番号（Z＝92）を持つウランを超えて、Z＝93、94の人工の元素を作ることにあったから、その化学的性質に見当をつけて、ごく微量に生成されるであろう新元素を化学的に見きわめることに努力が集中した。実際には〇・七パーセント含まれているアイソトープのウラン235が遅い中性子によって分裂して、前述のようにバリウムなどの中型の原子ができていたのだが、そんなことを予期していなかったフェルミたちには、それが見えなかった。彼らだけに見えなかったのではない。一九三八年、ベルリンでハーンとシュトラスマンが、中性子をウランに当てた場合の生成物の中にバリウムがあることをつきとめ、それが核の分裂の結果であることをマイトナーとフリッシュが思いつくまでの五年の長い間、世界中の誰もが見えなかった。*「人間の心には予期したものだけが見える」とはセグレ晩年の回想の言葉である。

＊一九三四年、女性核化学者イダ・ノダックが核分裂の可能性を指摘したが、注目されなかった。

オットー・ハーンとリーゼ・マイトナーはベルリンのカイザー・ウィルヘルム研究所の上級研究員で、三〇年近くも同じ研究室で協同研究に従事した間柄だった。ハーンはモントリオール（マギル大学）時代のラザフォードの下で仕事をしたこともあるドイツ人、マイトナーはオーストリア生まれのユダヤ人だった。一九三三年、ヒトラーはドイツの政権を握るとすぐにユダヤ人排除の政策を実行に移した。マイトナーはオーストリア国籍の外国人としてしばらくは安全だったが、一九三八年はじめにヒトラーがオーストリアをドイツに合併したため危険が迫り、七月中旬、ハーンの助力でひそかに脱出し、オランダ、デンマークを経由してスウェーデンに渡った。ハーンはナチズムに強く反対していた。マイトナーのあとをついだシュトラスマンと研究を続け、その成果を、誰よりも先に、まずマイトナーに手紙で知らせることにしていた。

一九三八年一二月のはじめ、ハーンとシュトラスマンは、中性子をウランに当てて得られる生成物の中には、たしかにバリウムがあることを化学的に確認して、さっそくスウェーデンのマイトナーに手紙を送った。彼女の所には甥の若い物理学者オットー・フリッシュがクリスマスの休暇を利用して遊びに来ていた。フリッシュはコペンハーゲンのボーアの所で研究していた。マイトナーはフリッシュにハーンの手紙を見せた。強い核力で結合し合っているウランの核子団子から、バリウム原子核という、もとの団子の六割ほどの大きさの団子をもぎりはなすことなど、とてもできるものではない、と最初は二人とも思った。しかし雪の積もった林の中の道を散歩しながら議論しているうちに、二年ほど前にボーアが唱えた原子核の液滴模型のことを思い出した。大きな原子核は水滴や水銀の玉に似た所があるだろうとボーアは考えたのだ。それに外からエネルギーが与えられると、原子核全体がブルブル振動をはじめる。そのエネルギーが大きければ、長く伸びた形になるだろう。普通の液滴ならば、表面張力で元の球形に引き戻されるだろうが、原子核はたくさんの陽子を含んでいるから、そのお互いの間の電気的斥力が強く働いて表面張力による復元力に打ち勝って、ますます引き延ばされてダンベルのような形になり、ついには分裂を

上：オットー・ハーンの実験台　ベルリンのカイザー・ウィルヘルム研究所にて．ウランの核分裂はこのような簡素な装置で，1938年12月に発見された．

下：オークリッジのウラン同位元素分離工場　気体拡散法にもとづいた巨大な施設が建設された．長大な建物は，長さ数百メートル，総床面積20万平方メートルに及んだ．

おこすこともあるだろう（第3図）。マイトナーとフリッシュは木の切り株に腰を下ろして紙切れの上で計算をはじめ、分裂してできた二つの核は約二〇〇メガ電子ボルトという巨大なエネルギーで飛び散るだろうと推定した。

その数日後、フリッシュはコペンハーゲンにもどった。

「私は、私たちが考えたこと――その時はまだ臆測以上のものではなかったが――を、ぜひボーアに聞いてもらいたいと思った。彼はアメリカに旅立つ直前で、ほんのわずかな時間しか取れなかったのだが、私が話をはじめたとたんに、ポンと額をたたいて叫んだ。『私たちは皆なんと馬鹿だったことか。でも、こいつは素晴しい。これ以外に事はありようがないよ。君とリーゼ・マイトナーは論文を書き上げただろうね？』」

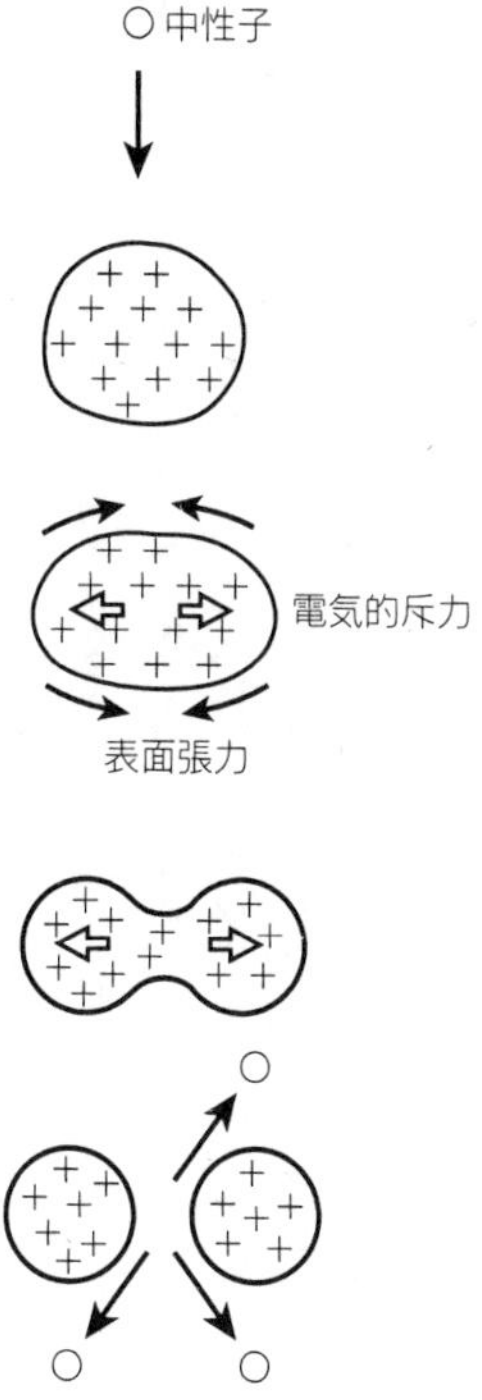

第3図　液滴モデルで考えた核分裂

フリッシュは分裂を物理的にたしかめる実験も急いで行い、一つはマイトナーとフリッシュ、他はフリッシュ単独の二編の論文を一九三九年一月一六日の日付で『ネーチャー』誌に送った。ここで初めて分裂（fission）という用語が使われた。一方、ハーン‐シュトラスマンの論文は一九三八年一二月二二日付で『ナツア・ヴィッセンシャフテン』誌に送られた。この論文ではフィッションという言葉そのものは使われてないが、ハーンが核の分裂を考えていたことを暗示する文章が含まれている。

一九三九年一月七日、ボーアはフリッシュからウランの核分裂についてのマイトナー‐フリッシュ論文の簡単なノートを受け取ってから、アメリカに向けて出航した。船中で、同行のL・ローゼンフェルトを相手に、ウランの核分裂を理論的に理解する努力がつづけられた。こうして核分裂のホットニュースは大西洋を渡ってアメリカにもたらされたのだった。

一月一六日、ニューヨーク港の埠頭にはフェルミ夫妻とプリンストン大学のJ・A・ホイーラーが出迎えに来ていた。フェルミ夫妻は前年の一二月ストックホルムでノーベル賞を受賞したあと、イタリアには帰らずアメリカに亡命してきたばかりだった。フェルミ夫人がユダヤ系だった。ホイーラーは以前にコペンハーゲンのボーアの許にいたことがあった。ボーアがもたらしたウラン核分裂のニュースはたちまち広がって、アメリカ東部の核物理学者たちはすっかり興奮状態となり、いわゆる蜂の巣をつついたような有様になった。

ニュースは、バークレーには地元の新聞『サンフランシスコ・クロニクル』の速報記事としてとどけられた。一月二六日の朝、バークレーの放射線研究所の近くの床屋で散髪の最中にこの記事に目を止めたE・ローレンスの高弟のL・アルヴァレは、椅子から飛び上がって研究所に走った。ウランに中性子を照射してできる生成物の出すX線の研究をしていた大学院学生のP・H・アーベルソンにこのニュースを知らせるためだった。バリウムのX線スペクトルがすぐに見つかるはずだったからである。

オッペンハイマーにこのニュースを伝えた時のことを、アルヴァレはその自伝で次のように語っている。

「彼は即座に分裂反応は不可能だと宣言し、誰かが間違いをしたに違いないと言ってそれを数学的に示そうとした。翌日、ケン・グリーンと私は分裂反応を実際に見せてやった。オシロスコープで、自然α粒子に対応するごく小さなパルスと、核分裂に対応する二五倍ほども大きな背の高い鋭いパルスを見せた。一五分もたたないうちに、彼は分裂反応がおこっている事に同意したばかりでなく、その過程で余分の中性子がこぼれ出て、それを使えばさらに多くのウラン原子を分裂させて、パワーを発生させ、あるいは爆弾も作れるのではないか、とまで考えを走らせた。彼の頭がいかに速く働くか、いかに速く正しい結論に到達したかは、見ていて驚くべきものがあった。彼の反応の仕方は科学の倫理の最上の実践だった。それまでの立場が維持できないとわかると、進んでその証拠を受けいれ、前のことにはこだわらず、新しい知識がもたらすものの検討に、ただちに取りかかったのであった」

アルヴァレは、水爆開発計画の推進者の一人として、オッペンハイマーの敵方にまわることになる人物だが、学問的議論の態度についてオッペンハイマーを讃えているのは興味ぶかい。オッペンハイマーが最初から核爆弾の可能性を意識したことは明らかだが、その実現を積極的に望んだか望まなかったかは、はっきりしない。彼が本格的に核爆弾の開発に参加するのは、まだ三年ほど先のことである。

19　連鎖反応

ハーン－シュトラスマンの実験について、マイトナーとフリッシュは、

$$^{1}_{0}\mathrm{n} + ^{238}_{92}\mathrm{U} \rightarrow ^{145}_{56}\mathrm{Ba} + ^{94}_{36}\mathrm{Kr}$$

のように分裂していると考え、二次的な中性子のことは考えなかった。しかし、ウランの分裂のニュースを聞いて、分裂するときにいくつかの中性子も飛び散るのではないかと考えた物理学者は少なくなかった。右の反応式の中のBaもKrも、陽子にくらべて中性子の数がひどく多すぎるからである。

二次中性子が一つ出て、それが別のウランに当たって分裂を引きおこし、また中性子が

一つ飛び出して次の分裂をおこすとすれば、この過程が次々に繰りかえされて連鎖的に反応がつづく。もし二次中性子が二つか三つ出て、それぞれが有効に核分裂をおこすことになれば、反応の枝はネズミ算式に広がって、連鎖反応は爆発的に進行するだろう。

ウランが核分裂しているとなると、次の問題は、

⑴分裂の際に二次中性子が出ているか?

⑵二次中性子が出ているとすれば何個か?

を押さえることである。世界各地の物理学者が実験を始めた。二次中性子確認の一番乗りはパリのジョリオのグループだった。彼らはハーン-シュトラスマンの論文を見て、マイトナー-フリッシュとは独立に、ウラン核が分裂しているのだと結論し、まず実験的にそれを確かめ、つづいて二次中性子の放出も確認した。

同じ頃、ニューヨークのコロンビア大学に移ってきて間もないフェルミとL・シラードのグループも二次中性子を確認し、その報告論文も書き上げ、『フィジカル・レヴュー』誌の編集者の手許にまでは送ったのだが、シラードはその出版を保留することを提案した。ただちに爆弾の可能性につながる実験結果が、ヒトラーのドイツに知られることを防ぐためだった。実は、それより前にパリのジョリオ夫妻にも賛同を求める手紙を送っていたのだが、シラードの要請は無視された。ジョリオのグループの二次中性子確認の報は一九三九年三月八日付で『ネーチャー』誌に送られ、印刷発表された。ドイツの物理学者たちも

同じ結論を独立に得たのはいうまでもない。

話を一九三九年の二月初めに戻す。ニューヨークからプリンストンの高等学術研究所に到着したボーアは、一九三六年に提唱した原子核の液滴模型を使って、ウランの核分裂を理論的に詳しく検討する仕事に没頭した。マイトナーとフリッシュがスウェーデンの雪原で考えついたことを深化し、拡大し、新しい考えをつけ加えた。プリンストン大学のホイーラー教授の協力も得て、原子核分裂についての壮大な理論ができあがった。それは「核分裂の機構」と題する二五ページの長大論文として『フィジカル・レヴュー』誌の一九三九年九月一日号に発表された。すでに一九三九年のはじめに、ボーアは、

(1)ハーン－シュトラスマンの実験で使われた遅い中性子の照射で分裂するのはウラン235であってウラン238ではない。

(2)ウラン235は遅い中性子でも速い中性子でも分裂するが、ウラン238の方は、かなり速い中性子でしかよく分裂しない。

と考えていた。ボーア－ホイーラーの論文は多数の重要な理論的考察と結論を含んでいたが、原爆の可能性の見地から最も重要なものは「中性子が一つ飛びこんで、偶数個の陽子と偶数個の中性子という組成になる原子核は核分裂をおこしやすい」という結論だった。*

*ウラニウム235がこの例　${}^{1}_{0}n + {}^{235}_{92}U \rightarrow {}^{236}_{92}U$

一九三九年に入って、ヨーロッパの風雲はいよいよ急を告げていた。三月一四日には、

ヒトラーはチェコスロバキアの大統領と外相をベルリンに呼びつけて、ドイツへの所属をこばむならば、首都プラハを爆撃すると脅迫した。隣国ハンガリーからの亡命物理学者E・ウィグナー（プリンストン大学）はヒトラーが原爆を手にする事態を極端におそれた。三月一六日、ウィグナーはニューヨークに出て、同じくハンガリー生まれの亡命物理学者であるシラードとイタリアから亡命したフェルミ（コロンビア大学）と一緒に、コロンビア大学の物理教室主任のG・B・ペグラムと会った。核分裂エネルギーの恐るべき軍事的意義について、アメリカ政府に注意をうながすための橋渡しをペグラムに頼むのがその目的だった。ペグラムの斡旋で、翌三月一七日の午後、フェルミがワシントンの海軍省に出かけて海軍の一高官と会うことになった。フェルミが代表として選ばれたのは、コロンビア大学で二次中性子の確認をした当事者であり、ノーベル賞受賞者という肩書も役に立つだろうとウィグナーやシラードが考えたからだった。ペグラムに会ったあと、ウィグナーはフェルミと別れ、シラードを連れてプリンストン大学に帰った。ボーアを招いて、重要な会合を持つ手筈を取っていたのである。ウィグナー、シラード、ボーア、ローゼンフェルト、ホイーラー、それに、これもハンガリーからの亡命物理学者E・テラー、さらに、チェコスロバキア出身の鬼才G・プラシェクの面々がウィグナーの研究室に集まった。

まずシラードがコロンビア大学で行われた最近の実験結果について報告した。それは、一回のウラン核分裂に少なくとも二個の二次中性子が伴っているという結果だった。シラードは、これで核爆弾の可能性がいよいよ確かなものになったと考えたが、ボーアは必ずしもそうは考えなかった。理論的考察から、分裂しているのはウラン235であってウラン238ではないと信じていたボーアは、核爆弾を作るためにはウラン235を大量に分離しなければならず、実際問題としてそれは不可能だと考えたのであった。この二つのアイソトープはそのほんのわずかの質量の差（235と238）から生じる物理的性質の違いによって分離するしかない。「それをやるには一つの国の総力の結集が必要だ」とボーアが言った。ホイーラーの回想である。テラーは次のように回想する。

「私たちは核分裂の研究を推進すべきだが、結果を公表すべきではないこと、ナチスがそれを知り、彼らが核爆弾を最初に持つことがないように、研究結果を秘密に保たなければならないことを、ボーアに納得してもらうように努めた。ボーアは、核エネルギーは決してうまく生成できることはあるまいと言い張り、また、秘密を物理学に導き入れることは決してしてはならないと主張した」

ウィグナーの部屋での議論は結論が出ないまま深夜に及んだという。明けて三月一七日の午後、フェルミはワシントンの海軍省に出頭して、「遅い中性子を利用すれば制御できる核反応が、速い中性子を用いれば爆発性の核反応が実現する」可能性を説明した。これが、アメリカで、核分裂の軍事的意義について、物理学者が政府当局に対して行った最初の進言だった。

翌日三月一八日、フェルミとシラードは、ジョリオたちの二次中性子確認の速報が『ネーチャー』誌に出たことを知って、彼らがすでに『フィジカル・レヴュー』誌の編集者の手許に止めていた論文の出版にふみきった。つづいてジョリオのグループは、二次中性子の数は約三・五個であるという報告を『ネーチャー』の四月二二日号に発表したが、理論計算に誤りがあり、結局、ウラン核分裂に伴う二次中性子の数は約二・五個であることが物理学者の間の結論となった。

こうして、一九三九年の四月の末までに、ウランの核分裂連鎖反応の可能性を確立する実験的データが学術誌に公開発表され、世界中に知れわたった。アメリカの場合につづいて、イギリス、ドイツ、ソ連の各国で、核分裂爆弾について、物理学者の方から自発的に政府当局に接触することが行われた。フランスのジョリオのグループは、ウランの核分裂によるエネルギーの生成についての特許を申請し、特許権は政府に委託された。

九月一日、ヒトラーはポーランド侵攻を開始した。イギリスとフランスは九月三日ドイツに対して宣戦を布告し、第二次世界大戦がはじまった。ハーン－シュトラスマンの核分裂の論文が発表されてから九カ月ほどの間に、核分裂についての論文は二〇〇編以上も発表されたが、ボーア－ホイーラーの論文の出版後、急速に減少し、やがてまったく姿を消した。軍事的な秘密の壁が下ろされたのである。

科学研究の世界に「秘密」の壁が導入されることは、ボーアが最も痛恨とするところであった。彼はコペンハーゲンの研究所を拠点として、世界中の物理学者が分けへだてのない開かれた国際的コミュニティーを作ることに、意識的な努力をかたむけてきた。そこでは、まったく自由に、アイディアの交換と評価が科学者相互の間で行われ、ある時点で得られた結論が誤謬を含む可能性を、はじめから誰もが心得ていた。誤りは公開されて認められ、正された。至上の権威、不動絶対の真理、ドグマは存在し得なかった。

ボーアにとって、またコペンハーゲンのボーア研究所を知る者にとって、それは理念ではなく現実であった。国家権力の政治論理が要求する「秘密の壁」を受容することは、この科学者の国際的共同体の屈服と解体を意味した。むしろ逆に、この科学者のコミュニティーの論理と倫理こそが、国家間の国際関係のモデルとなるべきである、とボーアは考えたのだった。

ロバート・オッペンハイマーはコペンハーゲンで修業する機会を逸したとはいえ、ボーアを師と仰ぎ、その国際的に開かれた科学者共同体の理念を自らの理念とした。

私たちは、オッペンハイマーによって、その理念が皮肉な悲劇的な姿で実現されるのを見ることになる。それは、軍隊が延々と張りめぐらした有刺鉄線に取り囲まれた魔の山ロスアラモスで実現されたのであった。いや、それは一つの「大いなる幻影《イリュージョン》」と呼ぶべきものであったかもしれない。

20 「アインシュタインの手紙」と「フリッシュ－パイエルス・メモ」

フェルミの海軍省参りは何の具体的結果も生まなかった。アメリカの原爆開発を発足させたのは、一九三九年一〇月一一日、ローズヴェルト大統領の手許にとどけられた「アインシュタインの手紙」である。その草稿を用意したのはおそらくシラードで、アインシュタインは三人のハンガリー人物理学者シラード、ウィグナー、テラーに説得されて手紙に署名した。三人ともヒトラーの迫害をのがれてアメリカに移ったユダヤ人であった。

イギリスの原爆開発の発端は、一九四〇年二月、政府に伝達された「フリッシュ－パイエルス・メモ」である。フリッシュはオーストリア人、パイエルスはドイツ人、この二人もヒトラーのユダヤ人迫害を避けてイギリスに亡命した物理学者であった。何としてもヒトラーより先に原爆を持たなければ、という強迫観念が、これらのユダヤ人亡命物理学者たちを原爆製造の進言に駆り立てたのだった。

一九三九年八月、「アインシュタインの手紙」をローズヴェルト大統領に手渡すことをシラードに頼まれたアマチュア科学者の財界人A・サックスは、九月はじめのヨーロッパ状勢の急迫（大戦勃発）で忙殺されている大統領に気がねして、一〇月一一日になってホワイトハウスで手紙を渡し、その趣旨を説明した。大統領の反応は早く、国立標準局長L・J・ブリッグスを委員長、兵器専門家として陸軍から一人、海軍から一人を常任委員とする「ウラン諮問委員会」が発足した。

その第一回会合が一〇月二一日に開かれ、外部からはシラード、ウィグナー、テラーが出席した。フェルミも誘われたが断った。三月にウィグナーとシラードに頼まれて、原爆のことで海軍当局に進言した際に、イタリア人移民に対する不快な偏見を経験させられたことをフェルミは忘れなかった。シラードたちは天然ウランを使用する原爆と原子炉の可能性について説明したが、すでにウランの分裂連鎖反応について相当の知識を持っていた他の出席者から、シラードたちの話の曖昧さを突く質問が続出して、委員会は盛り上らなかった。議事報告は大統領にとどけられたが、強い印象を与えなかったのであろう、そのままファイルの中で眠って年を越した。

一九四〇年二月、フェルミを中心とする中性子の実験の資金として六〇〇〇ドルがウラン諮問委員会に割当てられたが、当時としても涙金である。シラード、ウィグナー、テラーの亡命三人組がアインシュタインの名声を利用してまで、火をつけようとした原爆開発は、まずは不発に終わった感じであった。その大きな理由は、シラードたちの提案が具体性に欠けていたことにある。これが、半年後にイギリスで取り上げられた「フリッシュ－パイエルス・メモ」との大きな違いである。

アメリカの原爆開発を左右した真の権力者は工学出身のV・ブッシュと化学出身のJ・コナントである。一九四〇年の春、二人が戦時研究の組織の確立に乗り出した時、ブッシュは民間の研究施設組織カーネギー協会の会長、コナントはハーヴァード大学の学長だった。二人は科学技術の優劣が戦争の帰結を決定すると固く信じていた。事実、第二次世界大戦の軍事的勝敗を決したのは電波兵器レーダーであったといわれる。

一九四〇年六月一二日、ブッシュは、ローズヴェルト大統領に、軍部とは独立の権限を持ち戦時研究を統合する機関である国防研究委員会（NDRC）の設置を進言し、その委員長になった。ブッシュは八カ月前に発足したウラン諮問委員会（委員長ブリッグス）を国防研究委員会の中に吸収し、ウラン委員会と改名した。ブリッグスは委員長として残ったが、国防研究委員会の副委員長格のコナントの配下となり、その後ウラン委員会は第一部門とも呼ばれるようになった。

一年後の一九四一年六月には、ブッシュはさらに科学研究開発局（OSRD）の設置を大統領に進言し、その同意を得て、自ら局長に就任した。科学研究開発局は戦争目的のために政府が関与する科学研究と技術開発のすべてを統合する政府機関で、大統領に直属して軍事科学技術の全体をとりしきる最高責任者の地位に、ブッシュは自らを据えたのである。

核エネルギー関係の研究開発については、国防研究委員会の第一部門が作られてから一年間、予算の割当てても大幅にふえてかなりの進歩をみせていたが、その勢いにいま一つの感があった。この状況を一変する刺激はイギリスからやってきた。

イギリスの原爆開発の原点は「フリッシュ－パイエルス・メモ」と呼ばれる、パイエルスが自分でタイプしたわずか三ページほどのメモである。パイエルスはヒトラーのユダヤ人排斥を見越して、一九三三年イギリスに移住し、四年後バーミンガム大学の理論物理の教授になった。ボーア研究所にいたフリッシュはドイツのデンマーク制圧をおそれて、一九三九年の夏、バーミンガム大学のM・オリファント（ラザフォードの弟子）を頼って渡英し、結局、パイエルスの家に住みこむことになった。

その頃パイエルスは天然ウランで分裂連鎖反応を持続させるために必要な最少量（臨界量、クリティカル・マス）は数トンにもなるので、爆弾としては実用にならない、という結論を出していたが、フリッシュは、天然ウランが含む稀少な同位体ウラン235だけを使えば、臨界量が小さくなるのではないかと思いついた。パイエルスとフリッシュがさっそく概算してみると、臨界量はわずか一ポンド（四五〇グラム）ほどであり、五キロのウラン235を使った爆弾はダイナマイト数千トンの威力を持つであろうと推定された。

この計算結果におどろいた二人は、ドイツでも同じことが思いつかれる可能性の恐ろしさにせき立てられて、オリファントを通じて政府に通報した。それに応えて、諸大学の有力な物理学者たちを委員とするモード（MAUD）委員会なるものが作られて、その第一回の会合が一九四〇年四月一〇日に開かれた。当のパイエルスとフリッシュは亡命外国人という理由で委員会から締出されかけたが、オリファントの抗議で、二人も出席できるようになった。それから約一五カ月間、ドイツ空軍による空襲の熾烈化にもかかわらず、モード委員会のもとでイギリスの原爆研究は着実に進められ、「フリッシュ－パイエルス・メモ」の臨界量その他の概算値の訂正、ウラン235爆弾の基本設計、六フッ化ウランの気体を使う同位体分離法の検討などが具体的に行われた。

一九四一年七月二九日、モード委員会はその最終報告を政府に提出した。イギリス政府はモード報告書にもとづいて具体的に原爆開発を実行する母体としてチューブ合金理事会という暗号名を持つ、学界、産業界、軍部を含む機関を設立した。しかし、ドイツ空軍の英本土爆撃はいよいよ烈しくなり、大規模な同位体分離工場を含む原爆開発はイギリスでは無理なことが明白になってきたため、イギリス側はアメリカ、カナダと協同で、北米大陸で開発を実行することを希望し、一九四一年の春からアメリカ側に働きかけを始めていた。

モード報告書の内容は非公式に一九四一年七月はじめにブッシュのもとに届けられ、コナントを通してブリッグスに手渡された。一九四一年八月末にアメリカに飛んだオリファントは、ブリッグスがモード報告書をひとりで握りこんで第一部門（ウラン委員会）のメンバーにも知らせていないことを知って驚き、バークレーに急行して旧知のE・ローレンスに会い、モード報告書の意義を強調した。これが、ローレンスが核爆弾の開発に熱意をもやすきっかけとなり、オッペンハイマーをその開発に巻きこむ結果を生んだ。九月はじめのある日、オッペンハイマーはオリファント、ローレンスと昼食を共にした。オリファントが原爆のことに話題を移すと、ローレンスは困惑の表情を示した。オッペンハイマーはそれまで「部外者」であったのだ。オッペンハイマーは事情を察して話題を変えようとしたが、オリファントはそれをさえぎって「それはいかん。君は原爆開発に必要な人だ」と言ったという。それ以後、ローレンスは、理論的な事柄についてオッペンハイマーの助力を求めるようになった。ローレンスはウラン235の分離の困難を見通して、それに代わるものとしてプルトニウムの分裂特性の研究を独自に進めていたが、オリファントにたきつけられて、まずはモード報告の線を推進する決心をした。九月中旬、ローレンスはシカゴ大学でコナントと一緒に名誉学位を受けたが、A・コンプトンはそれを機会に二人を自宅に招き、炉辺で原爆開発について語り合った。それより前の一九四一年の春、全米科学アカデミー（NAS）の会長F・B・ジュウェットの要請で、A・コンプトンを委員長とする原爆開発の状況報告を目的とする委員会が作られて、W・D・クーリッジ、E・ローレンス、J・H・ヴァン・ヴレック、J・C・スレーターが委員として選ばれている。ヴァン・ヴレックとスレーターはハーヴァードでのオッペンハイマーの先輩である。最初の報告書は一九四一年五月一七日に、第二の報告書は七月一一日に科学アカデミーに提出されていた。この第二報告書の付録のメモでローレンスはプルトニウム爆弾の可能性を論じている。コンプトン家の炉辺で、ローレンスはモード報告が支持するウラン235に加えてプルトニウムの利用も考慮しながら、アメリカは強力に原爆計画を推進すべきであるとコナン

アメリカの原爆開発を主導した科学者たち（1940年） 左から，E. ローレンス，A. コンプトン，V. ブッシュ，J. コナント，K. コンプトン．

トに語り、コンプトンもローレンスに同調した。この時、ローレンスがオッペンハイマーの協力を得ていることを知ってコナントは渋い顔をしたという。オッペンハイマーの左翼的偏向がその理由だった。

ローレンスも同じ理由からオッペンハイマーを秘密の軍事研究に誘いこむのをためらっていたわけだが、コンプトンが科学アカデミー宛の第三の報告書をまとめるために、一九四一年一〇月二一日に委員会を招集した時には、ローレンスはオッペンハイマーを同伴して出席した。これがオッペンハイマーが原爆開発に関係する公式の場に出席した最初である。

イギリス政府からモード委員会報告が正式にブッシュに渡されたのは一九四一年一〇月三日である。ブッシュは、アメリカの原爆開発の最新の報告である科学アカデミー第三報告書がコンプトンから届けられるのを待たずに、一九四一年一〇月九日、ローズヴェルト大統領との会見を求め、会談は大統領、副大統領H・ウォレスの三人で行われた。ブッシュはもっぱらイギリスのモード委員会報告の内容を伝え、アメリカの原爆計画の全力推進をすぐに始めるべきだと進言した。これに応えて、大統領は、副大統領ウォレス、陸軍長官H・L・スチムソン、陸軍参謀総長G・C・マーシャル、それにブッシュ、コナントからなる最高政策グループを設置した。

この一九四一年一〇月九日こそ、アメリカが原爆を製造する運命が決定された日付と考えられる。これから先は、原爆に関する政策の決定はこの最高政策グループの手中に掌握されることになった。原爆の研究開発の重責を担った物理学者たちは初めから締め出された。ブッシュの心中には、とりわけ、コンプトンとローレンスが政策上の口出しをすることを封じる意図があったと思われる。

コンプトンの委員会が作成した科学アカデミーの第三報告書は一九四一年一一月一日にブッシュの許にとどけられ、ブッシュは一一月二七日に報告書を正式にローズヴェルト大統領に手渡した。この報告書は、オリファントなどによって非公式にアメリカの物理学者に伝えられたモード報告の知識をふまえながら、ウラン235を使用する原爆の可能性について、独自の検討と判断を記述した内容になっていた。コロンビア大学のフェルミのグループが進めていた天然ウラン－黒鉛の原子炉の仕事と、科学アカデミー第二報告に含まれていたプルトニウムのことは、第三報告には含まれていなかった。

ブッシュとコナントは原爆計画の全力《オール・アウト》推進のため、一九四一年一一月二八日、それまで国防研究委員会の中にあったウラン委員会（第一部門）をその外に引き出して科学研究開発局に直属させ、科学研究開発局第一部門と名をあらためて、その全面的な改組を行った。コナント（ブッシュの代理）、ブリッグス（委員長）、ペグラム（副委員長）、プログラム主任として、コンプトン、ローレンス、ユーリー、E・V・マーフリー、委員として、S・K・アリソン、J・W・ビームズ、G・ブライト、E・U・コンドン、H・D・スマイス。亡命科学者はまったく含まない構成となった。アリソンとコンドンはオッペンハイマーの友人である。最高のボスはブッシュで、コナントはその下にあって、原爆計画のすべてを統率し、コナントの下の具体的な仕事の分担は、

ローレンス（電磁的方法によるウラン235の分離）
ユーリー（気体拡散法によるウラン235の分離）
マーフリー（遠心力利用によるウラン235の分離）
コンプトン（爆弾の設計）

として出発することになった。

イギリスのモード報告と全米科学アカデミー第三報告の中味をまとめて要約すれば「十分の量のウラン235が分離できれば、その臨界量より小さい塊りを急激に合わせて臨界量より大きくすれば爆弾ができる」ということだった。問題はウラン238の中にわずか〇・七パーセントだけ混じっているウラン235をうまく分離できるか否かにかかっていると思われた。この認識が第一部門の陣容構成にはっきりあらわれている。この段階では、どの分離方法によるべきか決定できない状況にあったのである。爆弾の設計製作はコンプトンに割当てられた。

核分裂爆弾の設計には臨界量の正確な知識が必要だが、それを実験に求めることはできない。「実験してみる」ということは「核爆発」を意味するからである。だから、理論計算の役割は重大である。コンプトンは全米科学アカデミーの第三報告書を作成する際に、オッペンハイマーの有能さに強い印象を受け、その後は、理論的な事柄については彼を頼りにするようになっていった。

こうして、オッペンハイマーは原爆開発に参加することになるのだが、不本意ながら巻きこまれていったのでは決してなかった。彼自身も戦時研究への参加を望んでいた。同僚や知人の多くが、すでにレーダーの研究やロケットの研究に参加していて、取り残された感じを持っていた。アカデミックな物理学者たちが、強制されて心ならずも軍事研究にたずさわったと、いま私たちが想像するとすれば、それは誤っている。戦争絶対反対のクエーカー教徒に見られるような倫理的強靭さを彼らに求めるのは見当ちがいである。物理学者も、なみの「愛国心」によって行動する群衆の一部にすぎない。

アインシュタインは、シラードたちに説得されて、一九三九年八月、「アインシュタインの手紙」に署名したことを、彼の唯一の軍事研究との関わりでもあったかのように、ポーリングに悔悟を語ったが、実は一九四三年八月にも、自ら進んで海軍と協力し、爆発の過程の研究をしている。

日本では、一九四一年四月、航空技術研究所長安田武雄中将が理化学研究所の大河内正敏所長に「原爆の研究」を正式に依頼した。アメリカでウラン諮問委員会が設けられてから一年半後、イギリスでモード委員会が発足してからほぼ一年後のことである。湯川秀樹も原爆研究に参加した。朝永振一郎も陸軍の殺人光線研究所と関係して電波兵器の研究に従事した。私たちは彼らの愚挙を笑う高みには立っていない。彼らを「石をもて打つ」資格を持つ者が私たちの中に、どれだけいるだろうか。

21　ルコント・ホールの密室

原爆全力開発の陣容を整えた第一部門の初会合は一九四一年一二月六日に行われた。翌一二月七日午前七時（ハワイ時間）日本海軍の航空隊は真珠湾のアメリカ軍に奇襲攻撃をかけた。アメリカは翌八日に日へ、独、伊に対しては一一日に宣戦を布告した。V・ブッシュが技術者として考案製作した暗号解読装置が日本側の暗号の解読に活躍したことはよく知られている。

一九四二年二月、コンプトンはシカゴ大学の物理教室の建物の中に「冶金研究所」という暗号名の研究所を設立した。第一部門で決定されたコンプトンの責任は原爆の設計製作となっていたが、他のプログラムはすべてウラン235の分離に向けられていたから、プルトニウム爆弾の研究、したがって、それを生成する手段としての天然ウラン原子炉の研究もコンプトンの肩にかかることになった。

遅い中性子による天然ウラン原子炉をつくり上げることはフェルミの執念であり、その研究はニューヨークのコロンビア大学で進められていた。一方、プルトニウムの分離は微量ながらバークレーでG・シーボーグが中心となって既に成功し、プルトニウムの核分裂の研究も始められていた。これらの活動をシカゴの冶金研究所に移動させることについては、大学間のあつれきもあったが、結局、フェルミもシーボーグも一九四二年の春シカゴに移った。その年の暮、一二月二日、遅い中性子によるウラン235の分裂連鎖反応を持続し、制御された形で核エネルギーを取り出すことに、ここシカゴで人類が初めて成功した。この事は、ウラン238が遅い中性子を吸収してプルトニウム239が生産されるめどが立ちはじめたことでもあった。

原子炉の制御可能の核分裂連鎖反応は遅い中性子による。爆発的な核分裂連鎖反応は速い中性子による。ウィスコンシン大学のG・ブライトは優れた理論物理学者で、J・ホイーラーの師でもあるが、一九四〇年以来、速い中性子による核反応の理論と実験研究の総責任者の立場にあった。彼は一九四〇年春に、核分裂関係の論文の検閲制度を主張し、その実施に成功したことでも知られている。一九四〇年の中頃から一九四五年の終戦時までアメリカの学術誌から核分裂関係の論文は姿を消した。

ブライトも、コンプトンの要請でシカゴの冶金研究所に移ってきたが、所内での機密の保持が不十分であることに抗議して、一九四二年五月一八日辞表を出した。コンプトンは四月にバークレーのオッペンハイマーを冶金研究所の正式の顧問とし、ブライトとの協力を求めていたので、シカゴに出張してブライトの研究会に出席するようになっていた。ブライトとオッペンハイマーとの間柄は良好とはいえないにしても険悪ではなかった。ブライトが我慢できなかったのは、コロンビア大学から、シラードなどを連れて冶金研究所に移ってきたフェルミであったようだ。五月一八日付のブリッグス第一部門委員長宛の手紙で、ブライトは次のように書いている。

「シカゴのプロジェクトの内部には、秘密を保つことに強く反対する数人の人物がいる。その一人は、たとえば、私が旅行に出た間に、秘書をうまく説き伏せて、私の金庫から公式報告書のいくつかを取り出させた。……同じ人物は、その仲間うちでは、まったく何の用心もなしに話をしている。……仕事のすべての部分が相互に密接に関連しているのだから、全体を一つのものとして議論することが望ましい、という原則論を、彼が一席ぶっているのを聞いたことがある」

ブライトが嫌悪した「人物」は、ウィグナーやアリソンと共に、原子炉の一日も早い実現のために全力を尽くしているフェルミであった。

コンプトンはブライトの後任にオッペンハイマーを選んだが、ブライトの仕事には、六つほどの大学でばらばらに行われていた速い中性子関係の実験を調整する責任も含まれていたから、オッペンハイマーはその仕事を助けてくれる人材の協力を受諾の条件とした。コンプトンはイリノイ大学から出向していた有能な実験家J・H・マンレーにオッペンハイマーを補佐する任を託した。マンレーは強い危惧を持ちながらも引き受けた。

「私はその数年前バークレーの研究会で講演をしたとき、オッペンハイマーとごく短時間会っただけだったが、そのとき彼の鋭い質問、その際立った学識、そして人間の俗事から超脱した態度に強い印象を受けていた。兵器の問題についてのばらばらの努力を統合するというような面倒な課題をこの抽象的な理論家の満足がゆくように私が扱いうるという自信はとても持てなかった。しかし私はあえて引き受けた。こうして長い協力と友情が始まり、私はこれから多くのことを学び、私自身の生涯にとって深くて有益な影響を受けたのである」

オッペンハイマーに対するマンレーの敬愛の情は、一九五四年のオッペンハイマー裁判では、最高に感動的な弁護の宣誓供述として結晶した。

エド・マクミランも、一九四一年の秋からオッペンハイマーをよく助けた実験物理学者の一人である。マクミランはローレンスの弟子で一九四〇年五月、アーベルソンと共に、サイクロトロンからの中性子を天然ウランに当てて、最初の超ウラン元素、ネプツニウム(Z=93)を生成発見し、それを『フィジカル・レヴュー』一九四〇年六月一五日号にレターとして発表した。ネプツニウムの名はまだ使われず、93^{239}と記されている。今の記号では$^{239}_{93}Np$である。この新しい元素がβ崩壊することは確かめられたので、次の元素は94^{239}と書かれている。今の記号では、プルトニウム239、$^{239}_{94}Pu$である。この元素の分離、確認は一九四一年にシーボーグの協力で成功し、マクミランは一九五一年のノーベル化学賞をシーボーグとともに受賞した。

天然ウランが中性子を吸収してZ=94、A=239の新元素ができることを実際に示したマクミランとアーベルソンの論文が公表されたことに対して、イギリスからもアメリカ国内からも強い非難の声が上がり、ブライトが主張していた核分裂関係の論文の検閲が実施されるきっかけとなった。

ボーア‐ホイーラーの論文を読めば、この新しい元素プルトニウム239がウラン235と同じように核分裂しやすいことはすぐにわかる。実際、ドイツの優れた理論物理学者ヴァイツゼッカーはマクミラン－アーベルソンのレターを読んで、原爆の材料としては、分離の困難なウラン235よりプルトニウム239の方が有利であろう、とすぐに考えた。幸いに、ナチス・ドイツは敗戦の日までプルトニウム239を生成する天然ウラン原子炉の建設に成功しなかった。

長い間、もっとも外側の、最後の惑星と思われていた天王星《ウラノス》を超えて、一八四六年に海王星《ネプチューン》が、それから八四年後の一九三〇年に冥王星《プルートー》が発見された。そのプルートーからプルトニウムの名が取られた。マクミランが宇宙の暗黒から呼びおこしたのは、まさに冥府の王、地獄の魔王であった。

当のマクミランはプルトニウム239を原爆の材料として考察しようとはしなかった。それにローレンスからの要請もあって、Z＝94の新元素の確認もせずに、一九四〇年一一月からボストンのMITのレーダー研究所（公称は放射線研究所）に移った。プルトニウム239を分離確認する仕事は、原爆の材料として意識する内外の圧力でシーボーグなどがマクミランの仕事を受けついだのだった。もともとカリフォルニア生まれのマクミランは、その後、サンディエゴの海軍の電波研究所に移ったが、オッペンハイマーに乞われて、一九四二年の秋バークレーに帰り、ロスアラモス研究所の設立に努力するオッペンハイマーを全面的に助けることになった。マンレーとの違いは、以前からオッペンハイマーの親友の一人であったことである。

一九四二年六月はじめ、オッペンハイマーとマンレーは一五人ほどの理論家と実験家のグループを作って、速い中性子の研究を組織的に進めることにした。理論グループの初集会は、七月の第二週に、バークレーのルコント・ホールの最上階の一室で行われた。その部屋はオッペンハイマーの研究室に近かったが、機密保持の必要から一つの密室に改造されていた。オッペンハイマーの研究グループからは、腹心の弟子であり友人でもあるサーバー、もと学生のフランケルとネルソン、外部からはヴァン・ヴレック、ベーテ、テラー、コノピンスキー、それに実験理論両刀使いのブロッホが参加した。ヴァン・ヴレックを除いて、すべてロスアラモスで原爆開発に従事することになる。また、ヴァン・ヴレック、ベーテ、ブロッホは、やがてノーベル賞を受賞する。

このバークレーの理論集会は八月の末までおよそ五週間にわたって行われた。その中心的な課題はウラン235とプルトニウム239の臨界量をできるだけ正確に見積ることだった。この知識がなければ、原爆の具体的な設計は不可能である。原子核の分裂の難易度（断面積）は飛びこんでくる中性子のエネルギーによって変化する。この知識は臨界量を理論的に計算するために絶対必要なものだが、実験で測定するより仕方がない。実験はハーヴァード、プリンストン、シカゴ、コーネルの各大学で行われていたが、オッペンハイマーとマンレーは測定結果の間の食い違いを検討調整して、もっとも信頼のおける結果を引き出す責任を負っていた。ひとたび信頼できる測定データが揃えば、後は理論家の仕事になる。

サーバー、フランケル、ネルソンの三人は、この理論集会に備えて、イギリスのモード報告の検討を含めて、核分裂爆弾に関係する速い中性子の実験と理論の現状についての知識をまとめ、また独自の計算も進めていた。このサーバーの報告は、ベーテをはじめとする〝大物〟たちをすっかり満足させて、核分裂爆弾の理論的検討は、ひきつづき、有能で勤勉なサーバーたち三人に任せてよいのではないか、といった雰囲気に傾いた。

それに乗るようにして、テラーが新しい課題を持ち出した。いわゆる、テラーの〝スーパー〟、水素爆弾のアイディアであった。星のエネルギーは軽い原子核が超高温度でお互いに融合（熱核反応）して生成されるという考えは、フーターマンやガモフなどが早くから抱いていたが、一九三九年ベーテはその理論を発展させて、一九六七年にはノーベル賞を受賞した。テラーの頭に水爆のアイディアを植えつけたのはフェルミだった。一九四二年の春のある日、コロンビア大学のクラブで昼食をすませたあと、フェルミは「核分裂爆弾で超高温状態を作り、それで二つの重水素（$^{2}_{1}H$または$^{2}_{1}D$）を融合させてヘリウム（$^{4}_{2}He$）をつくれば、重い原子核の分裂爆弾より強力なものができるかもしれない」とテラーに話したのだった。フェルミ当人は冗談半分のつもりだったと思われるが、それがテラーの頭に突き刺さった。それから間もなくテラーはシカゴの冶金研究所に移り、手持ち無沙汰のはじめの数日間、コノピンスキーをつかまえて議論し、具体的に考えを進め始めた。

コノピンスキーと一緒にバークレーにやってきたテラーは、重水素の分離はウラン235やプルトニウム239の分離精製よりはるかに安上がりであるし、これで核分裂爆弾を包めば水素爆弾ができて、その重水素の量をふやせばふやすだけ大きな爆発力が得られる、と吹聴しはじめた。これは無責任な理論的ファンタジーだが、テラーはさらに放言をつづけた。当時、ナチス・ドイツがノルウェーの重水を押さえようとした事実が知られていた。それは原子炉のためだったのだが、テラーは、ドイツが水爆の開発を狙っている証拠だと言い出した。これは、奔放な想像力というよりも、典型的にテラー流の、目的を持った捏造放言である。

オッペンハイマーは、当面の焦眉の問題である核分裂爆弾の検討に議論を押し戻すことに努めたが、ベーテやコノピンスキーもテラーの話に乗ってきて、多くの時間が〝スーパー〟のために費された。テラー、コノピンスキー、ベーテの三人は、バークレーの理論集会の期間中、一軒の家を借りて住んでいた。起居をともにしながら、三人は水爆の議論に熱を上げたのだった。

ある日、テラーが、またまた途方もないことを言いだした。

「もし核分裂爆弾が重水素を融合し爆発的に反応させることができるとすれば、核分裂爆弾を空気中で爆発させると、空気の五分の四を占める窒素の核が融合反応をおこして大気全体が大爆発するかもしれない。その可能性を計算してみたら、無視できない大きさになった」

オッペンハイマーはこれを聞いて動転した。他の用事もあったので、急いでコンプトンに電話をかけて、緊急の要件でぜひ会って話をしたいと告げた。コンプトンは週末の休暇をとってミシガン州北部の静かな湖畔にいたが、オッペンハイマーはそこまでコンプトンを追ってテラーの重大な「発見」のことを話した。その時コンプトンは「もし原爆で大気の全体、大洋の全体が引火し、人類そのものが破滅するのだとすれば、むしろナチスに屈服してその奴隷になった方がましだ」と思ったという。

あわて者のオッペンハイマーの反応とは対照的に、ベーテは動じなかった。まずテラーの計算の中にいくつかの誤った仮定があることを見つけて、自分で注意深く計算をやり直してみると、大気が引火する確率はまったく無視できる大きさになり、めでたく一件落着となった。

ハンス・ベーテは一九〇六年七月二日、当時ドイツに属していた北フランスの都市ストラスブールで生まれた。ロバート・オッペンハイマーより二つ若い。父は生粋のドイツ人、母親はユダヤ人。ミュンヘン大学のゾンマーフェルトの下で学位を得た。その時代にパイエルス、テラー、コンドン、ラビなどに会っている。一九三二年一一月、チュービンゲン大学に就職したが、一九三三年、ヒトラーの台頭とともに、ユダヤ人排斥運動の犠牲となって解雇された。ベーテの窮状を知った旧師ゾンマーフェルトはただちに救援の手を差しのべて、ベーテをミュンヘンに迎えた。それから間もなくベーテはコペンハーゲンのボーアに招かれた。一九三四年にはコーネル大学から声がかかり、一九三五年二月から、コーネルの助教授としてアメリカでの生活を始めた。

オッペンハイマーは一九二九年（ゲッチンゲン時代）、ある学会で初めてベーテと会った。次は一九四〇年シアトルでの学会だった。個人的に親しい間柄ではなかったが、オッペンハイマーがコンプトンからブライトの後任を依頼された時、まず確保しようとした人物はベーテであったようだ。ベーテも、他の多くの有能な物理学者と同じように、MITのレーダー研究所に関係していたが、オッペンハイマーは、ハーヴァードの先輩として親しいヴァン・ヴレックに頼んで、ベーテの原爆開発への参加を説得してもらったのだった。

ベーテはアメリカの理論物理学者として際立って大きな存在で、輻射場の研究も活発に行っていたが、原子核の理論家としてとりわけ高名だった。ベーテとバッカーの共著の、原子核物理学の長大な総合報告は、戦前戦後を通じて、核物理のバイブルとされた。日本でも、私たちはそれを「ベーテの赤本」と呼んで親しんだものであった。

物理学者たちはベーテに「消防車」というあだ名を与えていた。物理学上の難問が持ちあがって人びとが困っていると、ベーテがやってきて解決してくれるのを、火の手が上るとすぐにかけつけて消火してくれる消防車に見立てたのだった。テラーが言い出した原爆による大気引火のさわぎを、たちまち消し止めた「消防車」ベーテの沈着な腕前は、まさにそのあだ名にふさわしいものだった。

オッペンハイマーは頼りになる男ハンス・ベーテをロスアラモス研究所の理論部門の長にすえ、その下に、当時まだ学生であったR・ファインマンなどの理論の俊秀たちが集まることになるのだが、その頃のベーテの思い出をフリッシュが自伝で語っている。
「ゆっくりとした物の言い方、愛すべきニッコリ顔、朗々とした笑い声、その背後にはおそるべき迅速さと力を持った心がひかえていた。あるパーティーで、私はファインマンとベーテの両方に数学パズルを出して、ファインマンの方が早いだろうと思ったのだが、ベーテの方が先に答を出した」

オッペンハイマーとベーテの相互の信頼と友情は、一九四二年夏のバークレーにはじまり、ロスアラモス時代を通じてますます強固なものになっていった。一九五四年のオッペンハイマー裁判では、当時アメリカ物理学会の会長であったベーテは、証人台に立って果敢にオッペンハイマーを弁護した。一九六七年二月二五日、オッペンハイマーの告別式では、六〇〇人の参列者の前で弔辞を述べた三人*のうちの一人であった。

*ジョージ・ケナン、H・D・スマイス、H・ベーテ

話をテラーのスーパーに戻す。大気引火の空騒ぎはあったが、バークレーの集会が終わりに近づいた八月の末頃には、オッペンハイマー自身も熱核反応爆弾に熱を上げ出す始末で、今後も真剣に考えるべき問題である点で誰も異論はなかった。ただし、核分裂爆弾の開発製造が当面第一の課題であることで参加者の意見は一致した。しかし、テラーはシカ

ゴに帰ってからもスーパーの事にとりつかれていた。オッペンハイマー、ベーテ、ローレンスも、水爆に関心を持ちつづけ、それに関連する基本的な軽原子核間の反応の実験的研究をはげました。つまり、アメリカの水爆開発は一九四二年の秋に始まったと見ることができる。

オッペンハイマーとマンレーのグループは実験と理論の両面で着々と実質的成果をあげた。マクミランの積極的な貢献もはじまった。一九四二年一一月、オッペンハイマーはその成果をイギリスのパイエルスに報告して、イギリス側のモード報告書以後の進展と照合することを試みた。これに対するパイエルスからの返答の中に、原爆の爆発過程についてのディラックとクラウス・フックス共同の理論計算の結果が含まれていたのは注目される。フックスはナチス・ドイツをのがれてイギリスに渡り、やがてパイエルスなどのイギリス・チームの一員としてロスアラモス研究所に乗りこんでアメリカの原爆開発に参加し、極秘の情報をソ連に送りつづけた。戦後イギリスに戻り、一九四六年ハーウェル原子力研究所の理論部門の長になったが、ソ連のスパイであることが発覚して、一九五〇年、一四年の刑を受けて投獄された。

バークレーの理論集会では、原爆の具体的設計も論じられた。核分裂爆弾の構造的原理は簡単である。かりにウラン235の臨界量が一〇キログラムだとしよう。五キロずつの二つの塊り、または二キロ、八キロの二つの塊りを作り、その二つを離しておけば、それぞれ

あわせると臨界量となるウラン235の2つの半球を爆薬の力で急激に合体させる.

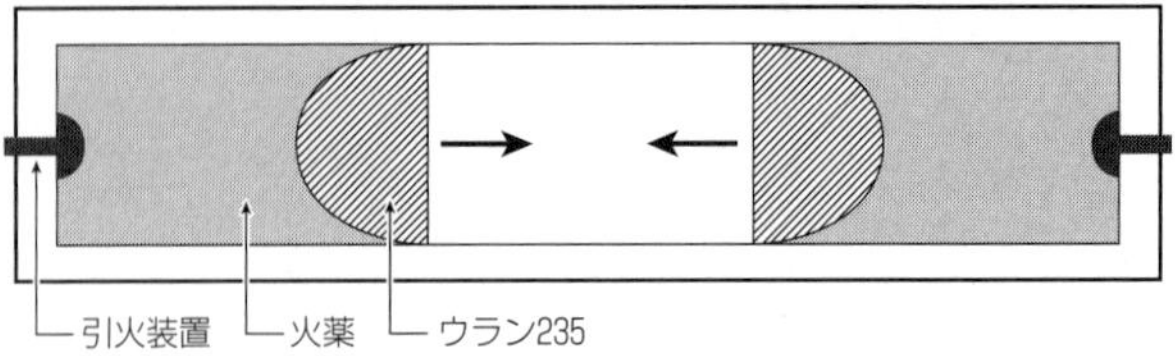

第4図　砲撃法の原理（モード報告書）

の塊りは臨界量以下だから、宇宙線の中の中性子で核分裂がおこっていても連鎖反応ははじまらない。しかし、二つを一緒にすれば臨界量に達するから連鎖反応がはじまる。この場合、二つの塊りを急激に一体化する必要がある。ノロノロと合わせれば、その一部分ではじまった分裂連鎖反応のエネルギーで残りのウラン235が吹き飛んでしまって無駄になり、爆弾として効率の低いものになる。イギリスのモード報告書ではガン・メソッド（砲撃法）なるものが提案されていた。**第4図**がその構造原理図である。サーバーは砲撃法のやり方をいくつか考えたようだが、この方法の落着いた先は**第5図**(a)のように小さい方の塊りを砲弾のように大きい方の塊りの中に打ちこむ方法で、広島の原爆がこの設計になった。サーバーとR・トールマンはバークレーの理論集会の時点で、インプロージョン法（爆縮法）と呼ばれるものの原形を考えていたようだが（**第5図**(b)）、これについてはまた章をあらためて

斜線の部分はウラン235，まわりの白い部分は，分裂連鎖反応をはじめたウラン235ができるだけ長くとび散らないようにするタンパーで，質量の大きな物質（天然ウランなど）が用いられる．

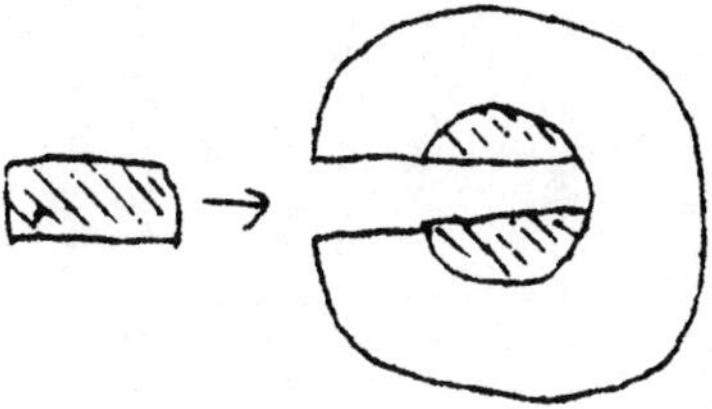

第5図（a） 砲撃法のスケッチ（サーバー）

タンパーのついたウラン235のいくつかの断片を，まわりの爆薬で中の方に押しこんで合体させて臨界量になるようにする．

第5図（b） 爆縮法のスケッチ（サーバー）

語らなければなるまい。

一九四二年夏のルコント・ホールの密室での五週間の集会をオッペンハイマーは見事に取りしきった。そこに集まったのは、彼のカリスマに参ってしまった若い学生たちではない。ベーテ、テラー、ブロッホ、ヴァン・ヴレック、いずれもオッペンハイマー自身が〝おえら方〟と呼ぶ連中である。しかし、オッペンハイマーは巧妙な人間操縦の手腕をふるったのではなかった。オッペンハイマーの武器は、迅速果敢、的確無比の理解力であり、おどろくべき記憶力であり、絶えず議論を最も重要な地点に押し戻し集中する確かな感覚であった。そして、他人の窮極的な善意を信じるオッペンハイマーのナイーヴさが、他人を操作する術策に代わる役を見事に果たすのを、サーバーは新鮮な驚きをもって見守った。だが考えてみれば、その同じ特性が若者たちをも魅了したのではなかったか。そうだとすれば、ロバート・オッペンハイマーを人の上に立つ指導者たらしめたものは、彼が以前から身に備えていた資性の組合せに過ぎなかったともいえよう。

ロバート・オッペンハイマーは、一九四〇年一一月一日、三六歳でキャサリン・ペニングと結婚した。共産党に属し、波乱にみちた男性遍歴の過去を持つキティー（キャサリン）は、はじめ夫ロバートのナイーヴさに驚いた。ロバートは、すべての人間の心に内在する倫理的な良心なるものを信じていた。これは、明らかに、若年のロバートが通学したアドラーの倫理文化学園の教育から来ていた。キティーは、そのロバートの信念を幼稚で馬鹿馬鹿しいものと思い、彼のために、それを突きくずそうとしたが無駄だった。人間の心には、誤解、無知、愚昧、傲慢が幅をきかしうること、これはロバートも理解したが、窮極的な邪悪さの存在は信じなかった。しかし、この世には邪悪がたしかに存在する。ロバート・オッペンハイマーは、その事実をしたたかに学んでから世を去ったはずである。

5　ロスアラモス

22　グローヴスとオッペンハイマー

一九四二年五月二三日、コナントは第一部門の会議を招集し、ウラン235の分離と、原子炉によるプルトニウムの生産の計画について詳しい検討を行った。この結果をふまえて、ブッシュとコナントは長い報告書を作り、六月一三日、副大統領ウォレス、陸軍長官スチムソン、参謀総長マーシャルに送った。この報告書は、ウラン、プルトニウム二本立ての原爆プログラムを実際の生産規模に推進し拡大するための詳しい計画を進言する内容だったが、マーシャルの意向を受けた陸軍准将W・D・スタイヤーの意見が加えられたものが、六月一七日にローズヴェルト大統領にとどけられた。

それまで科学研究開発局の長官として大学関係の研究者を動員して原爆開発を進めてきたブッシュは、一九四二年の中頃には、原爆の実際の製造が要求する事業規模の巨大さと複雑さをはっきりと認識するようになっていた。それは電波兵器レーダーの開発の比ではなかった。大規模なウラン分離工場、プルトニウム生産工場の資金と資材の調達、その建設と運営は、大学関係者の手に余ると判断したブッシュは、またもや管理機構の改変に手をつけた。簡単にいえば、原爆開発計画の軍部への移管である。

まず、第一部門は五月の会議のあと廃止されて、第一部門執行委員会がそれに代わった。コナントが委員長、委員はブリッグス、コンプトン、ローレンス、マーフリー、ユーリー。旧第一部門の小物委員、アリソン、ビームズ、ブライト、コンドン、スマイスは顧問に格下げされて、事実上切り捨てになった。その後の第一部門執行委員会の会合には、常に陸軍軍人が、また必要に応じて民間会社の代表が出席するようになった。

ブッシュ－コナント報告書が大統領にとどけられた翌日の六月一八日、陸軍技術兵団のシラキューズ管区のJ・C・マーシャル大佐に、新しい管区をつくり、原爆開発計画を専門的に担当することが命じられた。その任務は秘密保持のため代替材料開発計画と呼ばれることになった。マーシャル大佐は、土木工学の学位を持つK・D・ニコルズ大佐と共に、新しい管区の事務所をニューヨークのマンハッタンに置いて仕事をはじめた。この「マンハッタン管区」は、八月一三日に正式に発足した。しかしこの大事業はマーシャルとニコルズの手に余るものであることが、たちまち明らかになってきた。一九四二年九月一七日、陸軍技術兵団のレスリー・グローヴス大佐が「マンハッタン管区」の最高責任者の地位につき、准将に昇進した。グローヴスは高速重戦車のような実行力で知られていた。

九月二三日、ローズヴェルト大統領は原爆についての最高政策会議を招集した。出席者は、スチムソン、マーシャル将軍、ブッシュ、コナント、B・サマヴェル将軍、W・D・スタイヤー将軍、グローヴス准将。この会議で新しく軍事政策委員会なるものが設けられた。委員長ブッシュ、委員はコナント、スタイヤー、グローヴス、W・R・パーネル海軍少将。そして原爆プログラムの全体がこの軍事政策委員会の支配下に、実際的には、グローヴスが総指揮をとるマンハッタン管区の支配下に入っていくのである。つまり、科学研究開発局の第一部門執行委員会の影は日ましに薄くなっていったのである。科学研究開発局が行っていた原爆の研究開発の軍部管理への移行は、一九四三年の春には、ほぼ完了した。この移行は、科学行政官僚としてのブッシュ自らが推進したものであったことを忘れないようにしよう。

L・R・グローヴスは従軍牧師を父親に持ち、シアトルのワシントン大学、MITの工学部に学んだあと、陸軍大学に進んだ。首都ワシントンのアーリントン地区に巨大な五角形の怪物のような偉容をみせるアメリカ国防省の建物（ペンタゴン）の建設の総指揮をとって名をあげた。この仕事のあと、グローヴスは前線に出て実戦で手柄をあげる野心に燃えていたのだが、その管理的実行力と辣腕を高く買った最高首脳者たちは、グローヴスにマンハッタン計画の総指揮の任務を押しつけた。その時グローヴスは四六歳、オッペンハイマーより八歳年上で、肉付きのよい一八〇センチを越える大男だった。グローヴスの副官となったニコルズ大佐によれば「彼は私の一生で出くわしたうちで一番のとんでもない野郎だったが、最高の能力をそなえた人物の一人でもあった。彼のエゴときたら並ぶものはなく、底なしのエネルギーを持っていて、疲れることを知らず、自分が下した決断には絶対の自信を持ち、どうやって仕事をやりとげるかということになると、絶対的な非情さを発揮した」。

マンハッタン計画の総責任者となったグローヴスはただちに行動に移った。まず、遠心力を利用してウラン235の分離を試みていたピッツバーグのウェスティングハウス研究所を視察し、成果がまったくあがっていないことを知ると、遠心力分離法の放棄を決断した。次には気体拡散法を担当しているコロンビア大学を訪れたが、ここでもはっきりした見通しがなく、グローヴスをいら立たせた。次の訪問先のシカゴの冶金研究所には、フェルミ、ウィグナー、テラー、シラードなどを中心に多くの有能な物理学者が集まっていたが、天然ウラン原子炉はその組立ても始まっていなかった。グローヴスには、シラードをはじめとするアカデミックな研究者たちの議論が、爆弾製造という焦眉の軍事目的にしぼられていない空論のように思われた。グローヴスはその不満をかくそうとしなかった。

シカゴから西へ鉄道の旅をつづけてサンフランシスコに着いたグローヴスを、ローレンスは駅で迎え、自分の車にグローヴスを乗せてバークレーの放射線研究所に直行した。ローレンスの手荒い運転に悩まされながらも、グローヴスはローレンスに自分に似た精力的実際家を見出して強い親近感を持った。ノーベル賞受賞者の肩書を存分にいかして多額の資金を獲得し、多数の部下を酷使して巨大な粒子加速器の製作をつづけるローレンスの活力は、グローヴスのそれと同質のものであった。しかし、現場に着いてみると、ローレンスが推進している、加速器の原理を利用したウラン235の電磁的分離法も、その自己宣伝の威勢のよさとは裏はらに、実績はまだいかほどもあがっていなかった。この視察の最後のスケジュールとして、一〇月八日、原爆設計を担当するロバート・オッペンハイマーと会った時のグローヴスの心境は重苦しく暗かった。学位こそなかったが、エンジニアとしての自分の頭に自信を持っていたグローヴスであったが、いま総責任者となった原爆開発の問題は漠として複雑多岐をきわめたものに思えた。その遂行には、乱麻を断つ快刀が必要なことを痛感させられた。

ロバート・オッペンハイマーは、それまで視察旅行で会った物理学者の誰とも違っていた。単刀直入の質問には簡明率直な答が返ってきた。現在、何がわかっていて、何がわかっていないのかを、グローヴスは旅の終点で、はじめて明白につかむことができた。オッペンハイマーは何でも知っていた。核物理学についての無知をさらけ出しても、オッペンハイマーは冷笑することも、つけ入ることもしなかった。この、オッペンハイマーという、無私の核物理百科事典が手許にあれば、実際面での決断と実行は自分で担当できる、とグローヴスは考えた。

シカゴに戻って副官のニコルズ、マーシャルの両大佐と落ちあったグローヴスは、軍用機を手配してオッペンハイマーをシカゴに呼びよせ、一〇月一五日、シカゴからニューヨークに向かう大陸横断列車のコンパートメントに四人で乗込んだ。

かねてからオッペンハイマーとマンレーは、原爆の設計製作が要求する実験測定と理論計算を全国的に分散した形で遂行することは、能率的にも、機密保持上からも、好ましくなく、新しい研究所を設立して全体の活動を集中すべきであると考えていた。オッペンハイマーは、それを夜行列車の密室の中で提案した。機密保持について、物理学者たちの意識の低さを憂慮していた三人の軍人たちは、ただちに賛成して、新しい秘密研究所で働く科学者たちは、一時的ではあれ、軍人の身分となり、軍服を着用し、軍規に従うべきだと考えた。オッペンハイマーは、研究所内部での科学的議論の自由が保証されるならば、それでもよいではないか、と単純にも考えた。

グローヴスは軍人の論理に徹して恥じない男だったが、人間の中味をかぎわける鋭い嗅覚を持っていた。シカゴの物理学者たちが示した軍人に対する警戒心と敵意を、オッペンハイマーはなぜ示さないのか。それは思想の問題ではなく、少年のように不用心な他人への信頼感から出ていることをグローヴスは感知した。

グローヴスはオッペンハイマーの驚くべき博識と頭脳を利用し、オッペンハイマーは頭の単純な軍人グローヴスを巧みに操った、という見方もあるが、それは当たっていない。グローヴスのオッペンハイマーに対する信頼と愛情は、あきらかに家父長的《パターナリスティック》なものであり、それは終生変わることがなかった。オッペンハイマーの告別式には、退役将軍レスリー・グローヴスは特別機をチャーターして参列した。

夜行列車の密室の中で四人は延々八時間話しつづけた。その時、オッペンハイマーが示した、軍人に対する率直な信頼は、やがてケネス・ニコルズによって無残に裏切られる。列車同乗の当時、ニコルズはマンハッタン管区の防諜関係責任者として、「共産主義者」ロバート・オッペンハイマーの身辺をしきりに洗っていたのだ。一九五四年のオッペンハイマー失脚の劇には、ニコルズは決定的な悪役として登場する。しかもニコルズはうそぶく。「戦時中の私とオッペンハイマーとの関係は至って快いものだった」。この言葉を裏返せば、オッペンハイマーがニコルズから受けた心の傷の深さを読むことができよう。

ワシントンに帰ったグローヴスは、新しい秘密研究所の所長と建設地の選択にとりかかった。マンハッタン計画の全体としては、遠心力利用の分離法が放棄された今、ユーリーが気体拡散法、ローレンスが電磁法でウラン235の分離を、コンプトンがプルトニウム239生産のための天然ウラン原子炉と原爆そのものの設計製作を担当する形になっていた。原爆製造に焦点をしぼった研究所を別に作ることは、コンプトンの冶金研究所の責任の半分が、四番目の部門として独立することを意味した。他の三部門がユーリー、ローレンス、コンプトンの三人のノーベル賞受賞者を頭にいただいていることから、グローヴスは、陽電子の発見で一九三六年にノーベル賞を得たキャルテクのアンダーソンに新研究所の所長に就任を求めたが断られた。オッペンハイマーはラビを所長に推薦したが、ラビはすでにMITのレーダー研究所の副所長の地位にあり、その承諾は得られなかった。このあたりで、グローヴスはオッペンハイマーの起用を決心したと思われる。オッペンハイマーにはノーベル賞もなく、大学内での管理職の経験も乏しかったが、グローヴスには、自分の指揮下に入ってくる物理学者に、なまじ行政的手腕など必要なしとする気持があった。オッペンハイマーの起用に対しては、ブッシュやコナントからも危惧が表明されたが、もっとも烈しい反対は防諜関係筋からあがった。マンハッタン管区のニコルズと連絡をとる陸軍防諜部とFBIは、オッペンハイマーがソ連のスパイとして行動する可能性を強く信じていた。しかし、最終的な任命の権限はグローヴスにあった。オッペンハイマーに関する諜報部調書のすべてに目を通したグローヴスは、自らの責任において、オッペンハイマーを新研究所所長に任命することを決断した。

「グローヴスがオッペンハイマーを選ぶとは思ってもいなかった。それはほとんどの物理学者にとって大きな驚きだった」とラビは語っている。グローヴスの「一目惚れ」はグローヴスだけが知っていた。オッペンハイマーがまったく信頼できる人間であることはグローヴスの本能的嗅覚だけが知っていた。二人が初めて会った一〇月八日から一カ月もたたないうちに、オッペンハイマーの所長就任は決定された。グローヴスらしいスピードだった。

一一月一六日、オッペンハイマーとマクミランは、陸軍のダドリー大佐の先導で、秘密研究所建設の候補地の一つに選ばれたニューメキシコのヘメス・スプリングを訪れた。サンタフェの北西六〇キロ、三方を断崖に囲まれた谷間の土地だった。この窪地からは周囲の素晴しい景観が楽しめないことが、まずオッペンハイマーの気に入らなかった。むしろ、断崖に守られた台状地（メサ）の上に研究所を建設すればよい。そうすれば、豪華な朝焼け、夕焼けが楽しめる。ペロ・カリエンテの山荘からの乗馬行で、その辺りの土地柄に通じていたオッペンハイマーは、ロスアラモスの地を提案した。その高いメサの上には、少年たちの心身の鍛練を重視する風変わりな私立の寄宿舎制学校があった。北西側から西、南へと断崖になっていて秘密保持の警備のためにも便利な地形だった。その日の午後、遅れて到着したグローヴスはロスアラモスの台地の上に立って、その地の選択を即決し、ただちに学校の土地建物の接収を開始した。

その年（一九四二年）の暮、オッペンハイマーは旧友サム・アリソンをロスアラモスの現場につれて行って、新しい研究所の設営、運営についての助力を求めた。サムとの交際はその妻ヘレンを通じてバークレー時代のごく初期にはじまった。アリソンはオッペンハイマーとすれちがうようにしてバークレーからシカゴのコンプトンの許に移った。ロスアラモス行きの直前、一二月二日、シカゴの原子炉の始動が成功したが、アリソンは冶金研究所の所長としてその功績をフェルミと分かち合う立場にあった。研究所運営の経験もつんでいたのであった。アリソンは設営作業がすでに始まっているロスアラモスにオッペンハイマーと同行して、大きな軍事研究施設を運営することが、具体的に何を意味するかが全然わかっていないオッペンハイマーを見て、少なからず心配になった。オッペンハイマーの心を占めていたのは、ベーテ、フェルミ、ラビ、テラーなどのスターたちを中心とする物理学者集団の形成の夢であった。オッペンハイマーの秘書としてバークレーからロスアラモスに同行したプリシラ・グリーンによれば、当時のオッペンハイマーは、あたかもブロードウェイの劇の上演の配役を選んででもいるかのような様子であったという。

一九四三年に入って、ロスアラモスの軍事的施設、病院、消防署などは急速に形をとったが、研究施設の方は遅れがちだった。プリンストン大学のR・ウィルソンは、かつてバークレーでオッペンハイマーの講義に出席した学生の一人だが、ハーヴァード大学のサイクロトロンを接収してロスアラモスに移す仕事を受け持つことになった。三月はじめ、その下準備にロスアラモスの現場を訪れたウィルソンは、研究所の設備計画が混乱状態にあることに驚き、シカゴのマンレーと急ぎ相談して、三月四日にバークレーのオッペンハイマーと会って、指揮の強化を要請した。その日の夜は、オッペンハイマー家でパーティーがあり、人びとが集まっていたが、ウィルソンとマンレーはそのパーティーにも乗り込んで、個々の懸案について具体的な指示を求めて食い下りつづけた。突然、オッペンハイマーは怒りの表情をあらわにして、野卑な言葉使いで、いらぬお節介はするなと叫び出した。

ウィルソンの回想である。

「私たち二人はふるえ上った。これが我々のリーダーで、このリーダーが、問題を解決する代わりにかんしゃくを起こすということになるのだったら、これから先どうやって仕事のかたをつけていけるのだろうか、と思うと空おそろしくなったのだ。ジョンと私はその場を去って少し相談をつづけ、私たちがもっと主導権を取って、オッピーの指導力をあまり当てにしないようにすることにした」

このパーティーから一二日後の三月一六日、所長ロバート・オッペンハイマーとその妻キティーはロスアラモスに移った。数日遅れて、二歳の息子ピーターと保母、オッペンハイマーの秘書プリシラ・グリーンも到着した。それから一カ月後の一九四三年四月一五日、ロスアラモス研究所は正式に開所された。

23 魔の山

ロスアラモスのことを語らねばならない所までやってきた。日本人にとって、それはやさしい事ではない。広島に投下された「リトルボーイ」、長崎に投下された「ファットマン」が、どのようにして作られたかを語ることであるからだ。

「原爆をある人間たちの都市に投下する、という決心を他の都市の人間たちがおこなう、ということは、まさに異常だ。科学者たちに爆発後の地獄への想像力が欠けていたはずはあるまい。それでいて、かつ、その決定がなしとげられてしまったのは、この絶望的に破壊的な爆弾が炸裂しても、その巨大な悪の総量にバランスをとるだけの人間的な善の努力が、地上でおこなわれ、この武器の威力のもたらすものが、人間的なものを一切うけつけない悪魔的な限界の向こうから、人間がなおそこに希望を見出しうる限界のこちらがわへまで緩和されるであろう、という予定調和信仰風な打算が可能であったからであろう」

大江健三郎著『ヒロシマ・ノート』からの引用だが、著者は、原爆の製造に狂奔したロスアラモスの科学者たちが「予定調和信仰風な打算」を持っていたと本当に考えたのであろうか。それとも、この文章は単なるレトリックなのか。文学が、人間を正確に捉えることをその意図の一つとして含むものならば、大江氏の文章は美しくはあっても、正確ではない。私は、アイヒマンについてハンナ・アレントが説いた「悪の陳腐さ《バナリティ》」を、より正確なものとして受けとめる。ロスアラモスの有刺鉄線の中でひたすらに働いた六〇〇〇人の人間たちには原爆地獄への想像力が欠けていた。そして、それが人間というものである、と私は考える。人間は想像力の欠如によって、容易にモンスターとなる。このことが他人事ではないという自覚から、私はオッペンハイマーという〝モンスター〟について書きつづけているのである。

R・ウィルソンは、後年、イリノイ州バタビアのフェルミ国立加速器研究所の所長となる人物で、ロスアラモスでは二八歳の最若年でグループリーダーの一人になった。一九四

ロスアラモスの物理学者たち

①ジョン・マンレー
②ロバート・ウィルソン
③リチャード・ファインマン
④ロバート・サーバー
⑤ロバート・バッカー
⑥オットー・フリッシュ
⑦ルドルフ・パイエルス
⑧ハンス・ベーテ
⑨ジョージ・キスチャコウスキー
⑩ジョン・フォン・ノイマン
⑪エドワード・テラー
⑫スタニスロウ・ウラム
⑬ヴィクター・ワイスコップ
⑭クラウス・フックス

二年の暮、オッペンハイマーはプリンストン大学を訪れて、かつての教え子の一人としてのウィルソンをロスアラモスに誘った。

「計画中の研究所は、オッペンハイマーの話によると、ロマンティックなものに思われた。そして実際にそれはロマンティックであった。この研究所に関するすべては深い秘密のヴェールに包まれていた。われわれはすべて陸軍に参加することになっていて、ニューメキシコ——ロスアラモス——の山の上の研究所へと姿を消すことになっていた。それは特に私にはロマンティックにひびいた。というのはちょうどトーマス・マンの『魔の山』を読み終えたところだったからである。私は気持の上では、たいてい結核で倒れることを予期し、間違いなく一人のイタリアの哲学者と吹雪のなかで時間や空間や自由とファシズムの概念の哲学的意味を熱情的な会話のなかで探究するつもりであった。そしてそれは実現したのだ。しかしマンの架空の人物ゼテンブリーニとではなく、現実の生きて呼吸をしているエンリコ・フェルミとであった。そしてフェルミはゼテンブリーニよりよかった」

　このウィルソンの回想の調子を不謹慎と感じる人もあろう。ウィルソンにフェアであるために、彼についてのR・ファインマンの思い出を引用しよう。ファインマンはウィルソンの影響でロスアラモス行きを決めた大学院学生の一人だった。人類最初の原爆実験の直後のことである。

「あれが爆発したあと、ロスアラモスは大変なさわぎになった。誰もがパーティーさわぎで、みんな走りまわった。私はといえば、ジープの尻に座ってドラムをたたいたりなんかしたものだ。ところが、今でも思い出すが、一人だけ、ボブ・ウィルソンだけが、しかめっ面で座りこんでいた。

私は言った。『何でしかめっ面してんの?』。彼は言った。『ひでえものをつくってしまったもんだ』。

私は言った。『でも、あんたが始めたんだよ。あんたがおれたちを引っぱりこんだんだよ』。

私がどうなってしまったか、ほかの連中もどうなってしまったか、おわかりだろう。なるほど、ご立派な理由で、私たちは事をおっぱじめたのだが、さし当たっての問題をうまくやりとげようとけんめいに働いていると、それが楽しくもなり、面白くて仕方がないことにもなる。そうなると、考えるのをやめてしまう、そう、プッツリやめてしまうのだ。あの時、私たちが何をしたかを考えつづけていた男はただ一人、ボブ・ウィルソンだけだった」

ロスアラモスへの人材の誘致は、オッペンハイマーが当時のアメリカの物理学者の間で大物として知られる存在でなかったことに加えて、有能な人材はすでにレーダーをはじめとする他の軍事研究に動員されているという不利な事情に直面しなければならなかった。それでも、その出発点で、E・マクミラン、S・アリソン、J・マンレー、R・ウィルソン、R・サーバーといった優秀な人材を、いわば友人として身辺に集めることができたのはオッペンハイマーの人徳といってもよいだろう。

彼が次に狙ったのは、I・I・ラビ、H・ベーテ、R・バッカーの三人だった。三人ともMITの放射線研究所（所長L・A・デュブリッジ）に関係していた。これは、第二次世界大戦の勝敗を決したともいわれる電波兵器レーダーの開発製作のための施設として、一九四〇年の暮に発足し、二年後には人員二〇〇〇人にふくれあがっていた。ラビのグループが収めた成功の一つは、海面を這うように攻撃してくる神風特攻隊機をとらえる特殊レーダーの開発だった。

オッペンハイマーからロスアラモスへの参加を求められた時、ラビはレーダー研究所の副所長の地位にあり、大きな研究施設の運営、軍部やワシントンの官僚との対応に、すでに二年間の経験を積んでいた。オッペンハイマーがラビを強く求めたのは、その親しい交友関係も含めて、当然のことだった。しかし、ラビはレーダーから原爆に乗りかえることを断った。原爆が、軍事目標に限られず、一般市民を巻きこむ無差別の戦略攻撃兵器であることが、その第一の理由だった。ラビは、日中戦争での日本海軍の上海無差別爆撃の惨害を示す写真を見て以来、戦略爆撃に対して強い嫌悪感を抱くようになったという。

しかし、友人として、ラビは新米所長オッペンハイマーの混迷ぶりを見るに忍びず、顧問の役を買ってでた。一九八二年、ベーテは次のように語っている。

「ラビがいなかったら混乱したと思う。運営組織など不要とオッピーは考えていたのだから。ラビとデュブリッジはオッピーの所にやってきて、『運営組織はどうしても必要だ。研究所というものは、まず部門を組織し、その部門をまたグループに組織しなければならない。そうしなければ何も成果があがらない』と言ってきかせた。オッピーは、そんなことは考えたこともなかった。ラビはオッピーの足を地につけた。オッピーが軍服を着ようとするのをやめさせたのもラビだった」

オッペンハイマーは、グローヴスの言うとおりに、ロスアラモスを陸軍所属の研究所として、所員は全員、一時的ながら、軍人の身分となり、自分も陸軍中佐の軍服を着用して所長を務めるつもりになっていたのである。ラビもバッカーも、彼の馬鹿げた考えに断乎として反対した。二人ともＭＩＴのレーダー研究所で、軍部と接触して不愉快な経験を十分味わっていた。軍隊内では陸軍中佐など何の重みも発言権もないこと、もし軍の階級制度と軍規にもとづいて研究所を作れば、全然機能しないことは明らかであり、第一、誰も来るものがないであろうと、オッペンハイマーに言ってきかせたのだった。

軍管理に対する物理学者たちの強い反発は、一九四三年一月三〇日の首都ワシントンでの会合で強く打ち出された。ラビ、バッカー、マクミラン、L・アルヴァレがまる一日、オッペンハイマーをつるし上げて、ロスアラモス研究所の軍管理を拒否する姿勢を固めさせた。その結果、オッペンハイマーは、二月一日付のコナント宛の手紙で、ロスアラモス研究所が民間人《シビリアン》管理の研究所として運営さるべきであること、この条件が満たされなければ、ＭＩＴのレーダー研究所から有能な人材を引き抜くことは勿論、すでにロスアラモス行きに同意している人びとの確保も危いことを強調した。コナント自身は、研究所を軍の管理にまかすことに傾いていたが、物理学者の強い反対を考えて、二月二五日、一つの妥協案を示した。それは、原爆開発の実験的段階ではロスアラモス研究所は民間の管理の下におくが、その段階が終われば、一九四四年一月一日以降に、全員が軍人の身分となり、上官から命令を受けて行動する、というものであった。オッペンハイマーはこの妥協案を受諾したが、バッカーの腰は重かった。彼が説き落とされるのは、研究所の実質的な発足であった「四月会議」もすんだ後だった。バッカーは研究所の実験部門の長として就任するにあたって、その受諾書とともに、研究所が軍の管理に移行した時にはただちに辞任することを明記した辞表もあわせて提出した。

　しかし、バッカーの辞表は発効する機会がなかった。原爆が製造段階に入ってからも、グローヴスは軍管理への移行を強行しなかったからである。ロスアラモス研究所はバークレーのカリフォルニア州立大学が管理する研究所として発足し、現在もそのままである。

　バッカーにくらべて、ベーテの勧誘はやさしかった。ナチスのユダヤ人迫害を身をもって経験したこと、バークレーの夏の理論集会で生まれたオッペンハイマーとの親密な関係、核エネルギー、原水爆についての専門的な興味がその理由であったと思われる。

シカゴで天然ウラン原子炉の建設に成功したフェルミにも、オッペンハイマーはロスアラモスへの参加を強く求めた。フェルミはロスアラモスでの「四月会議」に出席し、やがて移ってくる。フェルミとオッペンハイマーとの間にも強い友情が育ち、それはフェルミの死の床にまで続いた。

一方、オッペンハイマーが師として深く敬愛したパウリには、ロスアラモスからの五月二〇日付の手紙で、戦争に直接関係する研究に従事しないことを進言しているのは実に興味深い。パウリは一九四〇年以来プリンストンの高等学術研究所に滞在していた。「あなたにも戦争協力の圧力がかかってくることもあると思いますが、これは心待ちにすべきことではなく、むしろ、圧力に屈しない身構えをすべきだと私は考えます」とオッペンハイマーは書く。戦前の経済不況の時代にはきびしかった若い物理学者たちの就職問題は、戦争関連の仕事の急増で見る間に解決していった。ロスアラモスにも学位をとるやとらずの若い物理学者たちが多数動員された。ファインマンもその優秀さに着目されて学位取得以前にロスアラモスに連れていかれた。しかし、米国市民権を持たないことや、思想的な経歴のために軍事研究関連の職につけず、失業状態のままに残る物理学者の心理的、学問的な支柱となることを、オッペンハイマーはパウリに期待していたようである。

ファインマンに直接声をかけたのはウィルソンだったが、勿論、ロスアラモス行きを強いたわけではない。ファインマンは初め断ったが、あとで気を変えた。そのあとでオッピーと個人的に接触したファインマンはこう言っている。「彼は誰のことにも気を配った。結核をわずらっていた私の妻のことを心配してくれた。適当な病院があるかどうかとか、その他一切のことを。そんな工合にじきじきに彼と接したのは初めてだった。実にいい人間だった」。

ロスアラモスの秘密研究所は、人里から遠くはなれた海抜二五〇〇メートルの台状地（メサ）の上に建設された。下界につづく道はただ一本、あたりは深い谷（キャニオン）で護られていた。オッペンハイマーは科学者一〇〇人ほどの規模を頭に描いていたが、終戦の時には、民間人四〇〇〇人以上、軍人二〇〇〇人以上の人口の町にふくれ上っていた。その町の全体がすっぽりと有刺鉄線で囲まれた軍事基地となり、その中側にまた高い垣根を設けて厳重に警備された「技術区」があって、それがオッペンハイマーの〝非軍自由区〟として原爆の研究開発の場となった。その具体的内容は科学者の家族たちにも秘密とされたが、このメサの上の秘密の町の住人の誰もが、世界大戦の帰結を左右するかもしれない歴史的事業に参加しているのだという感じを持っていた。日々の生活条件はきびしかったが、ロスアラモスの全体が暗黙の使命感で結ばれていた。「電話もなかったし、明るい照明もなかったけれど、あれほど深い助け合いと友情に根ざしたコミュニティーに二度と住むことはあるまいと私は思う」とは、マクミランの妻エルシーの感想である。

グローヴスはオッペンハイマーが原爆開発に専心できるように、軍部との連絡、人事一般などの事務を担当する副所長として、民間会社に職を持つ物理学者を採用することをオッペンハイマーにすすめた。それにしたがって、彼はゲッチンゲン時代からの旧知であるE・U・コンドンを選んだ。コンドンは当時ウェスティングハウス社の研究所の副所長をしていた。しかし、コンドンは四月に着任すると早々に軍部と衝突して、五月には辞めてしまった。その空隙を満たすために、オッペンハイマーはカリフォルニア大学の哲学科の教授で数学者でもあるD・ホーキンスを特別補佐官とし、ロスアラモスの公式の歴史記録を編集する仕事も委託した。ホーキンスが共産党の党歴を持っていたことをオッペンハイマーは知らなかったようだ。

イギリスからロスアラモス入りをした物理学者の一人、オットー・フリッシュの思い出を聞いてみよう。

「オッピーは、化学者、物理学者、技術者だけでなく、画家、哲学者といった場違いの連中も集めてきた。そうした人間たちなしでは文化的なコミュニティーは完全でないと彼は考えたのだ。すでに来ていた科学者はアメリカの大学の選り抜きの人たちを含んでいた。夕方、あてもなく外に出て、目にとまった最初のドアをノックすれば、中では、音楽を奏でたり、興味しんしんの会話を交わしている面白い人たちが間違いなくいるのだと思うと、私はうれしくなってしまうのだった。これほど知性の高い洗練された人が多彩に揃っている小さな町を見るのは生まれて初めてのことだった。

眺望もはじめから私の心をとらえてしまった。冬の間、私は日の出に間にあうように朝食のテーブルについた。窓の正面、五〇キロほどの彼方にロッキー山脈の岩山の連なりが暗いシルエットを見せていた。その上空がしだいしだいに明るさをまして、次にその明るさが一点に向けて収縮をはじめ、やがて、突然、目もくらむ輝度で太陽のはじめのかけらが現われる。それから二分もたつと、朝の食堂は輝かしい陽光で一杯になる。これが毎朝のことだったのだ。時たま吹雪がやってきて、スキーに必要な雪をもたらしてくれたが、それ以外は冬の間めったに雲を見かけることはなかった。夕日が地平線に沈む時には、連なる山々が夕焼けに赤く映えるのが見えた。それは素晴しい景観で、土地の人たちはその山並みを『キリストの血《サングレ・デ・クリスト》』と呼んでいた。それまでに私が見たのとはまったく違った魅惑の天地だった」

フリッシュは、さらに続けて、ロスアラモスの春と夏と秋を讃える。ロスアラモスはアスペン・ポプラの林を意味する。アラモの砦のアラモも同じ意味である。

「アスペンの生えている山腹は、秋には、ほかの所では一度も見たことのなかった、信じられないほどに美しく鮮やかな黄色にかわり、それが松の林の暗い緑と輝かしい対照をなした」

ロスアラモスには小さなラジオ放送局もできた。フリッシュのピアノ演奏によるクラシック音楽はその人気番組の一つになった。

アメリカの各地から秘密研究所を目指して旅立った科学者たちは、まず、サンタフェ市イーストパレス通り一〇九番地の受付事務所を訪れて次の行動の指令を受けることになっていた。ロスアラモスの所在の秘密を保つために、最終的な目的地を知らされないままで到着する者が多かったのである。ただの事務所を予期して到着する若い旅人たちは、母親の温かさに溢れた中年の女性ドロシー・マキビンの笑顔に迎えられて、未知への旅の緊張からにわかに解放される思いだった。たった二部屋の事務所は旧市街の木蔭の豊かな広場に面していた。

ドロシーは東部の女子名門校スミス・カレッジ出身、オッペンハイマーより数歳年上で、若い日の彼同様、はじめは保養の目的でニューメキシコに来たが、夫に先立たれたあと、幼い息子を抱えての生活の必要から、スペイン系や先住民の工芸品などを扱う商店に勤めて、サンタフェとその周辺のことならば、インディアンのことであれ、スペイン系の旧家のことであれ、芸術家村のことであれ、何でも承知の女性として知られるようになった。ロバートがしばしばペロ・カリエンテで夏を過ごすようになってから、二人は親しい間柄になった。

一九四三年三月一六日、妻キティーとサンタフェについたロバートは、ひとまずホテル・ラ・フォンダで旅装を解き、ドロシーを呼んで、ロスアラモスで働くためにやってくる人たちの受付役になることを頼んだ。ロスアラモスの丘の上で何が行われるかは知らされなかったが、ロバートがやることならば価値ある事業に違いあるまいと思って、ドロシーは引き受けた。彼女の仕事は、予告もなしに続々とサンタフェに到着する新米の所員たちの身元をたしかめ、今後の生活の指示を与え、ロスアラモスに無事に送りこむことだった。初期にはロスアラモスでの受入れ態勢が遅れ、到着した人たちをサンタフェ市内や周辺の牧場に分宿させる手配もしなければならなかった。人びとがロスアラモスで生活をはじめてからも、公式には所番地もなく、地図の上にも存在しない秘密研究所とその外の世界との接触点として、ドロシー・マキビンは万人に感謝される役を果たした。オッペンハイマー人事の最高傑作という声もあった。

ロスアラモスの一日は、「オッピーの口笛」の愛称をもつ、朝七時にけたたましく鳴りひびくサイレンで始まる。一時間後の八時からの仕事開始を準備させるためのサイレンだった。バークレー時代には宵っぱりの朝寝坊で知られたオッピーは、ロスアラモスでは誰よりも早く仕事場にあらわれた。人びとが問題をかかえていると風のように姿をあらわした。誰もが、自分の仕事のことをオッピーが気にかけているように感じた。彼の部屋の清掃係のスペイン系の男が、ボスのオッピーと自分はすっかり友達になったから、床に唾をしても決して叱られたりはしない、と妙な自慢話を仲間にした。「私の記憶では、彼が人に邪険にしたことは一度もなかった。戦前にも、戦後にも、彼はよくそうしたものだったが。ロスアラモスでは、彼は、ただの一人にも、劣等感を抱かせたことはなかった」とはベーテ後年の追想である。愚鈍な人間は、その場で切って捨ててかえりみなかったオッペンハイマーの毒舌が、まったく影をひそめたことにマンレーも驚きを感じたという。オッピーは一度聞いた名前をよく記憶し、研究所員だけでなく、一般の労働者たちの多くにもファースト・ネームで呼びかけた。一九六〇年頃になってからも、以前ロスアラモスで働いた人たちは、オッピー旦那《セニョール》の消息をドロシーに尋ねたという。「ロスアラモスの建設工事で働いた者のほとんど誰もが、オッピーのためなら危いこと、無理なことも喜んでする気になっていたと思います」。

ロスアラモス時代のロバート・オッペンハイマーへの讃辞は尽きるところがない。ワシントン大学の物理学教室の主任の地位からロスアラモスに移って雇用人事について彼を補佐したA・L・ヒューズによれば、「オッペンハイマーは、ロスアラモスを、人さばきのうまさではなく、彼の英知で動かした。長い目で見れば、結局は彼をまったく無防備の裸にしてしまうような工合に、彼は徹底的に正直だった」。

イギリスからの物理学者集団の一人J・L・タックによれば、オッペンハイマーがロスアラモスで形成した研究者集団は、

「世界最高級のクラブだった。他の研究所ではほんのわずかの内輪の人間だけが仕事の内容を知っていて、他の者はすべて、わけがわからなくてもただ従うべきだという考えが専らだったのだが、オッペンハイマーははじめからその馬鹿げた考え方を抹殺した。ほぼ無

名の科学者だった私は、ここに来て、私が教科書の中の名前だとばかり思っていた人物たちと意見を戦わすのが当然だとされているのを知った。素晴しいことだった。一つの開眼だった。ここロスアラモスで、私は、アテネの精神、プラトンの、理想の共和国の精神を見出した」

理論物理学者フリーマン・ダイソンはロスアラモスへの参加者ではないが、その著『宇宙をかき乱すべきか』の中に次の文章がある。

「コーネルに来る前から、私はハンス（・ベーテ）がロスアラモスにいたことは知っていた。知らなかったのは、ロスアラモス一味の大きなかけらが、オッピーを除いて、コーネルに集まっているということだった。ハンスは戦前からコーネルにいたが、帰ってくると、ロスアラモスで一緒に仕事をした優秀な若い連中のための職をできるだけ多く用意したのだった。それで、ロスアラモスで実験物理の部長だったロバート・ウィルソン、広島、長崎で使われた原爆の世話をみるためにマリアナ諸島まで出かけたフィリップ・モリソン、計算センターの責任者だったディック・ファインマン、その他多数の人たちがコーネルに集まることになった。私とは全然違った戦争経験を持ったこの一群の武器製造屋たちの中に、私は自分でも驚くほど、すんなりとはいりこんでいった。ロスアラモスでの日々の事どもが飽きることなく語られた。そうした話のすべてを通して、誇りとなつかしさが輝いてみえた。その連中のだれ一人にとっても、ロスアラモス時代は偉大な経験であり、仕事への没頭、同志愛と深い幸福の時であった。彼らがコーネルについて幸せだった主な理由は、コーネルの物理学教室がいまだにロスアラモスの雰囲気のようなものを保っていることにある、という印象を私は受けた。私もまたその雰囲気のいきいきとした存在を感じることができた。それは、若さであり、溢れる力であり、何の分けへだてもなく打ちとけ合うことであり、個人的な嫉妬や功名争いを抜きにして、科学上の大きな仕事を一緒にしようという野心を分け合うことであった。後年、ハンス・ベーテとディック・ファインマンは彼らにふさわしいノーベル賞を受賞したが、コーネルでは誰一人として、賞を得ようとか、個人的栄光をつかもうとする者はいなかった」

ダイソンが肌で感じた「ロスアラモスの雰囲気」こそ、ロバート・オッペンハイマーが、ひそかに、そしてもっとも強く実現を望んだものであったに違いない。それは、彼にとって、ゲッチンゲンの延長であり、コペンハーゲンの継承であったのだ。しかし、ロスアラモスの三〇カ月を、オッペンハイマーは幸福な「サロン」のホストとして過ごしたのではなかった。むしろ、骨身を削る苦行の連続だった。とりわけ、プルトニウム爆弾の実現が絶望と見えた一九四四年の夏の危機には、憔悴の果てに辞任の直前までいったが、バッカーが彼を引き止めた。一九〇センチの長身ながら体重は元々六五キロほど、それが爆発実験を目前に控えた一九四五年の初夏には五〇キロに減って、案山子《かかし》のような恰好になった。オッペンハイマーが倒れることを案じたグローヴスは、弟のフランクをロスアラモスに呼び寄せて兄の世話にあたらせた。共産党員としてのフランクの過去を承知の上でのグローヴスの決断であった。

身を粉にして働いたのはオッペンハイマーだけではない。ロスアラモスは一週六日制、日曜だけが休日だったが、日曜にも「技術区」に人影は絶えず、一日八時間の枠をこえて深更まで働く者も珍しくなかった。彼らが、不本意ながら強制的に働かされたと想像したいが、それは当たっていない。世界を、独伊の、そして日本のファシズムから守るアメリカの聖戦神話を、彼らは単純に信じていた。

量子力学を生んだ共同体の伝統をそのまま身に帯びた物理学者を数人も含む、国籍、年齢を異にする多数の科学者たちの、無私にも近い協同作業によって生み出されたものが、最も呪うべき、前代未聞の大量殺人兵器であったという事実を、私たちはどう受けとめればよいのだろうか。

ロバート・オッペンハイマーの似姿《エフィジー》を広場にかつぎ出し、それに火を放ち、物理学者の悪魔性の象徴として焼き落としてしまうのも一法だろう。それによって、私たち自身のアリバイを、無罪性を手に入れることができる。彼らは悪魔であり、我らは悪魔でない。しかし、果たして、これで事がすむだろうか。

「一九四四年末には、このニューメキシコのメサの上に、きら星のごとき科学者たちの稀有の集団が形成された」と「スマイス報告」に記されているが、その頃グローヴス将軍はロスアラモス詰めの将校全員を前にして、「我々は、莫大な費用をかけて、空前、最大のクラックポットの集団を、このメサの上に集合させた」と発言した、と伝えられる。クラックポットとは、常軌を逸した人間、ナンセンスを言い張る人間、頭のいかれた人間、を意味する。

オッペンハイマーが、悪魔どころか、ファウストでもフランケンシュタイン博士でも、狡猾な傭兵隊長《コンドティエーレ》ですらなかったとしたらどうなるか。広島からの記録フィルムを見て初めておのれの罪業をさとった愚者《イディオト》であったとしたら、私たちの無罪性も、それと共に揺らぎはしないのか。人間は、不作為によって、想像力の欠如によって、容易にモンスターとなる。大江健三郎の文章が引く一線の向こう側に、悪魔の側に、科学者たちを押し込むことによって安心の境を得る人は幸いである。しかし、私は、人間の本質の認識において、より正確でありたい。自己の無罪性の主張において、より慎重でありたい。これがロバート・オッペンハイマーを追いつづける理由である。

24　シンマン、リトルボーイ、ファットマン

一九四三年七月二八日午前一時二〇分、英空軍の空襲下のハンブルクで未曾有の異常事態が発生した。一〇キロ平方以上の住宅地区の全体が、突然一つの巨大な火炎に包まれ、周囲の空気を嵐のように吸収し、中は摂氏八〇〇度の高温に達して、すべてが焼きつくさ

れた。シェルター内の人間は酸素の欠乏で窒息死した。死者四万五〇〇〇、うち女子二万三〇〇〇、子供五〇〇〇。新しい言葉が生まれた。ファイヤーストーム（Feuersturm）。

ブッチャーの異名を持つ英空軍司令官アーサー・ハリスは、一九四二年二月から、ドイツ爆撃の第一目的を一般市民の戦意を挫くことに置いてドイツの諸都市の空襲をくり返したが、ハンブルクで初めて発生したファイヤーストームは素晴しい「成功」だった。ブッチャー・ハリスは、ファイヤーストームの夢よもう一度と、戦略爆撃作戦をつづけたが、ハンブルクから一年七カ月後の一九四五年二月、ドレスデンで彼の夢はやっと満たされた。火炎の嵐はハンブルクをはるかにしのぐ焦熱地獄を実現した。通常爆弾によるもう一つのファイヤーストームは一九四五年三月九日の真夜中すぎ、東京で発生した。米空軍当局は、ファイヤーストームでは言葉が足りぬとしてコンフラグレーション（conflagration）と呼んだ。ブッチャー・ハリスに相当する人物は戦略航空軍団（ＳＡＣ）司令官カーチス・ルメーである。オッペンハイマーは、やがて、水爆による戦略爆撃を主張するルメーと真向から対立する。日本政府は、一九六四年、この男に、日本の航空自衛隊の育成に協力したとして勲一等旭日大綬章を与えている。

ロスアラモスでの原爆開発の「成功」を語り始めようとして、私はフリーマン・ダイソンの著『宇宙をかき乱すべきか』を読んだ時の不快感を思い出す。戦時中ダイソンはイギリスの爆撃機隊司令部に勤めていた。彼は次のような文章を書く。「戦争中でたった二度だけ爆撃隊の焼夷弾攻撃が目覚しく成功した」、「我々はファイヤーストームをおこさせるのに再び成功した。それは、一九四五年二月、ドレスデンにおいてであった」。この「成功」という言葉のひびきは、何としてもひっかかる。

私も、これから、ロスアラモスにおける原爆開発の「成功」を語らなければならないが、「成功」という言葉は使うまい。オッペンハイマーの下に集まった科学者の集団と、原爆完成という到達点との間に、自然が次々に立てた技術的障害物は尋常なものではなかった。そのあらゆる困難を乗りこえて瞬時大量殺戮兵器の完成という目標に向かって彼らを駆り立てたものの正体を見定めるのが私の目的である。

マンハッタン計画全体の進行速度を決定的に支配したのは、オークリッジでのウラン235の生産とハンフォードでのプルトニウム239の生産だった。ドイツも日本もここで挫折した。ロスアラモスの任務は、原爆一個分のウランまたはプルトニウムが到着すれば、すぐさま精製成型して実戦用の原爆を作り、軍部に手渡すことであり、軍のシルバープレート作戦はロスアラモスから受取った原爆を時を移さず前線基地に輸送して爆撃隊に手渡す任務をになっていた。このシルバープレート作戦はロスアラモスと同じく一九四三年はじめに発足し、一九四五年には一五〇〇名の人員を擁したと思われる。ロスアラモスが直面したのは、原爆の芯《コア》となる核物質の物性も臨界量もよくわからないままで原爆を設計し、実物模型を軍に手渡して爆撃演習を行わせる、という状況だった。

一九四三年四月の五日から一四日にかけて、ロバート・サーバーは原爆についての総合的な講義を行った。研究所開所講義ともいうべきものだった。出席者は、すでにロスアラモスで暮らしはじめた科学者、住宅がまだ間に合わず、サンタフェ周辺で一時しのぎをしている科学者、それにオッペンハイマーとグローヴスが招いた著名な人たちも含んでいた。参加者の大多数は、機密保持の理由で軍部がとっていた分割方針のため、それまで原爆について自分の受持ちの部分の知識しか与えられていなかったので、サーバーの話で全体の展望を得て士気を鼓舞された。講義の内容はコンドンの手でまとめられて、新しくロスアラモスに到着する科学者たちの良い指針となった。このサーバーの『ロスアラモス入門書《プライマー》』を横目で見ながら、原爆の要点をまとめてみよう。それは、オッペンハイマーが経験した困難を理解するために必要である。

〈臨界量（critical size）〉

ウラン235もプルトニウム239も金属になる。まず小さい金属球を想像しよう。その中の一つの原子核に中性子が当たると、ほぼ真っ二つに割れて大きなエネルギーで飛び散るが、同時に二、三個の速い中性子（二次中性子）も飛び出してくる。その二次中性子がまた次の原子核に当たり、次々と連鎖的に核分裂反応が進めば爆発的にエネルギーが放出されることになる。しかし、もし、はじめの核分裂で出てきた二次中性子が、金属球の中の原子核に当たらないまま外に飛び出してしまったら、反応は連鎖的には続かない。
ウラン235の場合、球の大きさがゴルフの球位の大きさだと、そうなってしまう。球の大きさを次第に大きくしていくと、核分裂で生じた二次中性子が、球の外に飛び出すまえに他の原子核に当たって、また核分裂を引きおこす確率が次第に大きくなり、球の大きさがある大きさに達すると核分裂反応が連鎖的に持続しはじめる。これが臨界量の考えである。

〈タンパー（tamper）〉

核物質の球の外に飛び出してくる速い中性子をはね返して球の中に戻す反射壁で球を包むアイディアは誰でも思いつきそうだ。これがタンパーの考えだ。タンパーには天然ウランのような重い金属がよい。タンパーを使えば臨界サイズは小さくなる。

〈砲撃法（gun method）〉

サーバーの『プライマー』には第5図(a)のような図（21節参照）がある。斜線の部分がウラン235かプルトニウム239、それを包む部分がタンパーである。左側の部分を砲弾のように右側の穴に撃ちこんで臨界量をこえるようにすれば核爆発が実現する。

〈爆縮法（implosion）〉

サーバーは原爆のもう一つの設計として第5図(b)を描いた。集めれば球の形になる数個の断片を、はじめ図のように離して配置し、その外側に爆薬を球殻状に仕掛けて、一様に爆発させ、各断片を内側に急激に押し込み、臨界状態を超えさせる。これが、サーバーとトールマンが考えた爆縮法である。

〈早すぎ爆発（predetonation）〉

通常の化学爆薬は、大量でも、そっとしておけば爆発しないが、ウラン235やプルトニウム239は臨界量を超えると爆発する。まず、宇宙線からの中性子が引金になる。また、不純物として含まれる軽い元素（ベリリウム、ホウ素など）に重い元素の崩壊から出るα粒子が当たって中性子が発生する。つまり、あるレベルの中性子バックグラウンドが必ずあって核分裂を引きおこす。臨界サイズ以下では核分裂が連鎖的に発展しないだけのことである。

第5図ⓐで、左側の砲弾部分が右側の穴に押しこまれる時には、まず臨界状態が実現し、つづいて超臨界状態になるわけだが、臨界状態に達するや否や核分裂連鎖反応がはじまり、それが放出するエネルギーで装置全体が吹きとばされ、貴重な核分裂物質のほんの一部だけしか使用されないことが起こりうる。これが早すぎ爆発である。ここで争われる時間の単位は一億分の一秒である。

この早すぎ爆発の害をへらすには、

(a)砲弾部分を撃ちこむ速度を大きくして、二つの部分が合体する時間をなるだけ短くし、

(b)（α, n）核反応で中性子を発生する不純物の軽元素をなるだけよく除去する

ようにすればよいとサーバーは考えた。

〈遅すぎ爆発（postdetonation）〉

砲弾部分が超高速で受容部分に打ちこまれると、宇宙線中性子やバックグラウンド中性子による核分裂連鎖反応の出発が間一髪遅れて、装置がこわれてから遅ればせに核爆発がおこる可能性が考えられる。これが遅すぎ爆発である。

〈反応開始装置（initiator）〉

遅すぎ爆発を防ぐには、砲弾部分が受容部分にキッチリはめこまれた瞬間に核分裂連鎖反応を出発させる中性子を発生するような装置をつけるとよい。たとえば砲弾部分の先端にベリリウム、受容部分の奥にポロニウムを装着しておくと、両者が接触した瞬間にポロニウムからのα粒子を受けたベリリウムから（α, n）反応で中性子がはじき出されて、核爆発の引金の役を果たす。これが反応開始装置である。

このサーバーの講義の時点では、まだ多くの基本的なデータが揃っていなかった。速い中性子による核分裂の二次中性子の数は爆発的な核分裂連鎖反応にとって決定的に重要なデータだが、一九四三年四月には、それがウラン235についてもプルトニウム239についても確立されていなかった。ロスアラモスでの原爆開発がいかに強引に開始されたかを示している。プルトニウムの金属状態について、例えばその密度を調べるのに、わずか数マイクログラム（一〇〇万分の一グラム）の試料しか使えなかった。

サーバーの連続講義のあと四月一五日から五月六日にかけて、ロスアラモス研究所で行われるべき理論的課題と必要な実験について、今後のスケジュールを組むために、一〇回にわたって、いわゆる「四月会議」が開かれた。初日にはオッペンハイマーが、次回からはマンレー、ベーテ、サーバー、E・セグレ、フェルミが講演し、広汎な議題について討論が行われた。出席者には、ラビ、ヴァン・ヴレック、E・B・ウィルソン、R・トールマン、W・ルイス、E・ローズも含まれていたが、この六人はグローヴスの下でロスアラモス審査委員会を構成し、一九四三年五月一〇日、ロバート・オッペンハイマーをロスアラモス研究所所長とすることを最終的に確認した。

四月二八日、S・ネッダーマイヤーが新しい爆縮法の設計を提案した。彼はアンダーソンの弟子で、学生としてオッペンハイマーの講義を取ったことがある。サーバーは連続講義で**第5図**(b)のサーバー－トールマンのアイディアに触れた。それを聞いたネッダーマイヤーは**第6図**のような別のデザインを思いついたのだった。中空の核物質の球を爆薬で周囲から中へ押しつぶして超臨界状態を実現する、というものだった。爆薬の専門家たちは一様な内向爆発など全然実現不可能と一笑に付したが、オッペンハイマーはネッダーマイヤーの考えをとりあげ、彼を小さなグループのリーダーとして爆縮法の基礎実験を行わせることにした。

当時、ウラン235とプルトニウム239の両方に対して砲撃法が採用されたのは、高性能重砲の技術がそのまま使えると考えられたからである。しかし、プルトニウムについては、オ

核物質（ウラン235またはプルトニウム239）で作った中空の球を爆薬で包み，周囲の多くの点で同時引火させて，その爆発の圧力で球を中側に押しつぶして，超臨界状態を実現する．

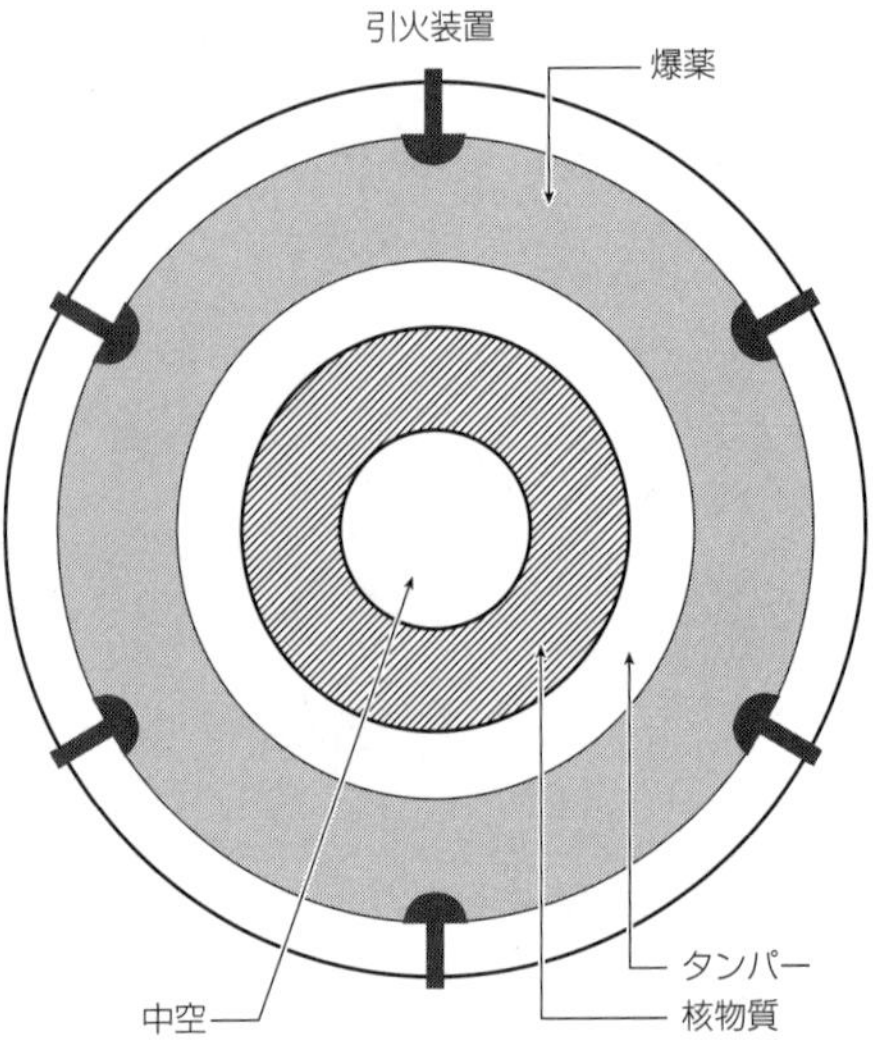

第6図　ネッダーマイヤーの爆縮法設計

ッペンハイマーは初めから強い危惧を抱いていた。プルトニウム239の発見者G・シーボーグは、新元素が出すα粒子が、不純物として含まれる軽元素に当たって中性子を発生させる（(α, n) 反応）ために、高い中性子バックグラウンドが生ずることを、一九四二年の末に確かめていたからである。従来の砲身内の弾丸の速度は秒速一〇〇〇メートルあたりが限度と考えられ、この限度内でプルトニウム・ガンを実現するためには、不純物軽元素を一〇〇万分の一以下におさえた高純度のプルトニウムを準備する必要があると考えられた。そうでなければ早すぎ爆発をおこしてしまう。この純度の達成がきわめて困難であろうことは初めからわかっていたのだが、何とかなると無理にも思いこんで、プルトニウム・ガンの設計は進められた。一九四四年一月には基本設計がまとまり、長さ五メートル余り、直径五〇センチ余り、昔の戦艦の巨砲の先端をふさいだようなものになり、「やせ男《シンマン》」と名がついた。ウラン235の方は中性子バックグラウンドは低かったから、プルトニウム・ガンが出来上がれば、ウラン・ガンの方は、それを縮小するだけでよいと考えられた。

ところが、一九四四年春、天然ウラン原子炉で作られるプルトニウム239は、それが炉の中で中性子を一つ捕えてできる同位元素プルトニウム240を不純物として含み、このプルトニウム240は自発核分裂をおこして中性子を発生することが確認された。この可能性はフェルミやその高弟E・セグレなども早くから考えていたが、一九四三年のロスアラモスの「四月会議」では、プルトニウム240の自発的分裂からの中性子より、軽元素の（α, n）反応からの中性子の方が、プルトニウム原爆の早すぎ爆発の、より大きな原因になると考えられた。しかし、オッペンハイマーはセグレにプルトニウム240の問題の研究を頼んだ。セグレは慎重に研究を重ね、一九四四年六月はじめには、プルトニウム240が高い率で自発的核分裂を行って発生する中性子の数は、軽元素不純物からの中性子の数より数百倍も大きいことをほぼ確信するようになった。

一九四四年七月四日、オッペンハイマーは研究所の談話会で「プルトニウム240の自発的核分裂による高い中性子バックグラウンドのため、砲撃法にプルトニウム239を使用することは不可能になるおそれがある」と発言した。七月四日はアメリカ独立記念日で国家休日だが、ロスアラモスは休まなかった。この日にプルトニウム・ガン、つまりやせ男《シンマン》の死刑宣告が行われたわけだ。シンマンの実物大模型は、すでにシルバープレート作戦に手渡されて、投下演習が始まっていた。これから後はシンマンの長さを約半分にしたウラン・ガンが「ちびっ子《リトルボーイ》」と名づけられて開発されていく。

コナントも七月二日から六日までロスアラモスに滞在して、この「真夏の危機」をブッシュに報告している。皮肉なことに、コナントが、プルトニウム239の軽元素不純物を除去する化学的手段の開発を担当していたC・トーマスから自信にあふれた報告を受けたのは六月一三日のことだった。しかし、同位元素プルトニウム240が真の悪玉だとすれば、軽元素を完全に除去しても何の役にも立たない。プルトニウム239と240の質量差はウラン238と235

よりなお小さく、この二つの同位元素の分離を大規模に行うことは、ウランの分離工場オークリッジを上回る施設と費用が必要であり、時間的に全く絶望的だった。コナントはトーマスの報告書の上に「ああすべてが無駄になった」と書きこんだ。

一九四四年七月一七日、シカゴで重要な会議が開かれた。コナント、オッペンハイマー、コンプトン、フェルミ、グローヴス、ニコルズなどが出席した。ここでコナントはウラン235とプルトニウム239を混ぜて中性子バックグラウンドを低くすることで爆縮方式の問題解決を容易にすることを提案したが、オッペンハイマーは、ハンフォードの原子炉で生成される高い中性子バックグラウンドを持ったプルトニウムをそのまま使用する爆縮装置の開発を決意した。七月二〇日、オッペンハイマーは、プルトニウムのガン・プログラムと高度化学純化プログラムをただちに停止し、「すべての可能な優先権が爆縮プログラムに与えられるべきである」と布告した。オッペンハイマーの乾坤一擲の賭であった。当時、爆縮法そのものの上に重い技術的ペシミズムの暗雲がたれこめていたからである。

オッペンハイマーの先見性は、一九四三年七月二七日付でJ・フォン・ノイマンに手紙を送り、爆縮法についての助力を懇請していることにも示されている。フォン・ノイマンは今世紀最大の数学者の一人だが、爆発で生ずる衝撃波の数学的取扱いの専門家として海軍に重んじられていた。オッペンハイマーの招きに応じて、一九四三年九月二〇日から一〇月四日までの半月、ロスアラモスに滞在して爆縮法開発に強い刺激を与えた。

従来、核物質の臨界量は常圧下での密度にもとづいて計算されていた。金属の密度はよほどの高圧をかけない限りほとんど変化しないからである。しかし、もし密度を高くすることができれば、中性子が原子核に当たる確率が大きくなり、臨界量は小さくなる。ノイマンは、中空金属球とタンパーを大量の高性能爆薬で包み、それが生じる超高圧で金属球を押しつぶし、その密度を大きくして超臨界状態を実現することを提案した。第7図はフォン・ノイマンの考えを示している。第6図とくらべてみるとよい。つまり、これまで必要とされてきた量より少ない核物質で原爆ができることになり、原理的には、爆縮方式が砲撃方式よりはるかに優れた原爆設計として浮上したわけである。テラーもベーテも、理論家としてにわかに爆縮法に強い興味を持ちはじめた。

しかし、ネッダーマイヤーの爆縮実験は一向に成果があがらなかった。第一段階として、中空金属球の代わりに中空の管を使い、そのまわりを比較的少量の爆薬で包み、実験をくり返したが、中空パイプの対称性を保ったまま金属棒に押し固めることがいかに至難の業であるかを証明するだけのような状態だった。その上、爆薬兵器の専門家として原爆装置の設計の全体を指揮するW・パーソンズ海軍大佐とネッダーマイヤーが、お互いに口もきかぬ犬猿の間柄となり、オッペンハイマーはその対策を迫られた。

オッペンハイマーは、ハーヴァードでコナントと同僚の化学者で爆薬の専門家として知られるG・キスチャコウスキーを、一九四三年一一月からまず顧問として、一九四四年二

中心の核物質の金属球のサイズが，フォン・ノイマンの設計では，ネッダーマイヤーの設計（第６図）より小さくなっている．爆縮による超高圧で核物質を圧縮し，その密度を大きくすることで超臨界状態を実現させれば，核物質の量が節約できる．引火装置は省略．

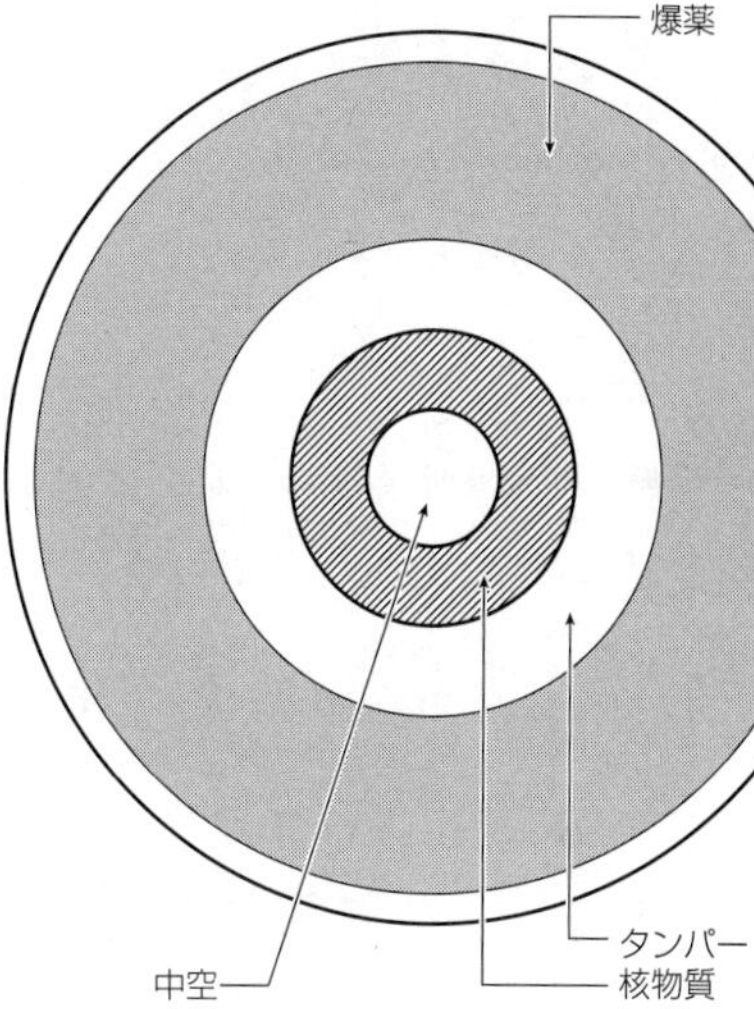

第７図　フォン・ノイマンの爆縮法設計

月一六日からは正式所員として迎えることに成功した。オッペンハイマーの支持を得て、彼は次第にネッダーマイヤーに代わって爆縮実験の責任を受け持つようになっていった。学究肌のネッダーマイヤーにくらべて、キスチャコウスキーは実務の才にもたけ、戦後はアイゼンハワー大統領の科学顧問となった。ネッダーマイヤーはやがて原水爆反対の平和主義者として知られるようになる。

一九四三年秋のフォン・ノイマンの訪問は、とりわけテラーに強い刺激を与えた。二人はハンガリーでの少年時代からの旧知の仲だった。一九四四年一月、ベーテを長とする理論（T）部門内にテラーをリーダーとする爆縮法の理論研究グループが生まれ、爆薬の爆縮圧力が数百万気圧に達することが計算によって算定された。そのため、プルトニウムの密度を増大して臨界量を小さくすることが確実視されるようになったが、この超高圧下で流体的状態となったタンパーとプルトニウム芯《コア》の状態変化を理論的に計算するためには、複雑な流体力学的方程式を良い近似で解く必要が生じた。この数学的難問の前で、もともとあまり数学が得意でないテラーはたじろいだが、ちょうどその頃（一九四四年二月）ロスアラモスを訪れていたR・パイエルスがその有効な解法を思いつき、それが、できたばかりのカード式IBM計算機を使って実行に移された。こうして、爆薬の爆縮圧でタンパーとプルトニウム・コアが圧縮され、コアが超臨界状態となって核爆発をおこし、タンパーを押し拡げる全過程を、初めて定量的に計算でたどることができた。人びとは、これで爆縮方式の可能性が理論的にたしかめられたと思ったのである。

ところが、それと時を同じくして五月二四日にロスアラモスを訪れたイギリスの高名な物理学者で流体力学の権威のG・I・テイラーは、密度の異なる二つの部分の境界面、つまりタンパーとプルトニウム・コアの境界面が不安定になり、乱流が発生するであろうと指摘したため、爆縮法はまたまた冷水をかぶってしまった。IBM計算機を使った計算では、次の二つの理想化が行われていた。

(a)タンパーとコアに加わる爆縮衝撃波は完全に球対称である。

(b)タンパーとコアの圧縮、核爆発の全過程を通じて完全な球対称性が保たれる。

テイラーは、圧縮の過程でも核爆発の過程でもこの対称性が破れてタンパーとコアが混じり、(b)が成立しない可能性があることを指摘したのである。(a)については、外殻の化学爆薬の殻上に多数の引火点を設ければ、各点からの爆発衝撃波が互いに干渉して内向球面衝撃波が得られるものと、初めは安易に期待されていたが、実験してみるとタンパー外面に加わる爆圧は球対称からほど遠く、また引火の同時性の実現も困難だった。要約すれば、

(1)砲撃方式によるプルトニウム原爆は不可能。

(2)爆縮方式によるプルトニウム原爆の可能性の保証なし。

(3)オークリッジのウラン235の生産進度は一九四五年夏に砲撃方式ウラン原爆のほぼ一個分達成の見込み。

これが、オッペンハイマーが直面した一九四四年の「真夏の危機」の技術面での内容だった。

オッペンハイマーはT部門の内紛にも対処を迫られた。ベーテを長とするT部門でスーパー（水爆）の研究を進めていたテラーは、フォン・ノイマンに刺激されて自ら進んで爆縮法のグループを始めたが、次第に熱意を失って自分のお気に入りのスーパーにまた戻ってしまった。プルトニウム原爆が危殆に瀕して猫の手も借りたい状況の最中でのこの無責任な行動のため、ベーテとテラーとの間に決定的な亀裂が生じた。ベーテの要請で、オッペンハイマーはテラーの水爆グループをT部門の外に出して一応独立させ、一九四四年六月三日にロスアラモスに移ってきたパイエルスをテラーの代わりにすえて爆縮法の研究計算にあたらせた。パイエルスはミュンヘン大学時代以来のベーテの親友だった。このパイエルスの片腕としてK・フックスもT部門の一員となった。テラーの反乱が、ロスアラモスの秘密の中核にフックスというソ連のスパイを潜入させる結果になったのは歴史の皮肉である。

T部門の改編につづいて、一九四四年八月、オッペンハイマーは研究組織の全面的再編成を行い、一九四五年六月二〇日に予定されたトリニティ実験に向かって全力をあげて進む態勢をととのえようとした。新しくF、G、Xの三部門が作られた。F部門は新しくロスアラモス入り（一九四四年九月）するフェルミを迎えるために新設された。テラーの水

引火点から出発した内向衝撃波の波面は，波の伝わる速度のおそい部分（レンズ）があるため次第に形を変え，タンパー球の表面に達するときには，それにぴったりの球面波になっている．

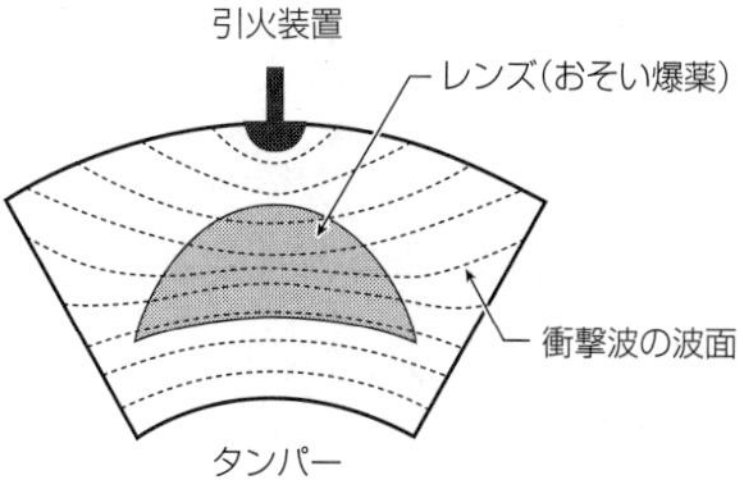

第８図　爆縮レンズの原理

爆グループはその中に組みこまれた。水爆のアイディアはそもそもフェルミがテラーに与えたものだった。G部門はウランの砲撃方式装置（リトルボーイ）とプルトニウムの爆縮方式装置（ふとっちょ《ファットマン》）の具体的設計を受け持った。Gは装置（gadget）のGで、原爆を意味した。X部門はキスチャコウスキーを長として爆薬（explosive）部分の製作を担当することになった。

前述のとおり、爆縮方式の課題は、(a)爆薬によって内側に収縮していく球面衝撃波を作ることと、(b)テイラーの境界面乱流の発生を抑えること、であった。(a)については、イギリス・チームの一員J・タックの爆縮レンズの提案（一九四四年五月）が解決の糸口を与えた。ロスアラモスを、プラトンの共和国にたとえた若者である。第８図は爆縮レンズの考えを示している。衝撃が伝わる速度の異なる爆薬をうまく組合せて、波がタンパーの外球表面に達する時には内向球面衝撃波の形になるようにするのである。原爆のための爆縮レンズの理論設計はフォン・ノイマンとパイエルスが行い、実際の製作はキスチャコウスキー指揮下のX部門が引き受けた。

テイラーの境界面乱流(b)の問題の検討をつづけたR・クリスティは、一九四四年九月、プルトニウム・コアとして、中空球ではなく、中味のつまった金属球を使うことを提案した。この球は常圧下の密度では臨界サイズより小さいが超高圧を加えて圧縮し臨界状態を超えるようにするのである。このクリスティ装置《ガゼット》の略図が第9図である。

一九四五年二月二八日、グローヴス、コナント、トールマン、キスチャコウスキー、ベーテ、C・ローリッツェンの面々がオッペンハイマーの部屋に集まって、プルトニウム原爆（ファットマン）の設計をクリスティ装置に凍結することを決定した。同時にウラン原爆（リトルボーイ）の設計も凍結された。リトルボーイの方は開発が順調に進んでいた。しかしクリスティ装置については多くの不安が残っていた。この装置はテイラーの不安定性の対策としては有効と思われたが、それを効率よく核爆発させるためには、正確なタイミングを与える反応開始装置が必要であると判断されて、T部門のフックス、クリスティ、ベーテがその理論的設計を担当し、「うに（urchin）」と命名された。この反応開始装置に対してフェルミが強い疑念を表明したため、オッペンハイマーは、当時ロスアラモスに滞

中心にある核物質の金属球は常気圧の下では臨界サイズより小さいが，爆縮の超高圧によって圧縮されて高密度になり，超臨界状態が実現される．

核物質金属球の中心には小さな空所があって，そこに「うに」と名付けられた反応開始装置が入る．

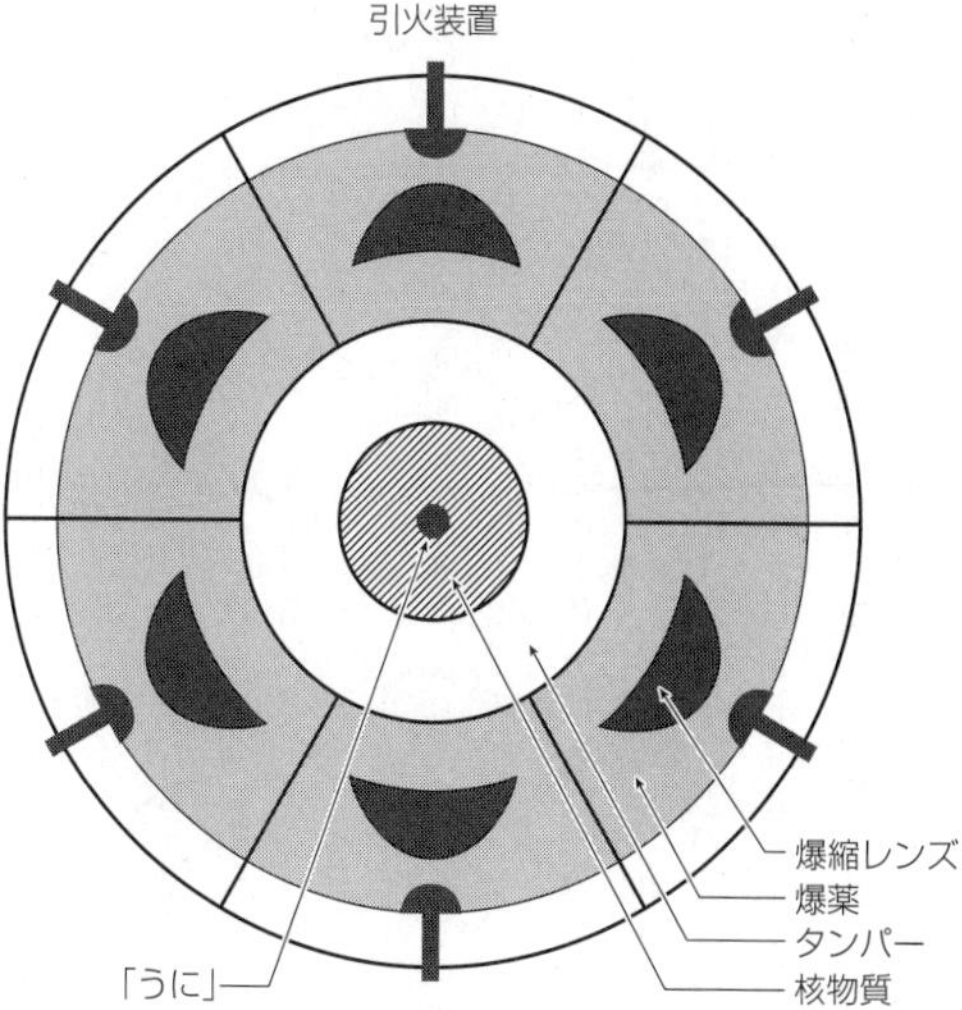

第9図　クリスティ装置

在していたニールス・ボーアとその息子オーゲに意見を求めた。二人はベーテたちの「うに」が多分うまく働くと考えたようだ。「うに」はフェルミの反対を押し切って採用されたが、現物ができたのはトリニティ実験の直前だった。「フェルミと反対の立場をとるのは、とても物騒なことだから、トリニティ実験の前夜には気がもめた。……もし働かなければ、主に私が悪かったことになるからね」とベーテは回顧している。反応開始装置だけではない。C・ローリッツェンとL・アルヴァレが受け持った、多数の引火点の同時性を確保する引火装置の製作も、爆縮レンズの製作も、トリニティ実験の寸前まで、もつれにもつれたのだった。

トリニティ実験に向かって、オッペンハイマーがその解決を時間的にそろえなければならない問題は、ほかにも無数にあった。例えば、プルトニウム・コアの冶金処理の問題。プルトニウムは金属として常温と融点との間に五つの異なった相があり、常温で安定な相はもろく成型加工が困難であり、高温で安定な相では成型加工が可能だが、温度を下げると相変化を起こして元の形に保てないという難問がコアの製作の前に立ちはだかった。冶金学者C・スミスたちは、ガリウムを三パーセント混ぜたプルトニウム－ガリウム合金ではその問題がほぼ解決する事を発見したが、充分に時間をかけてその新合金の性質を調べる余裕がなく、オッペンハイマーに相談を持ちかけ、合金使用の決断が下された。トリニティ実験用のプルトニウム－ガリウム合金コアができたのはテストのわずか二週間前の一九四五年七月二日のことだった。C・スミスはアリス・キムボール・スミスの夫である。アリスはマンハッタン計画に参加した科学者たちの平和運動を記述した名著『危険と希望』の著者であり、『オッペンハイマー――現場のオッペンハイマー書簡集』の編集者でもある。C・スミスはロスアラモスのオッペンハイマーを「現場のレベルのこまかい問題点まで理解して、それを研究所としてのより大きな目標に結びつける、信じがたいような能力を持っていた」と評している。その能力を発揮することに、オッペンハイマーは肉体も精魂も使い果たした。ロスアラモスで、彼自身のものと同定できる独自な技術的貢献は何も行わなかった。

6 トリニティ、広島、長崎

25 トリニティ実験

ニューメキシコ州中部の荒地ホルナダ・デル・ムエルト（死者の旅）の一地点に黒い孤独な石塔が立ち、それにはめこまれた金属板に「トリニティ実験地。ここで世界最初の核装置が一九四五年七月一六日炸裂した」とある。この石塔の位置に立てられた高さ一〇〇フィート（約三〇メートル）の鉄塔の上で、現地時間午前五時二九分四五秒プルトニウム爆縮装置が炸裂した。それと同型の原爆「ファットマン」は八月九日長崎を死の町と化した。

実験を「トリニティ」と命名したのはオッペンハイマーだが、彼はその理由をはっきり述べなかった。キリスト教の三位一体を意味するものではなかったようだ。実験地は空軍のアラモゴード爆撃演習場内に含まれていたからアラモゴード実験とも呼ばれるが、アラモゴードの町はトリニティ実験地から南東に一〇〇キロほど離れている。

原爆に使用する量の核物質を使った核爆発実験が必要だと考えたオッペンハイマーは、

一九四四年三月に早くもその準備を始め、MITからの物理学者K・T・ベインブリッジをその責任者としたが、グローヴスは反対した。一刻も早く原爆を実戦に使うことがグローヴスの執念であり、戦争がその前に終わることを極度におそれた。貴重な核物質を実戦以外に使いたくなかったのである。

グローヴスの反対を抑えるのに役立ったのは巨大な鉄製容器を作る提案だった。プルトニウム爆縮装置を強固な容器に入れて実験をすれば、化学爆薬だけが爆発し、核爆発は不発に終わっても、飛び散るプルトニウムは後で回収できよう。このアイディアは一九四三年一二月三〇日付でテラーに宛てたフォン・ノイマンの手紙の中で言及されていた。厚さ一一インチ（約二八センチ）、直径一〇フィート（約三メートル）の鋼鉄製容器でよいとノイマンは考えた。実際に製作されたものは、厚さ一五インチ、直径一二フィート、長さ二五フィートの円筒状の鋼鉄容器で、重量二一四トン、「ジャンボ」と名がついた。ジャンボは昔アメリカの子供たちに親しまれたサーカスの巨象の名前である。

ジャンボの巨体は苦労してトリニティ実験地まで運ばれたが、結局使用されなかった。核装置を裸のままで爆発させる方がその威力や効果の測定を正確にし、失敗した場合にもその原因の解明が直接できるとオッペンハイマーは判断した。一九四五年七月中に、ファットマン二個分のプルトニウムが得られる目安が立ったこともジャンボ不使用の理由となった。成功が確実視されてジャンボが使われなかったのではない。

砲撃方式によるウラン235原爆「リトルボーイ」の方は実験は計画されなかった。技術的な信頼性が高いと判断されたことと、ウラン235の生産（オークリッジ）が遅れ、一九四五年七月の時点で一個分の冶金精製が精一杯であったことによる。ここでも実戦での一刻も早い使用が至上命令だった。ウラン砲型原爆の弾丸部分は六月一五日に、弾丸を受ける標的部分は七月二四日に出来上がり、七月三〇日に太平洋マリアナ群島のテニアン島に送られた。

七月一二日、トリニティ計画の責任者ベインブリッジは、ワシントンから七月一六日朝実験開始の指令を受けた。現地で天候の予報を担当していた気象学者J・ハバードは、実験は七月一八日以降がよいとベインブリッジに進言したが、ワシントンでの決定はポツダム会議に関連して政治的に下されたもので、変更は不可能だった。

爆縮装置の本格的組立ては実験の鉄塔から東南三キロの地点（マクドナルド・ランチハウス）で、七月一三日（金曜日）の朝はじまった。一三日の金曜日は縁起をかつぐアメリカ人が忌みきらう日付である。部品は、C・スミスたちの苦心の結晶、プルトニウム・コアの二つの半球、その半球の中心の小さな凹みにおさまるベーテ－クリスティの反応開始装置「うに」、プルトニウム・コアを包むためのタンパーとなる数片の天然ウラン、そのまた外側に装着される爆縮レンズを含んだ高性能爆薬のユニット多数、その全体を組立てれば、直径五フィートの鋼鉄の球の形になった。二つの半球を合わせるとオレンジほどの大きさのプルトニウム・コアを中心におさめる作業は、翌一四日（土曜日）、おおよそ組立てられた装置を鉄塔の中に張ったテントに移してから行われた。爆薬ユニットに同時点火する起爆装置は、大きな鋼鉄球が一〇〇フィートの鉄塔の上部に揚げられた後で装着された。すべての作業が終了したのは七月一五日（日曜日）の夜だった。

ニューメキシコの砂漠の七月は焦熱地獄である。オッペンハイマーは彼のトレードマークになっていたポークパイ・ハット（つばの広い帽子）をかぶり、やせた体を半袖シャツでおおって、浜辺をうろつく水鳥のように作業の現場に首を突っこんで回っていた。この数カ月、朝帰りも含めた日曜なしの働きづめの上に、水疱瘡まで患って体重は一段と減ってしまっていた。

一四日（土曜日）の朝、ロスアラモスから凶報がとどいた。オッペンハイマーの依頼で、マクミランはタンパーとプルトニウム・コアだけを除いた実物大模型で爆薬部分の爆発実験を行ったが、測定の結果は内向球面衝撃波が形成されていないことを示していた。これでは四〇時間後に迫った核爆発実験の失敗は必至と思われた。その日の夕刻にはオッペンハイマーはすっかり落ち込んでしまっていた。

しかし、翌朝、ベーテから吉報の電話がとどいた。マクミランが内向球面波の実験に用いた測定法は磁場法と呼ばれ、爆縮を磁場の中で起こして金属球体の変形で発生する電圧をコイルで取り上げ、それをオシロスコープで見る方法だった。ベーテはマクミランが報じた測定結果を土曜の午後から夜にかけて注意深く理論的に分析し、それが内向球面衝撃波の形成の失敗を意味するものではないことを確認したのだった。「消防車」ベーテの面目躍如である。

爆発時刻は七月一六日午前四時に設定されていたが、午前二時頃、秒速一五メートルの強風をともなった烈しい雷雨がトリニティ実験地の周辺におそいかかった。暗雲から暗雲に飛び交う雷光が、一帯を悪魔の出現を待つ芝居の書き割りのように照らし出した。実験は五時三〇分に延期され、決行された。

グローヴスの補佐官、T・F・ファレル准将は、核装置炸裂の前と後のオッペンハイマーの様子を次のように報じている。オッペンハイマーは爆心から九キロ南の指令中心の掩蔽壕《バンカー》の中で、サム・アリソンの秒読みの声が拡声器から流れるのを聞いていた。「彼はほとんど息を止めていた。一本の柱にすがって身を支えていた。最後の数秒間、彼はじっと前方を見据えていた。アリソンの『今』という声に目もくらむ大閃光がつづき、それを追って爆発の大轟音が鳴り渡ると、彼の顔はえも言われぬ安堵の表情の中に崩れていった」。

トリニティの核爆発が人類の歴史を画する事件であることは何人も否定しない。現地での体験記はベインブリッジの手になるものをはじめとして多数存在する。トリニティ実験がポツダム会議で演じた歴史的役割についての学術論文の数にも不足はない。しかし、私

トリニティでの核爆発　1945年7月16日午前5時29分，トリニティ実験場で世界最初の核分裂爆縮装置（プルトニウム使用）が炸裂した．推定爆発力はTNT20キロトン．

は、今、五〇年の時をへだてて、ロバート・オッペンハイマーその人に視線を集中しようと思う。私はこの男の愚かしさに深甚な憐れみの情を抱く。それは、同じ愚かしさを共有する者の、仲間としての憐れみであり、悲しみである。

爆風が通過した直後、ロバート・オッペンハイマーはバンカーの外に出て、弟のフランクと並び立って紫色になった怖るべき原子雲を見上げた。一九八〇年、フランクは追想する。「その時兄が言ったことを思い出せるとよいのだが、思い出せない。しかし私たちはただ『うまくいったな』と言ったのだったと思う。そう、それが私たちふたりの言ったことだった。『うまくいったな』」。

オッペンハイマー自身は次のように回想する。「爆風が過ぎるのを待って壕の外に出た。それは実に荘厳の限りであった。世界は前と同じでないことを私たちは悟った。笑う人もいた。泣く人もいた。大部分の人はおし黙っていた。私はヒンズー教の聖典『バガヴァド・ギーター』の一行を思いおこした。王子はその責務を果たすべきであることを王子にわからせようとヴィシュヌは試みている。そして王子の心を打とうとして、ヴィシュヌはその千手の姿をとり、『今、われは死となれり。世界の破壊者とはなれり』と言う。私たちはみな、何らかの形で、そうした思いを抱いたものと私は思う」。

オッペンハイマーの心に浮かんだ『バガヴァド・ギーター』の一行はよく安易に引用される。オッペンハイマーが原爆を完成し、自らが「死」そのものとなり、世界の破壊者となったことの自覚の表明として一般に受けとられている。P・グッドチャイルド著『ヒロシマを壊滅させた男オッペンハイマー』（池澤夏樹訳、白水社、一九八二年）の原題*J. Robert Oppenheimer: Shatterer of Worlds*がその一例である。しかしこの解釈は再考を要する。

オッペンハイマーのヒンズー教への傾倒は本格的なものであったようだ。ハーヴァードですでにサンスクリット語の学習を始めた。エルザッサーはゲッチンゲン時代のロバートにヒンズー教哲学の強い影響を認めている（13節）。バークレーのカリフォルニア大学に就職してからもサンスクリット学者アーサー・ライダー教授に付いて、サンスクリットの古典を原語で読んだ。父ジュリアスの言葉によれば、ライダーは驚くべき人物で「その峻厳さを通してこの上もなく優しい魂がのぞいていた」。彼のヒンズー教への接近は、その生い立ちと無関係ではあるまい。ユダヤ教からはなれた父ジュリアスと母エラは宗教的支柱をキリスト教には求めず、アドラーの無神論的倫理体系に帰依した。あらゆる人間の内奥にある良心を養い育てれば神のドグマに依存する必要なしという立場だった。しかし、ロバートはアドラーが与える以外の倫理的基盤を求めたと思われる。事実、『バガヴァド・ギーター』には神クリシュナの教えとして命令的な倫理規定が並んでいる。例えば第一六章には、非暴力、自制、平静心、万物への同情、優しさ、謙虚、寛容、不屈の精神、などが天国を約束される人間の宝とすべき徳であり、欺瞞、横柄、高慢、無知などは地獄を約束された人間に属する、とある。

しかし、詩物語の形をとる『バガヴァド・ギーター』の本領は、神、あらゆるものの中にあり、あらゆるものを裡に含む神のヴィジョン、神の姿の描出にある。ヒンズー教の神クリシュナは漠として無限である。有をも無をも含む。過去、現在、未来を超越する宇宙の真理の総体である。しかも時にあっては人間の形もとる。千手のヴィシュヌはクリシュナが「光」の子として現われる時の姿である。『バガヴァド・ギーター』は、骨肉相はむ大戦争にのぞむ王子アジュナと神クリシュナとの問答の形をとる。王子は、敵の軍勢の中にも味方の軍勢の中にも、肉親、兄弟、友人の多くを見て悲嘆し、絶望して、戦意を失わんばかりであった。王子は神クリシュナに、どうかあなたの本然の姿を見せてくれと懇願する。「私は真理の言葉に耳をかたむけて参りました。しかし私の魂は見たいのです。すべての真理を包含する神としてのあなたの姿を見たいのです」。

クリシュナは「人間の目はすべてを見ることはない」と言いながらも、アジュナの前にその姿をあらわす。

「千の太陽の光が、突如、空に輝きのぼるならば、その燦然たる様は神の輝きにもくらべられよう」とアジュナは感得したのだが、目がくらんだ。炎か、太陽か、ああ、目がくらむ。何もわからぬ。

「あなたの巨大な形、天空に達し、色乱れて燃え上り、かっと開かれた大きな口、炎のように燃える眼を見て、私の心臓は恐怖におののき、私の力は萎え、心の平和は失われました」。アジュナは救いを求めて叫ぶ。

「どうかあなた御自身をおあかし下さい。この恐怖の形をとるあなたは何者なのですか。おお最高の神よ、私はあなたを尊崇します。どうか私に慈悲をお授け下さい。私はあなたを知りたいのです。いったいあなたは誰なのですか。私にはあなたの不思議な業《わざ》がわかりませぬ」。クリシュナは答える。

「わたしはすべてを破壊する死として現われたのだ。わたしは、これらの人間たちを殺すためにここに現われた。たとえ、お前が戦いを棄てても、お前に敵対する戦士たちはすべて死するであろう。だから、立ち上がって戦え。栄光をかちとれ。お前の敵を征服せよ」

明らかに、クリシュナはオッペンハイマーではない。オッペンハイマーは王子アジュナである。死の砂漠の空をおおって紫色に輝く原子雲にクリシュナを見たのである。オッペンハイマーは、自分が宇宙の暗黒、原子の奥底から呼びおこしたものの真の姿を、『バガヴァド・ギーター』の教養にさえぎられて見誤ったのである。その真姿を見定めるためには広島、長崎を必要とした。

オッペンハイマーはファレル准将とジープに同乗して、指令中心バンカーから数キロ南のベース・キャンプに向かった。そこでは、グローヴスやラビたちが〝原爆を作りあげた男〟の誇らしき帰還を待ちうけていた。

「ロバートの帽子の写真を見たことがあるだろう。……彼の歩き方は『真昼の決闘』のあれだった。気取った歩きぶり。俺はやったんだぞ」

西部劇映画の古典『真昼の決闘』、保安官のバッジにかけてただひとり、兇悪な無頼の一群に立ち向かって、見事に奴らを撃ち倒した。町びとたちに迎えられるゲーリー・クーパーの静かな大股の歩きぶり。——親友ラビの目は辛辣にオッペンハイマーを捉えている。

トリニティ実験の責任者ベインブリッジの回想は、実験の後、二〇年の尾を引いたオッペンハイマーの心境を語っている。

「爆風が通過してから、私は伏せていた地面から立ち上がって、オッペンハイマーや他の人たちに爆縮法の成功のお祝いを言った。最後に私はロバートにこう言った。『これで俺たちはみんな下々の下太郎だ（Now we are all sons of bitches)』。何年もたってから、彼は私の言葉を思い出して、手紙でこう書いてきた。『我々は君の言ったことを、誰にも説明する必要はない』。私は彼がこう言ったことをいつまでも大切にしておこうと思う。どういうわけか、この言葉を、その背景の前に正しく置くことも、全体を考えて解釈することもできず、また、しようともしない妄想家連中がいるが。一九六六年のこと、オッペンハイマーは私の下の娘に向かってこう言った。『お父さんの言葉が、実験の後で誰が言ったことよりも良かったのだよ』」

トリニティ実験から二一年、神クリシュナの姿を原爆の魔の火球に重ねる迷妄からも、

『バガヴァド・ギーター』を引用する虚栄からも心を洗ったロバート・オッペンハイマーは、その翌年一九六七年に喉頭ガンで死ぬのである。

トリニティ実験地の爆心点に立つ石塔は一年に二度だけ、四月と一〇月の第一土曜日に一般に公開される。砂漠ホルナダ・デル・ムエルトの七月一六日の太陽は苛酷にすぎるからだ。一九六九年『デンヴァー・ポスト』紙の一記者は、トリニティ地区をドイツのユダヤ人収容所にも比すべきアメリカの罪業のシンボルと呼んだ。

26 広島、長崎

米軍のB29爆撃機「エノラ・ゲイ」で運ばれたウラン原爆「リトルボーイ」は、一九四五年八月六日午前八時一六分、広島上空で炸裂した。B29「ボックスカー」に搭載されたプルトニウム原爆「ファットマン」は、八月九日午前一一時三分、長崎上空で炸裂した。広島原爆の爆発力はTNT一五キロトン、長崎原爆の爆発力はTNT二一キロトンであったと推定されている。一九四五年の末までの死者数は広島一四万、長崎八万、現在までの原爆死者総数は三〇万と推定される。

広島の直後、B29が日本全土に散布したビラには「米国は今や何人もなし得なかつた恐ろしい原子爆弾を発明し、之を使用するに至つた。之原子爆弾はただ一箇だけであの巨大なB29二千機が一回に投下する爆弾に匹敵する」とあった。しかし、これは正しくない。

原爆の殺傷力はTNTトンに換算した破壊力だけで表現できるものではない。爆風に先がけて高熱波、ガンマー線、中性子が人間をおそい、また死の灰の形をとって死の輪をさらに拡大する。広島、長崎からの五〇年間に原爆の死を生き、そして死んだ一〇万人の被爆者が、その死にいたる日々に直面したものの総体が、TNTトンからはスッポリと欠け落ちているのである。

広島と長崎を前にして、私はオッペンハイマーについて何をどのように語ればよいのか。ここで彼がえらんだ道程は私たちの心の中に怒りをかき立てる。しかし、私はその怒りから身を引く。被爆者、原爆死者の前にオッペンハイマーの首級を曝す弾劾者の位置に私は立たない。オッペンハイマーを弾劾することで己れの無罪証明を手に入れることを自らに許すことはできないからだ。

「ヒトラーより先に原爆を持つ」ことが物理学者たちが自らに課した至上命令であったとすれば、ナチス・ドイツが原爆を持ち得ないことが判明した時点で、物理学者たちは原爆の開発を停止すべきであった。その時点は一九四四年一一月、その情報はロスアラモスの物理学者の間にすぐ知れわたったが、開発停止を求める声は形をとらなかった。オッペンハイマーは、むしろ積極的にその問題の討議を抑えようとした。当時のオッペンハイマーの言動を伝えるものとして、R・ウィルソンの二つの回想（一九七〇年、一九八一年）とV・ワイスコップの回想（一九八一年）がある。細部では食違いがあるが、動かぬ事実と思われるものを抜き出してみよう。

一九四五年初頭、ウィルソンは原爆の意義について広く考えてみる集会を思いついた。掲示された題目は「文明に対する原爆の影響」、場所はサイクロトロンが置いてあった彼の研究室。初めウィルソンは研究所の一般セミナー室の使用を希望したが、オッペンハイマーに止められた。

「彼は、そんな集会をやれば私がG2の連中ともめ事をおこすだろうから、やめた方が賢明だろうと私に警告した。彼らの干渉すべきことではないと私は彼に言って、彼も来るようにすすめた。すると、ちゃんと彼も集会にやってきた。ヴィッキィ・ワイスコップも来た。建物がすごく寒かったのを憶えている。ほぼ二〇人ほど出席したと思う。そして、戦争に勝ったあとでも原爆を作りつづけている理由について、かなり突っこんだ議論を交わしたのだった」

「戦争に勝った」とはドイツの敗北がもはや決定的になっていたことを意味する。「G2の連中」とは陸軍の防諜部員のことである。G2は研究所員とその家族の私信を開封し、会話を盗聴し、サンタフェなどに外出する場合にもうるさく尾行して回った。オッペンハイマーの電話は私用を含めて盗聴されていた。私宅の室内にも盗聴器が設置されていたと思われる。防諜部はオッペンハイマーがソ連のスパイであることを立証したがっていた。

出席したオッペンハイマーは、一九四五年四月二五日にサンフランシスコで開催を予定されていた国連準備会議を引合いに出して、議論を誘導した。その会議の前に原爆実験が行われ、原爆存在の知識の上に立って国連が組織されることが望ましいと説いたのである。出席者たちも賛同した。

「あの頃は軍の秘密主義の害悪を過度にまで思いこんでいた。原爆の存在を実際の爆発によって明るみに出さなければ、軍は核エネルギーを秘密のままにするだろうと恐れたのだ。我々のやっていることが道徳的に間違いかもしれないことを問題にした者が、あの集会で一人もいなかったことは注目に値する。荷物をまとめておさらばしよう、とは誰も言い出さなかった。それどころか、伝道者まがいの熱心さでまたまた仕事に戻っていったのだった」

オッペンハイマーが国連を前面に押し出したのはウィルソンの集会を操るための狡猾な手段であったと見ることもできよう。しかし彼が国連に素朴な希望を託していたことは、戦後の彼の国連への働きかけを考えれば、動かぬ事実である。ウィルソンは続ける。

「一九四五年のドイツの敗北が、なぜ、私と戦争とのかかわりあい、特に原爆とのかかわりあいを私に考え直すように仕向けなかったのか、これまでたびたび思いわずらってきた。考え直すことは私の心には浮かばなかったのだ。私の知る限り、友人のだれ一人として、あの時、そうした問題を取りあげなかった。たしかに、何百人といた科学者の中に、せめて一人ぐらいはロスアラモスを去った人間がいてもよさそうに思えるのだが。今は、私がそうしなかったのを悔いる。国連にかこつけて自分の行動を正当化したのではなかったと思う。事態がまったく信じられない速さで動いていたのがその理由だったような気がする。我々は計画の頂上にいた。砂漠で実験用の原爆をまさに炸裂させようとしていた。……ローズヴェルトの死、五月七日の一〇〇トンTNT実験、ドイツの降伏、七月一六日の原爆実験、事件は踵を接してやってきた。人間たるもの、そう敏速に対応できるものではない。それに加えて、原爆が果たしてうまくいくかどうか見届けたいという、これぞファウスト的な焦がれる想いがあった」

トリニティ実験直後のウィルソンの懊悩については、前にファインマンの思い出を引用した。

一九四五年四月、グローヴスの下に標的委員会なるものができた。原爆投下の標的となる日本の都市の適否を検討し答申するのが仕事だった。第一回はワシントンのペンタゴン内で行われ、二回、三回目はロスアラモスのオッペンハイマーの部屋で行われた。軍からはT・ファレル准将、W・S・パーソン大佐など、科学者としてはオッペンハイマー、R・トールマン、C・ローリッツェン、フォン・ノイマン、R・ウィルソンなどが出席した。標的を選ぶにあたっては、(1)日本に対して最大限の心理的効果をあげること、(2)この最初の原爆使用が、この武器の重要性を国際的に認識させるのに十分の目覚しさにすること、が重視された。標的委員会が選んだ都市は、京都、広島、小倉、新潟だった。京都が一番になったのは「京都はその住民がとりわけ高い知的水準にあり、したがって、よりよく原爆の意義を理解できる長所を持っている」からであった。言語道断の狂論理である。この標的委員会の答申は、ドイツの降伏、それと重なった一〇〇トン実験（五月七日）のわずか五日後になされた。TNT爆薬一〇〇トンの実験は、核爆発実験に備えて、観測計器の較正準備《キャリブレーション》をすることにあったが、シグナル装置の誤作動で予定時刻より早く爆発した。この実験の五月七日から核爆発実験の七月一六日までの約一〇週間が、ロスアラモスの科学者たちにとって最も多忙の期間だったとオッペンハイマーは回想している。

一九四五年四月末、陸軍長官H・L・スチムソンは、大統領の名で、八人の委員からなる暫定《インテリム》委員会を設けた。機密のヴェールの下で原爆の使用に関する決定を大統領（行政府）が議会（立法府）を無視して行ったという非難をかわすために「暫定」という呼び名が選ばれた。八人の委員の顔ぶれは、H・L・スチムソン（委員長）、G・L・ハリソン（スチムソンの補佐、副委員長）、J・F・バーンズ（大統領代理）、W・L・クレイトン（国務省代表）、R・A・バード（海軍省代表）、V・ブッシュ、J・B・コナント、K・T・コンプトン（MIT総長、A・H・コンプトンの実弟）。この委員会の諮問パネルとして、四人の科学者、A・H・コンプトン、E・フェルミ、E・O・ローレンス、J・R・オッペンハイマーが選ばれた。

暫定委員会は五月九日、一四日、一八日と開かれたが、諮問パネルの四人の科学者は四回目の五月三一日の会議に初めて招かれて出席した。会議はペンタゴン内のスチムソンの部屋で開かれ、グローヴス、参謀総長G・C・マーシャル、二人のスチムソンの補佐官H・バンディ、A・W・ペイジも出席した。一六人の出席者には七人の科学者が含まれていたことになる。他の参加者に科学者の意見を聞く機会を与えることがスチムソンの一つの目的だった。暫定委員会は六月一日にも開かれたが、諮問パネルの科学者四人は招かれなかった。この二日にわたる暫定委員会は広島と長崎の運命を決定した歴史的な会議である。

五月三一日の委員会議事録が公表されている。オッペンハイマーに関係する部分を落とさないようにして要約を試みる。

I　スチムソンの開会の辞

はじめにスチムソンはマンハッタン計画に貢献した科学者、特に諮問パネルの四人の科学者の功績をたたえ、マーシャル参謀総長との共同の見解として「このプロジェクトは単に武器に関連して考えられるべきではなく、人間と宇宙との新しい関係として考えられるべきものである。この発見はコペルニクスの理論や重力法則の発見にも比せらるべきものであるが、人間の生活に対する影響においてははるかに大きな重要性を持つ。この分野のこれまでの進歩は戦時の必要から促進されてきたが、このプロジェクトの意義は現在の戦争の求めるものをはるかに越えるものであることを認識することが必要である。もし可能ならば、それが文明への脅威ではなく、将来の平和を保証するように管理しなければならない」と述べた。

II　開発の段階

核兵器の進展が三つの段階にわけて説明された。第一段階は現在の原爆、第二段階は第一段階よりはるかに威力の大きい原爆、第三段階は原爆を起爆装置として使う重水素爆弾を意味した。水爆の説明を行ったコナントの質問にこたえて、オッペンハイマーは水爆の開発には少なくとも三年が必要であろうと発言したが、これが公式議事録に記録されているオッペンハイマーの最初の発言である。つづいて彼は各段階で得られる爆発力の推定値を与えた。

III　国内のプログラム

ここで、オッペンハイマーは、将来、国内の各種の用途に対する核物質の分配が困難な問題になるであろうと指摘している。

IV　基礎研究

ここでオッペンハイマーは最も積極的に発言したようだ。議事録には「オッペンハイマー博士は、この分野の多数の部門の研究をすすめるために、現在の研究員の多くを解放して諸大学、諸研究所に帰すべきであると強調した。……ブッシュ博士はオッペンハイマーに賛同して、現在の研究員の中核だけを残留させ、できるだけ多数をさらに広い、さらに自由な研究に解放すべきであるとした」と記されている。

V　管理と査察の問題

スチムソンは、純粋に軍事的用途をこえて、どのような可能性を求めるべきかを尋ねたが、オッペンハイマーは核エネルギーの基礎的知識は世界に広く知られているゆえ、我々が達成した進展を世界に知らせる手立てをはやくすべきである、と答えた。彼は合州国が平和利用に強調点をおいた情報の自由な交換を世界に提案することが賢明な策であろうと考え、「この分野のすべての努力の基本的な目標は人類の福祉の拡大にあるべきであり、原爆が実際に使用される前に我々が情報の交換を申し出るとすれば、我々の道徳的地位は大いに強められるであろう」と発言した。

討議は国際管理と査察の問題に移り、オッペンハイマーは、ロシア内でこの分野で何が進行しているかを知り得るかどうか疑念を表明したが、両国の科学者間での友好意識がその問題の解決に役立つであろうという希望を述べた。

Ⅵ　ロシア

管理と国際協力についてはロシアの態度が大いに問題となったが、オッペンハイマーはこの分野でのロシアとの協力についての希望を表明し、この事に関するロシアの態度について初めから決めてかかるべきでないことを強調した。このオッペンハイマーの対ロ姿勢についてマーシャル将軍は強い支持と賛意を示した。

Ⅶ　国際問題

オッペンハイマーの発言は記録されていない。

Ⅷ　日本と日本人の戦意に対する爆撃の影響

一個の原爆の効果は現在の規模の空軍による空襲による効果とあまり異なるものではあるまいとする意見が表明されたが、それに対してオッペンハイマーは、原爆の視覚的効果はすさまじいものであり、輝かしい発光体が一万か二万フィートに昇り、爆発による中性子の効果は、少なくとも三分の二マイル（約一キロ）の直径で生命に危険を与えるであろうと述べた。また、数カ所を同時爆撃することが望ましいか否かの議論があったが、オッペンハイマーはそれが可能であろうと判断を下した。

このあと他の四つの議題が討議されたが、オッペンハイマーの発言は記録されていない。以上が一九四五年五月三一日の暫定委員会の議事録に記録されているオッペンハイマーの発言のすべてである。全文はM・J・シャーウィンの『破滅への道程』(加藤幹雄訳、TBSブリタニカ、一九七八年)に見ることができる。委員の一人R・A・バードはその時のオッペンハイマーを次のように伝えている。「彼は、爆弾を落とせとも落とすなとも言わなかった。我々に技術的背景を提供するという彼の役を果たそうと努めていた。よくやったと思う。どんな方向にしろ、我々に影響を与えようとは決してしなかった」。

六月一日の会議は科学者パネルの四人を除いて行われ、全員一致で次の結論に達した。(1)原爆は日本に対してなるべく早く使用すべきである。(2)原爆は二重性を持つ標的——すなわち、最も被害を受けやすい家屋かその他の建造物に囲まれた軍事施設か軍需工場に対して使用されるべきである。(3)原爆は事前警告なしに使用されるべきである。

具体的な標的としては、五月三〇日、グローヴスがスチムソンに、京都、広島、小倉、新潟の選択を報告したが、スチムソンは即座に京都を除外した。

この一九四五年五月三一日と六月一日の暫定委員会は、アメリカ政府の原爆投下の決定が論じられる場合には必ずとりあげられ、また、議事録にない五月三一日の昼食が問題になる。A・H・コンプトンの自伝によれば、昼食の席で、コンプトンがスチムソンに「非軍事的なデモンストレーションの可能性はないものか」と持ちかけ、これを受けたスチムソンがテーブル全体の話題とした。ところが、E・ローレンスが友人の物理学者に出した一九四五年八月一七日付の手紙によれば、昼食の席で、バーンズがローレンスに原爆の非軍事的デモンストレーションについて尋ねたのがきっかけで一〇分ほど話がつづき、その中でオッペンハイマーが充分効果のあるデモンストレーションは考えつかないと言ったことになっている。しかし、オッペンハイマーはそんなことは言わなかったとはっきり否定している。誰を信用すればよいのか?

コンプトンによれば、昼食のあと、科学パネルは「人命に対して原爆を使用せずに戦争を終わらせ得ると思われるデモンストレーションを工夫することが出来るか否か」についての答申を用意することを依頼された。コンプトン、フェルミ、ローレンス、オッペンハイマーの四人は、六月九日と一〇日、ロスアラモスのオッペンハイマーの部屋に集まって、答申をまとめるために討議した。その様子はコンプトンの自伝に描かれている。議論百出でなかなかまとまらず、ローレンスは最後までデモの考えに固執した。結局オッペンハイマーがまとめ役で答申ができあがり、六月一六日付で暫定委員会に送られた。

答申の全文はシャーウィンの『破滅への道程』(前出)にある。その結論は三項目になっている。⑴使用前にイギリス、ロシア、フランス、中国に通告する。⑵原爆の最初の使用についての科学者の意見は一致していない。純粋に技術的なデモンストレーションを主張する人たちは原爆の使用を非合法化することを望んでいる。即刻、軍事的に使用して、アメリカ人の命を救うことを望む人たちもいる。パネルの意見は後者に近く、「我々はこの戦争に終止符を打つと思われる技術的デモンストレーションを提案することができず、したがって、直接の軍事的使用に代わることのできるものはないと考える」。

結論(3)はオッペンハイマーが軍と政治家に進んで魂を売り渡した証拠として引用されるので、全文を訳出する。「原子エネルギーのこれら一般面に関しては、我々は、科学者として専有の権利を有しないことは明らかである。我々は、この数年間、これらの問題に慎重な考慮を払う機会を持った少数の市民に属したことは事実である。しかし、我々は、原子力の出現がもたらした、政治的、社会的、軍事的問題を解決する上で特別の能力を持つと主張するものではない」。

スチムソンは、この科学パネルの答申を待ってはいなかった。前述の六月一日の暫定委員会の結論、つまり、原爆投下は日本の都市に対して可及的すみやかに無警告で行うべきことを、スチムソンは六月一日に非公式にトルーマン大統領に伝え、正式の政策勧告は六月六日に行われた。

暫定委員会とは、オッペンハイマーにとって何であったのか。当時スチムソンは七六歳の老練の政治家であった。議事録によれば、委員会の冒頭でスチムソンは「科学者たちが、議題のいかなる面についても、まったく自由にその見解を表明すること」を要望している。

これは、スチムソンがその日記で「我々はこの問題を責任ある政治家として考察しているのであり、いかなる犠牲を払っても、とにかく勝利を望んでいる軍人としてではないことを科学者たちに印象づけること」を強く願っていたことに対応する。オッペンハイマーはこの委員会で初めてスチムソンに会った。スチムソンが会議の冒頭で科学者たちに完全に自由な発言をはげまし、続いて、前に引用した通りの高邁な原子エネルギー論を述べたことで、オッペンハイマーは子供っぽい尊敬の念をこの老政治家に対して抱いてしまったのであろう。またソ連との交流についてオッペンハイマーが発言した時に、参謀総長ジョージ・マーシャルが全面的にオッペンハイマーに賛同したことも彼に強い印象を与えたものと思われる。父親的存在《ファーザーフィギュア》に対する安易な信頼は、オッペンハイマーが一生振り切れなかった一種の精神的未熟性であったかもしれぬ。

P・ワイデン著『デイ・ワン（広島の前と後）』（サイモン・シャスター社、一九八四年）の第一四章の見出しは「暫定委員会——昼食での運命の一〇分間」となっている。昼食での原爆の非軍事的デモンストレーションが一〇分間話題になった時、オッペンハイマーがその希望を扼殺してしまった話なのである。ワイデンは、あたかも彼自身が見てきたかのように叙述《ナラティヴ》を進める。過剰な形容詞、副詞を乱用して、オッペンハイマーを〝タカ派の中のタカ派（the most enthusiastic hawk among these hawks）〟にでっち上げてゆく。しかし、ワイデンも私が使用した史料と同じものに基づいて叙述しているのであり、そこには私が書き抜いた以外にはオッペンハイマーについての記述はない。

暫定委員会についてのワイデンの叙述は、ここでたどるには長すぎる。その代わりに、私が前に取りあげたウィルソンの「集会」について、ワイデンの手口を少しばかり紹介しよう。『デイ・ワン』の第一三章は次のように始まる。

「ラシャの半コートにくるまって雪を踏みわけながら、ロバート・ウィルソンはロスアラモスの技術区の方々の研究室にあまねく告知のビラを貼ってまわった。自分のプリンストン大の研究仲間を丸ごとオッペンハイマーにリクルートされた、この若いグループ・リーダーはサイクロトロンのある〝X棟〟で、前例のない討論集会を呼びかけていたのだ。……ウィルソンは、もっと多くの爆弾製造屋が、彼らの作っているものの道徳性について、もっと考えるべきだと思ったのだった。

オッペンハイマーがウィルソンのビラを見つけるや否や、彼を所長室に呼びつけて、集会をやめるように言った。おどろいて、ウィルソンはその理由を尋ねた。防諜部の連中がいやがるだろう、とオッピーは言った。ワイオミング出身の骨からの開拓者であるウィルソンは、防諜部の連中の気に入るか入らないかが何で問題なのか、と問い返した。ウィルソンの率直さに、オッピーはまるで〝爆弾〟をくらってふるえ上がったような反応を示した。……

集まった人たちにウィルソンが問いかけた問題は広大なものだった。ドイツの敗北が目前の今、なぜ原爆の仕事を続けるのか？　続けることは道徳的に正しいことなのか？　この〝恐ろしい物〟がどのように世界を変えるのであろうか？

オッペンハイマーは巧妙な——そして全然仮想のシナリオを持ち出して、すばやく討論の腰を折った。……」

ワイデンの叙述は、この調子で延々とつづくのだが、もう十分だろう。さきに引用したウィルソン自身の言葉を読み返していただきたい。「我々のやっていることが道徳的に間違いかもしれないことを問題にした者が、あの集会で一人もいなかったことは注目に値する」。

原爆の開発に手を貸した人間を弁護する理由はない。ロバート・オッペンハイマーの責任は重大である。歴史家、ノンフィクション作家には、己れが真実と確信した所にしたがって歴史的事実の解釈を構成する権利を持っている。しかし、その叙述の浅薄な効果を狙って架空の劇化をしてはならぬ。最悪のノンフィクションの典型であるワイデンの『デイ・ワン』が邦訳されていないのは幸いである。アメリカでは映画にもなった。ワイデンは、シラードを、日本への原爆投下に反対したヒューマニズムの聖者として高く持ち上げるために、オッペンハイマーを悪魔の使徒として貶めた。原爆投下を実行したアメリカ政府、軍部、その走狗となったオッペンハイマーを声高に弾劾し、自らは広島の原爆ドームのかたわらにポーズして流涕することによって、自分自身の、あわよくば、〝良き〟アメリカ人たちの無罪をも証明しようとしたのである。

広島被爆の知らせは、即刻ワシントンのグローヴスからロスアラモスのオッペンハイマーに電話で伝えられた。その内容が記録されている。オッペンハイマー「うまくいきましたか?」。グローヴス「すごくドカンといったようだ。……たしかに長い道のりだったが、私がロスアラモスの所長を選んだ時に、私の生涯で最も賢明なことの一つをしたと思っている」。オッペンハイマー「さあどうだか。私には疑念があります、グローヴス将軍」。

オッペンハイマーの「疑念」は見せかけの謙譲ではない。一九四五年五月七日、ドイツ降伏の日に、オッペンハイマーはグローヴス宛に書簡をしたため、戦争終了後はロスアラモス研究所をこのまま継続すべきではないと進言したあと、「特に、所長として、私がこの義務から解放される時期をぜひ知りたいと思います。私は、この義務には、はなはだ不適格であり、ただ戦時の国家に奉仕する努力として、それを引き受けたのでありました」と書いている。

広島の知らせがロスアラモスに伝えられたのは八月六日午後二時(現地時間)すぎであった。ニュースは歓呼をもって迎えられた。実験なしで送り出された最初のウラン爆弾の爆発だった。しかし、その日の夜の祝賀パーティーの空気にはすでに重苦しいものが混じってしまった。当然であろう。

長崎が被爆した翌日、ローレンスはバークレーからニューメキシコに飛んだ。ローレンスは、罪の意識にさいなまれ、すっかり落ちこんでいるオッペンハイマーを見出した。広島と長崎の死者の方が、放射線を浴びて生き残った被爆者より幸せではなかったか、とオッペンハイマーが言ったとローレンスは報じている。

長崎がロスアラモスの科学者たちにとって何であったかを語る貴重な回想がある。著者はB・T・フェルド、回想執筆の当時（一九六六年）MITの物理学教授で、アメリカのパグウォッシュ委員会の長でもあった。豊田利幸氏などと共に、あくまで反核の姿勢を貫き、一九九三年二月一九日に亡くなった。豊田氏によれば、「核の時代における科学者の忠誠は人類全体に捧げられるべきで、彼または彼女が属する個々の国に向けらるべきではない」というメッセージが残された。

「長崎の原爆は、目前の勝利に酔った軍部の機構が勝手に動きを続け、責任ある地位の者が誰もそれを停止する思慮と醒めた分別と道義の力を持たなかったという、それだけの理由で投下された。我々は長崎を忘れがちだ。しかし、困難だが魅惑的な技術的事業の勢いの中に捕らわれたロスアラモスの我々の目をさましてくれたのは実に長崎であった。……長崎がこのヒステリーに冷水を浴びせてそれを終わらせた。……私は数日休みをとって、人里から遠いピコス山中で過ごした。流れのほとりでキャンプして鱒をとって食料とし、山登りで自分を疲れ果てさせて、何も考えないようにしようとした。……」

サム・アリソンも長崎に対する軍の暴挙に激しい怒りを覚えた。サムはバークレー時代からのロバートの旧友であり、シカゴに移って、フェルミと共に最初の原子炉を建設し、ロスアラモスでは早くからロバートを助けて副所長格の一人として重きをなした。トリニティ実験では秒読みを放送した。終戦とともに、シカゴ大学は新しく原子核研究所を設けてサム・アリソンを所長とした。その就任の披露祝賀のパーティーが、長崎から三週間後の九月一日、シカゴ南部、ミシガン湖畔のショアランド・ホテルで開かれた。その席でサム・アリソンは「我々は戦前の自由な原子核研究に復帰することを固く決意している」と宣言し、もし科学的情報の交換が軍の統制で阻害されることになれば、アメリカの研究者は原子核の分野を去って、蝶々の羽根の色の研究に専心するであろうと警告し、あわせて長崎の「悲劇」に対する彼自身の怒りをぶちまけたのであった。これが、今に伝えられる「サムの蝶々演説」である。

一九四五年一〇月一六日、ロスアラモス研究所に対する陸軍の感状がグローヴス将軍からオッペンハイマーに手渡された。その祝賀の式典で彼は感状受理の演説を行った。

「ロスアラモス研究所、心身を挙げてこの研究所に尽くしてこられた男性、女性の皆さんに対するこの感状を、私は有難く感謝をこめて受理いたします。末ながく、この感状とそれが意味するすべてを誇りをもって回顧するようでありたいと望みます。

今は、その誇りは深い懸念とともにあらざるを得ません。もし原子爆弾が、新しい武器として、戦い争う世界の兵器庫に加えられることになれば、やがて、人類がロスアラモスとヒロシマの名を呪う時が来るでありましょう。

世界の諸国民は一つとならなければなりません。さもなければ滅亡が待っています。地球をかくまでに荒廃させたこの大戦が、このメッセージを書いたのです。原子爆弾がこのメッセージをすべての人にわかるようにはっきりと書いたのです。ほかの人たちも、別の時、別の戦争で、別の武器について、同じ言葉を語りましたが、それが世界を制することにはなりませんでした。人類の歴史のあやまった通念に迷わされて、今度もうまく行くまいと考える人もいます。我々はそれを信じません。我々みんなが直面する危機を前にして、法においても、人間の名においても、我々は力を尽くして、ひとつに結ばれた世界の実現を目指すのです」

この日、この言葉を残して、ロバート・オッペンハイマーはロスアラモスを去った。

一九四五年一一月、アメリカ哲学会のフィラデルフィアの学会に招かれたオッペンハイマーの講演は、その録音テープから流れる彼の沈んだ声を通して聞くことができる。

「原爆はそんなにひどく悪い兵器ではないと言う人たちがいます。ニューメキシコの実験の前は、何平方マイル壊滅できるか、TNT火薬で何トン分かなどと検討し、空襲で荒廃したヨーロッパの写真を見ながら、私たちも同じようなことを言っていました。しかし、実験の後はもう言いませんでした。皆さんの中には爆撃された長崎の写真を見て、工場の

感状を受けるオッペンハイマー　1945 年 10 月 16 日，ロスアラモス研究所に対して陸軍から贈られた．中央はグローヴス将軍，右はカリフォルニア大学総長 G. スプロール．ロスアラモス研究所は開設時から現在まで同大学の管理下にある．

大きな鉄の梁《はり》がねじまげられ、無残に破壊されているのをごらんになった方もおいでだと思います。破壊された工場のあるものは数マイルも離れていることに気づかれた人もありましょう。焼き殺された人たちの写真に、あるいは広島の残骸に目をこらした方もおいでだと思います。長崎に落とされたあの爆弾は、もし一〇マイル平方の広さがあったら、そっくりその一〇マイル平方を破壊しつくしたでありましょう。核兵器の使用法は広島で決められました。核兵器は侵略の兵器、奇襲と恐怖の兵器であります。もしそれらが再び使用されるとすれば、その威力は数千倍、いやおそらく数万倍にもなっていることでしょう。……その使用の戦略は、すでに事実上敗北した敵に対して用いられた場合とは大いに異なるものになりましょう。しかし、それはまがいもなく侵略者の兵器であり、その奇襲と恐怖の本領は、分裂する原子核と同様、それに内在するものであります」

27　フランクとシラード

歴史学者M・J・シャーウィンは日本に対する原爆投下に関する名著『破滅への道程』の著者だが、カナダCBC放送のインタヴューで「オッペンハイマーが良心的な人間であったことに私は何の疑いも抱いていない。……オッペンハイマーはラジカルな心を持たなかった。彼は、一般に受けいれられた考え方の中から、最良のものを取り出してくるような心の持ち主だった。もし、もっとラジカルな気質を持っていたら、戦時中にその機会があった時、広島と長崎に対する原爆の使用に反対することも出来たであろう。その使用決定の意味したものの全体が彼の上にのしかかるには、広島と長崎で何がおこったかを実際に知る経験が、彼には必要だった」と答えている。

ロバート・オッペンハイマーが怖れたように、ロスアラモスの名は広島、長崎の記憶にからまって、今日まで呪われつづけてきた。私たちは、人類そのものに絶望することを避けようとして、人類にまだ希望をつなぐために、科学者の中に、政治家の中に、そして軍人の中にさえ、良心の権化、平和の使徒、反戦の英雄を求める。

ナチス・ドイツが敗北した時、ロスアラモスを去った科学者がひとりもいなかったと、R・ウィルソンが言ったが、少なくともひとりはいたのである。ジョセフ・ロートブラット、ポーランド出身。J・チャドウィック（中性子の発見者）を長とするイギリス・チームの一員としてロスアラモス入りをして、チャドウィックの家に寄宿していた。

一九四四年三月のある夜、チャドウィック家の夕食に招かれたグローヴス将軍が、原爆の目的はソ連を押さえこむことだ、と発言するのを聞いてショックを受けた。ロートブラットはヒトラーから世界を救うために原爆開発に参加したのだった。

J. ロートブラット　パグウォッシュ会議の書記長を長年にわたり務めた.

一九四四年の暮、ドイツでは原爆の開発は進行していないことが判明したとき、ロートブラットはロスアラモスを去ってイギリスに帰ることを希望した。チャドウィックがその旨をロスアラモスの陸軍防諜主任P・デ・シルヴァに伝えると、ロートブラットについての分厚い調書を見せられた。内容の要点は、ロートブラットがサンタフェでソ連スパイと接触し、まずイギリスに帰り、それからポーランドに飛んでパラシュートでソ連占領地域に降下し、原爆機密を手渡すことを企てている、というものであった。ロートブラットがサンタフェである人物と会ったことは事実だが、スパイ行為とはまったく関係がなかった。結局、チャドウィックの努力で、ロートブラットがロスアラモスを去る真の理由を誰にも明かさないという条件で、一九四四年のクリスマスイヴに彼はアメリカを後にした。その後、ロンドン大学の物理学教授となり、核兵器と戦争の廃絶をめざす科学者たちのパグウォッシュ会議の書記長を一七年にわたって務め、一九九五年ノーベル平和賞を受けた。ビキニの水爆実験の死の灰の中にウラン237をいち早く検出したことでも知られている。

ロートブラットは原爆後四〇年の一九八五年に、初めて彼の秘話を公開した。彼はその文章を次のように結んでいる。

「四〇年たった今も、一つの疑問が私の心につきまとう。あの時犯した誤りを繰返さないように私たちは十分学んだであろうか。私自身についてさえ確信はない。絶対的平和主義者ではない私は、前と同じような状況になった時、前と同じように振舞うことはない、とは保証しかねる。私たちの道徳観念は、一度軍事行動が始まれば、ポイと投げ捨てられるように思われる。だから、最も重要なことは、そうした状況になることを許さないようにすることである」

マンハッタン計画に参加した科学者の中に聖者、英雄を求めるとすれば、誰しもJ・フランクとL・シラードをあげるだろう。原爆計画では両者ともシカゴの冶金研究所に属し、日本の都市への原爆投下を阻止しようとした。そして奇しくも一九六四年の同年に世を去った。フランク八一歳、シラード六五歳。

一九四五年六月一一日、トリニティ実験の五週間前、J・フランクはシカゴからワシントン行きの夜行列車に乗った。彼が委員長であった「原子エネルギーの社会的、政治的意味についての委員会」（通称、フランク委員会）の作製した報告を、陸軍長官スチムソンに手渡して、アメリカ政府の政策に影響を与えることが旅の目的だった。この通称「フランク報告」は「原子力を物理学の分野の他のすべての所産から区別して取扱うただ一つの理由は、それが平和時には政治的圧力の、戦時には突然の破壊の手段として使われる可能性があるからである」という文章に始まり、すでに東京、名古屋、大阪、神戸が通常爆弾の空襲によって灰燼に帰した今、さらに原爆を突然使用することの意味を問い、また、毒ガス兵器を米国が現に大量に所有しているにもかかわらず、それを極東戦線に使用することに一般世論が反対であると考えられる事に注意を喚起したあと、「日本に対して突然原爆を使用することで達成される軍事的利益とアメリカ人戦死者数の軽減は、原爆使用による国際信用の喪失と、世界中に恐怖と反感の波を生むことで、すっかり帳消しとなり、また、国内の世論さえも割れてしまうであろう」と説き、このあとも、「たとえ人道的考慮からまったく離れるにしても」日本に対する原爆の使用が望ましくないことが、繰返し主張されている。「要約すれば、この戦争での核爆弾の使用は、目先の軍事的便宜ではなく、長期にわたる国家政策として考慮さるべきこと、そして、その政策は、何よりもまず、核戦争の手段の効果的な国際管理を目指すべきであることを、我々は強く主張するものである」。

フランクは、ワシントンにいたコンプトンの案内で、ペンタゴンの陸軍長官スチムソンの事務所にフランク報告を持っていったが、スチムソンは不在で、補佐のG・ハリソンに手渡した。この誠意と賢慮にみちた長文の報告は、結局、政府の首脳たちによって完全に無視された。この間の事情については多数の学術論文が書かれている。

暫定委員会の科学パネルの四人の科学者が、六月一六日、一七日にロスアラモスで会合した時に、オッペンハイマーがフランク報告を読んでいたかどうかが、よく問題になる。彼は否定的に答えているが、コンプトンが報告の内容を知っていたのはたしかだから、四人の会合で話題になったはずである。日本に対する原爆の使用については、オッペンハイマーがフランク報告と意見を異にしていたことは否定の余地はない。

オッペンハイマーが学生としてゲッチンゲンに滞在した時、J・フランクはM・ボルンとともに大学の物理学教室の大黒柱であった。第一次世界大戦では、ドイツの大化学者

F・ハーバーの影響の下で毒ガス兵器の研究に従事した。オットー・ハーンも同様である。フリッツ・ハーバーの妻クララも博士号を持つ化学者だったが、結婚して一児をもうけ、その後は家事に追われて次第に研究から離れ、人を避け、うつ状態におちいった。夫フリッツの毒ガスへの熱中をきらい、科学の悪用であり、野蛮行為であるとして、その中止を求めてはげしく迫ったが、夫は聞きいれなかった。フリッツ・ハーバーが戦場に向かった夜、クララは自殺した。

フランクは銃後での毒ガス研究を捨てて、一兵士として前線の塹壕に入って祖国のために戦った。その戦功と、フランクがすでにノーベル賞受賞者であったことによって、ユダヤ人であるにもかかわらず、ヒトラー政府はフランクを大学から追放することをためらった。しかし、フランクは一般のユダヤ人に対する不当な取扱いに抗議して、一九三三年四月一七日、自ら職を辞した。一九三四年、まずボーアのコペンハーゲンに移り、つづいて渡米して、ジョンズ・ホプキンズ大学を経てシカゴ大学に落着いた。ゲッチンゲン大学時代からの弟子であり、フランクの深い信頼を得てフランク報告の実際の執筆の任に当たった化学者E・ラビノウィッチによれば「フランクはその心に深く根づいた正直さ、温かさ、高貴さの故に、ただ道徳律を信じただけではなく、道徳律そのものを生きた少数の人間のひとり」であった。シカゴ大学で、私も、フランクの親友であったR・S・マリケン教授から同じような讃辞を聞いた。一九四二年一二月二日のシカゴの天然ウラン原子炉の始動に立会ったフランクが「核爆弾が結局は製作不可能とわかることを熱心に望んだ」とウィグナーは伝えている。

一九四二年、コンプトンがフランクにマンハッタン計画への参加を要請した時、フランクは、もし原爆が出来る見込みがついたら、その使用についての自分の意見を政府の高官に進言することが出来ることを、参加受諾の条件とした。コンプトンがフランクと連れだって、フランク報告をスチムソン長官に手渡しに行ったのは、その約束の履行だった。

フランク報告には七人の科学者の署名がある。レオ・シラードはそのひとりである。マンハッタン計画に参加した科学者たちの良心を代表し、それがたしかに存在したことの証人として貴重な歴史的存在と考えられている。シラードはフランク報告とは独立に、日本への原爆投下に反対を唱えて、トルーマン大統領に宛てた直訴状を起草し、署名を集めた。かりに私がマンハッタン計画に巻きこまれた科学者であったならば、シラードの直訴状に署名した六九人の科学者の中に、私もいたであろうと想像することで、少し救われた気持になった時期もあった。しかし、今はそうではない。フランクに対する私の尊敬は不動だが、シラードの方は、残念ながら、私にとって、堕ちた偶像となった。

グローヴス将軍に追随し、軍部の走狗と成り果てたロバート・オッペンハイマーと、グローヴスに象徴される軍部の横暴に敢然と立ち向かったレオ・シラード。この明快な構図は、これまで多くの人たちによって、好んで利用されてきた。原爆開発の経過を「読み

上：「フランク報告」のJ.フランク（左から２人目）　左から，N.ボーア，J.フランク，A.アインシュタイン．3人は古くから親しい仲であった．右端はI.ラビ（1952年頃）．
下：「アインシュタインの手紙」に署名するアインシュタインと，同席したシラード　アメリカの原爆開発の起点となった．ただし，これは戦後に製作された映画の中での，「歴史的瞬間」の本人たちによる再現の場面．

物」として劇化するのに便利だからである。これは、叙述が事実を過度に歪曲しない限り我慢できる。しかし、シラードを持ち上げ、オッペンハイマーを貶めることで、著者が、自分の無罪証明を、アリバイを手に入れようとするならば、私はそれを許したくないのである。

まず、一枚のよく知られた歴史的写真を眺めることから始めよう。

一九三九年八月二日付のローズヴェルト大統領宛の「アインシュタインの手紙」については、20節で、「その草稿を用意したのはおそらくシラードで、アインシュタインは三人のハンガリー人物理学者シラード、ウィグナー、テラーに説得されて手紙に署名した」と書いた。この有名な手紙の起源について、私はこれ以上書く気にならなかった。以下に述べるように当事者四人の証言がお互いに食い違っているからである。

シラードの証言から始めよう。プリンストン高等学術研究所に問合わせて、アインシュタインがロングアイランドのペコニックにある「ムーア博士の別荘」で休暇中と知ったシラードは、E・ウィグナーの車に乗せてもらって二人でアインシュタインに会いに行った。しかしその住所を探しあぐねてニューヨークに帰りかけた。たまたま、路傍に立っていた七、八歳の少年に声をかけてみると、ムーア博士の別荘は知らなかったが、アインシュタインらしい老人は知っていて案内してくれた。この第一回（七月一六日）の訪問の目的は、当時のベルギー領コンゴのウラン資源がヒトラーの手に落ちることを防ぐことにあった。

アインシュタインはベルギー女王の知遇を得ていた。その女王に警告の手紙を送ることをアインシュタインに依頼しようとしたのである。

「彼はベルギー女王に手紙を書くことはしぶったが、ベルギー内閣の閣僚の知人に手紙を書くことを思いついてそれを書きはじめようとした時、ウィグナーが、米国の国務省に異議の有無を問い合わせずに、外国政府と接触すべきでないと言いだした。ウィグナーは、我々が手紙を書き、そのコピイに添状をつけて国務省に送ることを提案した。その添状の中で、もし二週間以内に国務省から返事がなかったらその手紙をベルギーに送る、とアインシュタインに書いてもらう手筈になった。これで用事は終わり、我々ふたりはニューヨークに帰り、ウィグナーはカリフォルニアに発った」

一九五九年から一九六三年にかけて録音されたシラードの回想は、第一回のアインシュタイン訪問については、ここで終わっている。アインシュタインが一つの手紙をドイツ語で口述し、それをウィグナーが書き取ったことは、ほぼ確実と思われるが、シラードの回想がそれをむしろ否定するような口振りであるのは注目すべきであろう。

一九九二年に出版されたE・ウィグナーの回想では、七月一六日の訪問は次のようになっている。

「アインシュタインはすぐに大統領宛の手紙を口述することに同意した。……アインシュタインはドイツ語で語り、私がその言葉を書き取った。……プリンストンに帰ると私はその手紙を英語に訳した。だから、あの有名なアインシュタイン書簡の英語の言い回しについての責任は大方のところ私にある。しかしアインシュタインのドイツ語は明瞭的確だったから訳すのは簡単だった。手紙はアインシュタインに送り返され、彼はためらうことなくそれに署名した。最終的な手直しのあと、その手紙は八月二日の日付を打ってローズヴェルト大統領に送られた」

ウィグナーの回想にはシラードの二度目のアインシュタイン訪問についての言及はない。シラードの回想によれば、二度目はテラーと一緒に出かけた。今度はベルギー宛ではなくローズヴェルト大統領宛の手紙の依頼である。アインシュタインはすぐに同意した。「我々はこの手紙のしかるべき内容について少し相談した。私は、一、二通の草稿を私が書いて、それをアインシュタインに送り、選んでもらうようにしよう、と言った」

つまり、「アインシュタインの手紙」はこの二度目の訪問のあとでできたことになる。この訪問について、一九七五年にテラーが書いた所を読んでみよう。アインシュタインの居所の近くまでは車で行きついたが、迷ってしまった。

「二つにわけた髪を編んでたらした一〇歳ぐらいの少女を見かけたので、アインシュタイン博士の住所を聞いたが駄目だった。そこでシラードが、『ねえ、長い、なびくような白髪のおじいさんなんだけどね』と言った途端に少女はピンと来て、彼の居所を教えてくれた。手紙は前もってタイプしてあったので、シラードはただそれをアインシュタインに手渡した。アインシュタインは紅茶を出してくれて、自分も飲みながら目を通し、署名した。……シラードは、その手紙はアインシュタインが書いたのだといつも言っていたが、私はシラードがきっと嘘をついていたのだと思う。私が思うに、あの手紙は、誰あろう、シラードその人が書いたのだ。ユージン・ウィグナーに多少助けてもらったことはあったかもしれないが」

晩年のアインシュタインは、幾度か、「アインシュタインの手紙」に署名したことを後悔する発言を行った。L・ポーリングもそれを聞いたひとりである。アインシュタインは、シラードが書いた手紙にただ署名しただけだと主張した。しかし、それはおそらく真実ではない。

ロングアイランドの「藪の中」で、本当に何があったのかは、永久に解けることはあるまい。この四人が、それぞれ意識的に事実をまげたか、記憶があやしくなったのか、無意識の願望が回想に忍びこんだのか、もはや知るすべはない。ここで学ぶべき教訓は、個人の回想なるものがあまり当てにならない、ということであろう。

先ほどの写真に帰る。原爆が語られる時、よく示される写真である。『シラードの証言』の巻頭には何の説明もなく掲げられている。この写真のシラードに私は幻滅する。この写真は写真雑誌『ライフ』が製作した映画『原子力』からのスチールである。この映画は原爆開発の歴史的場面を、俳優ではなく、実際に参画した科学者、軍人、政治家が再演するという形をとった。W・ラヌエットのシラードの伝記によれば、「アインシュタインの手紙」のシーンはロングアイランドの歴史的現場ではなく、プリンストンのアインシュタインの家の裏庭で撮影された。今の言葉でいえば「やらせ」である。シラードがアインシュタインを口説いたものに間違いなく、ウィグナーもテラーも欠けた形で、我こそが原爆開発を始めさせた人物であることを永遠化しようとするシラードの巨大なエゴが透けて見える。私はこの写真が含まれた部分の映画しか見ていないが、ラヌエットによれば、他にもシラードが出演したシーンがあるようだ。一つはコロンビア大学の実験室でG・ペグラムと共演したもの。ウラン核分裂の二次中性子が二個以上であることを確認した実験か、天然ウラン‐グラファイト原子炉の発祥を示したものであろう。共にフェルミ・グループとシラードの協同の業績であり、フェルミかW・ジンが共演すべきであった。ふたりとも「やらせ」映画への出演を断ったのかもしれないが、G・ペグラムは原子力開発の行政的「有名人」であり、いかにもシラードらしい共演者の選択である。シラードは核エネルギーについて一般大衆の啓蒙を目的とする科学者の団体を結成することを思いつき、一九四六年五月、またしてもアインシュタインを担ぎ出した。映画『原子力』にはそのシーンも含まれているようだ。

ハリウッドのMGM社も『始めか終わりか』という題名で原爆開発物語を映画化したが、その台本を読んだシラードは酷評を下し、彼自身についてのシーンを書きかえ、新しく追加を要求した。歴史に名を残すことに彼ほどこだわった科学者は珍しい。人間の歴史に広島、長崎という大汚点をもたらした原爆の開発に関与したことに、シラードが一片の悔恨も抱かなかったことをこの一枚の写真ほど雄弁に語るものはあるまい。

一九九二年に出版された『ユージン・ウィグナーの回想』第一六章は次のように結ばれている。

「一般にレオ・シラードが無視されてきたことに、いつも私の心は痛んだ。それが、この本をこの世に残すことにした理由の一つである。

シラードは多くの弱点、そう、ひどく人の癇にさわる欠点を持っていた。それを私よりよく知っている者は誰もいない。しかし、彼の弱点のどれ一つをとってみても、要するに無害なものだった。欠陥のすべてにもかかわらず、レオ・シラードは私の最良の友人だった」

しかし、ウィグナーがこの生涯の友人に投げる数々の言葉のはげしさは、読む者を唖然とさせる。そのいくつかを拾ってみよう。

「シラードは科学に偉大な新しいアイディアを与えたことは一度もなかった」

「一九六三年に私がノーベル賞を得たことで、後味の悪いことが一つだけあった。レオ・シラードとの関係がしばらくまずくなったことだ。ユージン・ウィグナーがノーベル賞をもらう前にレオ・シラードが受賞すべきであったという思いを、彼はかくさなかった」

「自分本位というのは、人間の性質そのもののようなものだ。だれの中にもある。しかし、シラードの身勝手ときたら異様なほどのものだった。なぜそうだったのか説明できるとよいのだが、私にはできない」

「シラードは自分の才能をひどく買いかぶっていた。自分のこと、世界状勢の中での、自分の然るべき地位のことばかり考えていた」

「レオ・シラードは自分の野心をかくすような男ではなかった。一九四二年にシカゴに乗りこんだ時、彼はただの補佐役をするつもりはなかった。高い地位、なるべくならば、冶金研究所の全権を握る地位を与えられるべきだ、と言い張った」

「君がそんなに権力を欲しがらないといいんだがと私はシラードに言った。私は彼を〝将軍〟と呼んでからかったものだ」

フェルミは渡米以来コロンビア大学で、天然ウラン原子炉の実現のための実験研究を、弟子たちと肩を並べて遂行したが、シラードは芝居に気のきいた口出しをする裏方のような役を演じていた。だから、一九四二年の春、フェルミがシカゴに移って、人類初の原子炉の建設を始めた時にも、シラードの役割はフェルミの補佐役以上のものではあり得なかった。しかし、それはシラードの肥大したエゴにとっては堪えがたい苦痛だった。シラードは、原子炉建設の現場で陣頭に立って指揮をとるフェルミに嫉妬して、それを見守ることができず、現場にはめったに顔を出さなかった、とウィグナーは書いている。

もっとも、ウィグナーのように原子炉設計の理論計算に従事して歴史に名を残す道もあったのだが、シラードはそれもしなかった。

「私は毎日の物理の仕事を楽しんだ。結局は無駄になった計算も含めて、物理の計算をやるのが楽しかった。マンハッタン計画のほとんどすべての科学者はそんな風だったのだが、シラードは例外だった。彼は長い計算をやるのを嫌がった。それなら、著名な物理学者として認められようと望むべきでないと結論するのが当然だが、シラードはその考え方も受けつけなかった」

冶金研究所内で科学者としても影が薄くなった〝将軍〟シラードは、原爆そのものにも急速に興味を失い、マンハッタン計画の運営に対する批判に力を入れはじめた。それは、マンハッタン計画が原爆を開発していることに対する批判ではなく、開発が遅れていることに対する批判であった。それはまず、マンハッタン計画全体を掌握する本物の将軍グローヴスの秘密主義に向けられ、研究の区分化政策が原爆プログラムを一八カ月遅らせたと放言した。研究の区分化が開発の速度を遅くしたことは明らかだが、一八カ月という数字には何らの根拠もなく、科学者にふさわしくない発言であった。

シラードの批判の対象はグローヴスに留まらなかった。コナントも「シラードは、終戦後にひと騒ぎおこす下心があって、その時のためにするのが専らの目的で記録をつみ上げているのだと私は思う」とブッシュに報告している。

ブッシュは、一九四三年三月六日、多忙を押して、まる一日シラードの苦情に耳を傾けた。しかしシラードの政治家的想像力は先へ先へと突き進んだ。一九四四年一月一四日付でシラードはブッシュに手紙を送り、「高性能の原子爆弾が実際にこの戦争で使用」され、その威力が示されることが、戦後に予想される国外と国内の諸問題の処理に肝要であり、その故にこそ原爆計画の遅滞を憂慮しているのである、と伝えている。つまり、原爆の軍事的使用を建言している。このブッシュ宛の手紙の最終節はシラードを知るための必須の読み物であろう。それから一年半後の一九四五年六月には、シラードは一八〇度の方向転換をする。

シカゴの冶金研究所に属した科学者の間では、ロスアラモスよりはるかに早く、原爆の社会的政治的意義についての意識がたかまった。この相違の最大の理由は、リレー競走の走者たちを想像すると理解しやすい。ロスアラモスは原爆開発リレーの最終走者だった。他の走者たち（シカゴ、オークリッジ、ハンフォード）は走行を終えて手持ち無沙汰になった。シカゴに集められた多数の若い科学者たちは戦後の失業を心配しはじめた。これが「ニュークレオニクスの将来性」と題する、いわゆる「ジェフリーズ報告」が作られた大きな理由である。ジェフリーズ委員会は七人で構成され、J・フランク、E・フェルミ、R・S・マリケンが含まれていた。R・S・マリケンは分子論専門の物理学者で、報告書の草稿は彼が準備した。ラビノウィッチは委員ではなかったが、マリケンと親しかったために自分の考えを強く報告書に反映させることができた。第六章「国際関係と社会秩序に対するニュークレオニクスの影響」がそれである。「ジェフリーズ報告」は一九四四年の年末に書きあげられてマンハッタン計画の上層部に提出された。一般には公開されなかったが、内容の大綱は広く伝えられた。

ジェフリーズ報告が準備されていた頃、冶金研究所所長サム・アリソンの先導で、軍部の極端な秘密主義を排し、原爆とその破壊力について、アメリカ国内と世界の諸国に知らしめるべきことを勧告する文書が二二人の指導的科学者が署名して政府に送られた。その中にはJ・フランク、R・S・マリケン、H・D・スマイス、E・ウィグナーなどの名が見えるが、L・シラードの名はない。

一九四五年が明けた。フランクは、原爆使用についての自分の意見を米政府首脳に表明する時が来たと判断した。ジェフリーズ報告とアリソン覚書の討議にも参加して想を暖めていたフランクは七ページの覚書を用意し、コンプトンにかつての約束の履行を要請して、共にワシントンにおもむいてローズヴェルトの側近ヘンリー・ウォレス商務長官に覚書を手渡した。「四月二一日のフランク・メモ」である。これは、六月一一日、フランクが再びコンプトンと共にスチムソンの補佐G・ハリソンに手渡した「フランク報告」（前述）とは別のものである。原爆使用について心を砕くフランクの念頭には、第一次世界大戦で毒ガス兵器の開発に従事した前科の意識があったに違いない。それがフランク報告に顔を出している箇所は前に言及した。

一方、シラードは、自らが先頭を切って劇的に事を運ばなければ気がすまなかった。明らかにフランクの向こうを張る気持があった。一九四五年に入って、シラードはまたしてもアインシュタインの名を利用してローズヴェルトへの直訴を試みた。大統領宛のアインシュタインの手紙（一九四五年三月二五日付）と、それに添えられたシラードの大統領に対する政策勧告書は『シラードの証言』の中に資料として含まれている。「原子爆弾と戦後の世界における合州国の位置」と題された覚書は、シラードらしい饒舌にみちているが、日本に対する原爆の使用に反対を表明した文章はない。ローズヴェルト宛のアインシュタインの手紙に、シラードの宣伝がたっぷり含まれているのは看過するとしても、科学的な誤りがあるのは気にかかる。シラードが天然ウランで連鎖反応を起こすようにできる装置を間もなく完成する、と書かれているのである。これが、すでに稼動中の天然ウラン原子炉であるはずはないし、爆発的な連鎖反応を意味するならば、それは偽りである。

このアインシュタインの手紙と「三月のシラード・メモ」は大統領の手許にとどいたと思われるが、ローズヴェルト大統領は四月一二日に死去し、シラードは何の反応も得ることができなかった。シラードは同じ覚書を新大統領トルーマンにホワイトハウスで手渡そうとしたが、巧みにかわされた。国務長官に予定されていたJ・バーンズにその私宅で会見（五月二八日）したが、何の成果もあがらなかった。

前述の通り、その頃冶金研究所ではフランク報告が準備中で、シラードもその作成に参加したが、報告は彼にとって不満足なものだった。『シラードの証言』で彼はこう言っている。

「その頃になると、日本の都市に対して原子爆弾を使わないように政府を説得するのはもう無理だとわかっていた。暫定委員会では、使用しないという考え方に反対するカードが積み上げられていた。だから、やれることとしては、科学者たちが原爆投下に反対だったということをはっきりと記録に残すことだけだった。フランク報告では投下反対は便宜的な立場から議論されていたが、私は、日本の都市に対する原爆使用に科学者が道義的な立場から反対したのだということを記録に留める時が来たと考えた」

言や良し。しかし、フランク報告が便宜的な立場に立っていたとする非難がまったく当たらないことは、私が前に断片的に訳出した所から明らかであろう。フランク報告は五〇年後のいま読み返しても深い感動をさそう優れて道義的な文章である。

バーンズとの会見に失望したシラードは、再びトルーマン大統領に直訴を思い立った。しかし、さきにかかげた彼自らの言葉がはっきり示すように、これは後世に残す記録をつくることを目指したものであった。シラードは単独で訴状を起草し、六月下旬からシカゴで賛同者の署名を集めはじめた。この訴状は、日本に公正な降伏の機会を与えることなく原爆を使用することに反対する立場をとっているが、それは日本の民衆を大量に虐殺する行為に対する道義的な怒りに発するものではなく、「世界の目の前で、我々自身の目の前で、米国の道義的地位が弱体化する」ことをおそれての事であったことを、私たちはこの訴状から読み取る必要がある。

シラードの訴状は、トリニティ実験の翌日の七月一七日の日付が打たれ、六九人の署名が集まった。フランクとラビノウィッチは署名しなかった。フランクは、暫定委員会でのフランク報告の公式討議を通じて政府に原爆政策の変更を迫るべきだと考え、勧告の一本化を希望した。ラビノウィッチが伝える出来事がある。フランクがシラードに「君は私より利口(clever)だろうが、信じてくれ、私の方が賢い(wise)のだ」と言うと、シラードは大げさな身振りをして「私はあなたがおっしゃったことの前半だけに同意します」と言い返した。

シラードが、どのような手順でロスアラモスで訴状を回し署名を集めようとし、ロスアラモスに送られてきた訴状がどのように取扱われたかは正確に跡づけられていないが、一九四五年七月一〇日付でシラードがロスアラモスの物理学者E・クロイツに出した手紙によれば、訴状はクロイツの手を通して、オッペンハイマー、テラー、ウィルソン、モリソン、マクミランに渡されたと思われる。この手紙でも、シラードの関心は科学者に対する世間一般のイメージである。「いまから一、二年後の世間一般の目で見た科学者の地位という観点からすると、少数ながらも科学者たちが、道義的な議論に重点を置くことに賛成したという事を記録に残すのは良い事だ」としている。シラードを頭とする少数の〝人道的〟科学者のためのアリバイの準備である。

ロバート・オッペンハイマーは、シラードの訴状の内容にも、トリニティ実験の直前にそれを配布することにも、はっきり反対であったと判断される。彼は、日本に対して原爆の威力を有効確実に実験でわからせる可能性はほとんどないと考えていた。テストの後で荒野の爆心地に立った彼は、地面にほとんど凹みができなかったのを見て、その考えを一層かためたようだ。広島、長崎の阿鼻叫喚の地獄図は、まだ彼の頭の中になかった。

卑怯にふるまったのはE・テラーである。彼がシラードに同調せず、広島への原爆投下に反対しなかったのは、彼が一九四五年七月二日付でシラードに送った私信から明らかであるが、戦後、テラーは「シラードの立場に完全に賛成だったのだが、オッペンハイマーに言いくるめられて、訴状を回さなかった」と公言を繰り返して今日に到っている。この〝嘘つき〟テラーについては後章で論ずる。

私は、科学者の良心を代表する英雄、陰の天才、として祭りあげられたシラードのステレオタイプを突き崩すことを試みてきた。レオ・シラードを然るべき高さまで引降ろし、ロバート・オッペンハイマーを然るべき高さまで引き上げる作業は、私にとっては、ただ一つのことを意味する。私自身の詭弁の退路を断ち、いつわりの無罪証明を捨て、有罪を認めることである。

私にはシラードに対するウィグナーの永続した奇妙な愛情がわかるような気がする。シラードもまた愚かなひとりの科学者、ひとりの人間であった。ウィグナーが言ったように本質的に無害な人間であった。人間を見るたしかな目を持った伝記作家によって、浅薄な〝聖人伝《ハギアグラフィー》〟ではない、新しい伝記が書かれるべきである。醜悪な煽情をねらった修正主義者《リヴィジョニスト》の筆で、レオ・シラードが泥にまみれることを、私は決して望んではいない。フーコー、バーンスタイン、アインシュタイン、毛沢東……。リストはすでに長すぎる。

しかし、レオ・シラードの問題は私の個人感情を超える。シラードがいなかったとしても、アメリカの原爆開発は同じように進行したであろう。核兵器開発の過程と、核問題をめぐる戦後の国際状勢の展開に対するシラードの影響を過大に評価することは、問題の本質を大きく見誤る危険を伴う。

7 プルーデンスに欠けた男

28 赤い女性たち

ロスアラモスで極秘の軍事研究に従事していた多数の科学者が、終戦と同時にロスアラモスの山を下りて、クモの子のように散っていく。彼らの頭の中には核エネルギーに関する国家機密がぎっしりとつまっている。軍の防諜機関とFBIにとってまったく頭の痛い状況だった。なかでもロバート・オッペンハイマーは問題だった。ロスアラモスの防諜主任デ・シルヴァ大佐は戦時中一貫して、オッペンハイマーがソ連のスパイであるという考えを捨てなかった。終戦後も彼はきびしい監視の下におかれ、尾行がついた。

一九五四年のオッペンハイマー聴聞会の冒頭で、彼は自分が左傾した期間は一九三六年から一九四二年までのほぼ六年の短期間で、ひとりの女性ジーン・タトロックを触媒として、一九三六年、突然彼の社会的意識が目覚め、各種の左翼団体に属して行動したが、共産党に属したことはなく、一過性のものであったことを強調した。その陳述の大筋は真実であろうが、ハーヴァード時代を含めて一九三六年にジーン・タトロックと会う頃までは、社会問題、社会思想にまったく無関心だったという彼の主張を、私は疑う。

一九三〇年代のカリフォルニア、それはアメリカの怒れる若者たちの時代だった。若いスタインベックは『怒りの葡萄』を書いた。ヘンリー・フォンダ主演の映画を見た人も多いだろう。「飢えた人びとの目の中には、次第にわき上る激怒の色がある。人びとの魂の中には〝怒りの葡萄〟が満ちて、おびただしく実っていく」。

物理学者の卵たちがバークレーを目指して旅に出た有様は、『怒りの葡萄』のジョード一家がわずかな家財道具をボロ車に積んで、アルバカーキを通るルート66（現在の国道ルート40）をカリフォルニアに向かった様子と似ていなくもないのだ。フィリップ・モリソンはピッツバーグからヒッチハイクして、キャットフードで飢えを凌いだ。ジョセフ・ワインバーグは着たきりの服で替え靴一足だけかかえてバークレーに到着した。ロッシ・ロマニツやディヴィド・ボームの身の上話も同じようなものだろう。すべて「赤い」若者だった。ウェンデル・ファリーやロバート・サーバーが一九三九年以前にオッペンハイマーを慕ってバークレーにやってきた話は前にした。この優秀なポストドックたちも「赤」かった。ファリーはやがてハーヴァード大学の若い教授としてマッカーシー旋風をまともに受けることになる。ロスアラモスで、サーバーは妻のシャルロットと共に「要注意人物」としてデ・シルヴァにマークされる。

これは私の推測だが、ジーン・タトロックの登場以前に、ロバート・オッペンハイマーの左傾化を用意した女性が二人はいたのではあるまいか。まずメルバ・フィリップス。彼の最初の大学院学生である。彼女は物理学者としてもきわめて優秀だったが、終戦直後、物理学の研究を軍の統制から守る運動に人びとが立ち上がった時に、女性物理学者として最も目立ったのはメルバ・フィリップスだった。他の一人はシャルロット・サーバーである。著名な左翼思想家を父に持ち、FBIは彼女を共産党員と考えていたようだ。夫ロバート・サーバーの連続講義はロスアラモスの原爆開発の門出を飾ったが、オッペンハイマーはシャルロットをロスアラモスの図書施設の責任者に起用し、彼女は図書一般と秘密文書の管理の重責をよく果たした。ロスアラモスを去るに当たってオッペンハイマーは特に手紙を送り、彼女に感謝の意を表している。

オッペンハイマーのまわりに集まった頭脳秀抜の貧乏書生たちの生活の自由な雰囲気は、ロバート・サーバーの文章を引いて16節で描いた。研究室での議論は、そのまま、オッペンハイマーがおごってくれるレストランの食事に持ちこまれ、さらには深更まで談論風発がつづくことが稀でなかった。ワインバーグによれば、モリソンの手製の蓄音機が奏でるベートーヴェンの弦楽四重奏曲嬰ハ短調作品一三一がオッペンハイマー集団の主題曲だった。ちなみに、一九六七年二月二五日、ロバート・オッペンハイマーの告別式で、彼の遺言により、この曲がジュリアード弦楽四重奏団によって演奏された。

オッペンハイマーの大学からの年俸数千ドルに加えて、父親が配慮した資産からの収入があり、彼は一万数千ドルの年収があった。一方、州立大学の大学院学生たちの教育助手としての年収は、一九三二年にそれまでの七五〇ドルから六〇〇ドルに切り下げられてそのまま据置きになっていた。一九三七年教員組合に加わったオッペンハイマーはそうした問題をとり上げ、また、父の死がもたらした遺産はカリフォルニア大学に寄付して大学院学生のための奨学金とした。

一九四八年、彼はアメリカの週刊誌『タイム』の記者に次のように語っている。

「私は本物の左翼になり、教育組合に加入し、たくさんのコミュニストに友人を持った。大抵の人が大学か高校上級ですることだったが。それはトーマス（非米活動）委員会のお気には入るまいが、私はそれを恥じてはいない。遅まきだったことの方が恥ずかしい。私がその頃信じたことの大部分は今ではまったくのナンセンスに思えるが、それは一人前の人間になるために必要だった。もしこの遅まきの、しかし欠かせない教育を受けなかったら、私はロスアラモスでの仕事を果たすことはとても出来なかっただろう」

ここで、オッペンハイマーがロスアラモスの一般労働者たちにも親しまれたことが思い出される。問題は、鋭敏多感なロバート青年が、なぜ左翼思想の洗礼を受けずにハーヴァード大学を素通りしたか、ということである。

まず、一八歳のロバートが入学したハーヴァード大学がサッコ - ヴァンゼッティ事件の渦中にあり、ドス・パソスを育んだ場所であったことを想起しよう。新人生のロバートは大学のリベラル・クラブに入会した。そこではコミュニズム、アナーキズムがしきりに語られていたであろう。なぜロバートはリベラル・クラブから離れていったか。7節で引用した手紙からその理由が匂ってくるようにも思えるが、はっきりしない。私は次のように推理する。

ハーヴァード時代のロバートに最もよく見えていた貧民は、当時東部で繁栄した繊維衣料業界を支えた低賃金労働者、つまり紡績工場の女工たちであり、衣料業界の針子たちであったろう。ロバートが我が家の富の源泉を意識しなかったとは考えにくい。父ジュリアスは倫理文化協会の社会事業に参加することで、自らの富のうしろめたさを処理したが、ロバートにその途は開かれていなかった。さればとて、彼にはラジカルな思想を信奉して豊かな生活を捨てる勇気もなかった。彼はリベラル・クラブから遠ざかって、ブルームズベリ、ボードレール、プルースト、リルケの世界に逃げるのである。その彼の世界にニューメキシコの光とゲッチンゲンの物理学が加わった。しかし、一九二九年、二度目のヨーロッパ留学から帰ってきたオッペンハイマーを迎えたのはジョン・スタインベック、アプトン・シンクレアのカリフォルニアであった。アプトン・シンクレアは社会主義的発想の小説を次々に発表し、政治の世界にも進出し、「カリフォルニア貧困撲滅運動」の旗手として、一九三四年の州知事選挙では成功寸前にまで保守勢力を追いつめた。バークレーのキャンパスもこの運動に大きな振幅で連動した。その声が若者たちを通してオッペンハイマーの耳にとどかなかったはずはない。彼はジーン・タトロックに会うまで目を閉じていたのではない。口を閉じていただけである。

オッペンハイマーがニューヨークのお針子たちを忘れることが出来なかったという私の推論にたしかな根拠はないが、V・ワイスコップの自伝の中に、オッペンハイマーがニューヨークで「ピンと針」という名の酒場にワイスコップ夫妻を案内したことが記されていることには興味を強くそそられる。この酒場は国際婦人衣料労働者組合が経営し、組合員の社交の場となっていた。一九四〇年頃のことであろうか。オッペンハイマー家の富は贖罪行為《リデンプション》のように思えて仕方がないのである。

アメリカ合衆国共産党（CPUSA）はロシア革命の二年後一九一九年に結成され、今日まで正式には一度も非合法化されたことのない事をまず確認しておくことにしよう。そのピーク時の一九四〇年代には党員数八万に達した。女性が半数を占めていたという説もある。一九三〇年代には入党離党の回転率が高く、「回転ドア」の党とも呼ばれた。ジーン・タトロック、オッペンハイマーの妻キティー、弟フランク、フランクの妻ジャッキーなどが入党し、そして離党したのもその時期である。

オッペンハイマーは、一九三六年の春、友人の紹介でジーン・タトロックを知り、秋にはしばしばデートする関係になった。父親はバークレーで著名な中世英語の教授だった。ジーンは心理学の博士課程の学生で、丈高くグリーンの瞳をもった知的な美しい女性であった。ジーンはカリフォルニアの農場で酷使される放浪農業労働者の悲惨を熱情こめてロバートに話してきかせた。『怒りの葡萄』である。当時サンフランシスコ・バークレー地区で活動していた有力共産党員の幾人かをロバートに紹介して、左翼運動への参加をうながした。

しかし相思の仲としての二人の関係は平穏なものではなかった。結婚も目前と思われた時それを無にしたのは常にジーンの方だった。ジーンは情緒に安定性を欠き、典型的な躁状態とうつ状態をくり返した。ロバート・サーバーによれば、彼女は何週間も姿をかくし、帰ってくると誰と一緒に何をしたかを話して、容赦なくオッペンハイマーをじらし、苦しめた。「多分、彼女はロバートがどんなに強く彼女を愛しているかを知っていたものだから、思いきり彼をもてあそぼうとしたのだろう」。ロバートは苦しんだ。ジーンも苦しんだ。二人の関係は一九三九年のはじめに打ち切られた。切ったのはジーンの方からだった。聴聞会の陳述で、オッペンハイマーはジーン・タトロックを次のように偲んでいる。

「一九三九年から一九四四年の彼女の死の日まで、私は稀にしか彼女に会わなかった。彼女は共産党の党籍のことを私に話した。入党、離党を繰りかえしたようだが、党はついに彼女の求めていたものを与えなかったようだ。彼女の関心が本当に政治的なものであったとは私には思えない。彼女は深い宗教的感性を持った人だった。彼女はアメリカを愛し、アメリカ人を愛し、その生活を愛した」

一九三六年七月スペインの内戦がはじまった。フランコ将軍のファシズム勢力をヒトラーとムッソリーニが支援した。ゲルニカの町がドイツ空軍の無差別爆撃をうけた。アメリカもイギリスも公式には非干渉の姿勢をとり、フランコに対抗する共和国支持派を援助したのはソ連一国だった。しかし、世界各国からファシズムと戦うための義勇軍が送りこまれた。ジーンはロバートをうながして反ファシズムの戦いを支援する運動に共に身を投じた。ジーンと別れたあともロバートは義勇軍の支援をつづけ、同時に教員組合などいくつかの左翼団体に属し、年総額一〇〇〇ドルに及ぶ献金をつづけた。こうした運動や団体の多くはアメリカ共産党が実質的に統御していた。

ホーカン・シュヴァリエは、そうしたオッペンハイマーの行動を通して彼と親しい関係になった共産党員の一人である。父はフランス人、母はノルウェー人。オッペンハイマーと知り合った当時、バークレーの仏文科の講師で、アナトール・フランスの評伝とアンドレ・マルローの作品の訳業で知られていた。マルローはスペインの内戦に進んで参加した知識人の先頭を切る人物だった。シュヴァリエとオッペンハイマーは一九三七年の中頃、教員組合の集会で初めて会ったと思われる。シュヴァリエは組合の幹部だった。組合員としてのオッペンハイマーは、封筒の宛名書きや切手貼りに夜遅くまではげむこともあったとシュヴァリエは伝えている。

一九四〇年一一月にオッペンハイマーが結婚してからは夫婦での交際となった。オッペンハイマー夫妻はロスアラモスへの移住を間近に控えたある日、シュヴァリエ夫妻をバークレーのイーグル・ヒルの自宅に招いた。夕食後のマティーニを用意するためロバートが台所に行くと、ホーカンがついてきた。ホーカンは友人のイギリス人石油化学技術者ジョージ・C・エルテントンが、バークレーの放射線研究所で行われている軍事研究についての情報をソ連に流すことを希望していると話した。オッペンハイマーは驚いて言下にそれを断った。この台所での短い会話が一一年後にロバート・オッペンハイマーの首を絞める結果になる。

兄ロバートに対するジーン・タトロックの役を、弟フランクに対して果たしたのは、ジャッキー・クァムというカナダ人女性である。一九三三年、フランクはジョンズ・ホプキンズ大学の物理学科を卒業後、兄にならってラザフォードの研究所に一年半滞在、つづいてイタリアのフィレンツェで実験核物理を研修。帰国後パサディナのカリフォルニア工科大学で博士号を取得し、ポストドックの修業はスタンフォード大学のブロッホの許で行った。おそらくキャルテクとスタンフォードには兄の手配がとどいていたと思われる。フランクは、一九三六年九月、バークレーの経済学部の学生であったジャッキー・クァムと結婚し、数カ月後には揃って共産党に入党した。「赤い」ジャッキーが先導したと思われる。兄より先の結婚、入党というフランクの一連の行動は兄ロバートからの独立宣言であったとする見方がある。E・テラーは別の見方をする。彼は「フランク夫妻の共産党入党は、すでに秘密党員であった兄ロバートの命令であったとしか考えられない」と後年公言してはばからない。テラーはあくまでもオッペンハイマーを傷つけたいらしい。

一九四一年、フランクはローレンスの放射線研究所に入り、やがてマンハッタン計画にも参加してオークリッジでウラン235の分離の仕事に従事するが、それよりはるか前に共産党から離れていたと考えられる。ジャッキーもフランクも「回転ドア」党員だった。戦後の一九四七年ミネソタ大学の助教授となり、宇宙線物理の研究者として頭角をあらわしたが、昔の党籍がたたって、一九四九年辞職を強いられた。それから一〇年間、コロラド州のパゴサ・スプリングスの牧場で自ら牛を追い、牧草を刈って生計を立てた。一九五七年、近くの小さな高校の教師として迎えられ、一九五九年、大学（コロラド大学）への復帰が実現した。サンフランシスコ市の北部にあるユニークな科学博物館「エクスプロラトリアム」を知る人も少なくないであろう。「科学と芸術と人間の知覚のミュージアム」とある。フランク・オッペンハイマーの創造である（一九六九年開館）。

もう一人の赤い女性、それはロバート・オッペンハイマーの妻キティー（キャサリン）である。一九三九年八月、ロバートはパサディナのC・ローリッツェン教授宅のガーデン・パーティーで、初めてキティーに会った。キティーは若いイギリス人医学生リチャード・ハリソンを夫とし、夫婦でパーティーに出席していたのだが、ロバートに一目惚れしてしまった。オッペンハイマーも活き活きとした美しさにあふれた小柄の女性キャサリン・ペニングに強く心をひかれたようだ。翌年の夏、オッペンハイマーはハリソン夫妻をニューメキシコのペロ・カリエンテの山荘に招待したが、夫のリチャードは多忙で妻のキティーだけがやってきた。ここでキティーとロバートの関係は抜き差しならぬものとなり、キティーはリチャードと離婚し、一九四〇年一一月一日、リノ市で結婚式を挙げた。一九四一年五月には第一子ピーターが誕生した。

キティーは俗に言う火の女、衝動性と強烈な意志を併せ持った女性で、彼女にとってロバートは四人目の夫だった。彼女を共産党に入党させたのは二番目の夫ジョー・ダレットである。一九三三年、ウィスコンシン大学で英文学を専攻していたキティーは、裕福な家庭を捨てて、ピッツバーグの製鉄労働者の組合化にひたすら献身するジョー・ダレットにすっかり魅せられて結婚した。キティーはジョーと共に三度の食事もままならぬ極貧に堪え、工場の出入口に立って工員にビラを渡す日々をつづけ、入党を果したが、やがて下層党員生活の苛酷さに疲れはてて、ジョーには愛情を持ちつづけながらも、一九三六年には離党し、ジョーとも別れて、両親の住むイギリスに向かった。ジョー・ダレットはスペイン内戦を座視するに忍びず、スペイン行きを決意した。その途次の一九三七年六月、ジョーはフランスの港町シェルブールでキティーと落ちあい、共にパリに出て一〇日間を楽しんだ。キティーもスペイン行きを望んだが果たせなかった。その一〇月、キティーが夫ジョーとの再会を期してパリに到着した時、彼女を待っていたのはジョー・ダレットの戦死の報であった。内戦でアメリカ人義勇兵一五〇〇〇人が戦死した。死者総数六〇万、うち一〇万は殺害または即決の処刑によるとされている。

キティーに悲報を伝えたのはスティーヴ・ネルソンである。ネルソンはクロアチアの小さな農村の出身で、アメリカに渡って炭坑夫となり、スペイン内戦に参加し、デトロイトの小さな共産党細胞から出発して、戦前、戦後にわたってアメリカ共産党の幹部の一人として活躍した。一九三〇年代の末にはカリフォルニアで西海岸の日系人共産党員を支援したこともあった。その自伝には、日本の中国侵略に反対し、日本国内の日本人が反動勢力に操られないように警告するパンフレットを日本語で印刷し、それを日本に向かう貨物船に積みこむ仕事を助けたことが述べられている。真珠湾以後に、西海岸の日系人は内陸の強制収容所に送られたが、これについてネルソンは「今に到るまで、日本人拘禁の政府政策を支持した共産党に同調したことに心の痛みを感ずる。……今ふりかえれば、我々が、国益の名において、この日本人の取扱いを正当化したのが大きな誤りであったことがよくわかる」と述べている。

ネルソンの自伝にはオッペンハイマーについての興味深い言及が数多く含まれている。「西海岸に来てから間もなく、私はJ・ロバート・オッペンハイマーという驚くべき人物を知ることになった。私はスペインの話をしてスペインの内戦難民の救援金を集めるためにバークレーに行った。それまで聞いたこともなかったオッペンハイマーという男がスペインでの戦いの意義について立派な講演をした。そのあとで彼は私の所にやってきて、ニッコリしながら『スティーヴ、私は君の友人のひとりと結婚するのですよ』と言った。私が誰のことやらわからずにいると、彼は続けて『キティーと結婚するのです』と言った」

「それからしばらくして、オッペンハイマーは私を彼の家に招いてくれた。そこで大学関係の彼の仲間たちと会った。……物理をやっているオッペンハイマーの大学院学生たちの多くは政治的になかなか活発だった。私と彼らの接触は、こちらからというよりも彼らのやり方にしたがって行われた。彼らは選良的な知的文化的雰囲気の中で生きていたが、うちとけて、お高くとまるようなことは全然なかった」

「私たちは時々会って政治問題について意見を交わすことはあったが親友にはならなかった。私たちの関係は、彼が戦時中突然にバークレーを離れた時に打切られた。彼が電話をかけてきて、他所に行ってしまうから昼食でも一緒にしようということになった。……彼の最後の言葉は、スペインの共和国支持派がもう少し長く持ちこたえて、我々がヒトラーとフランコを同じ墓穴に葬ることが出来たらよかったのに、というものだった。テレビを除けば、これが私が彼を見た最後だった。共産党とロバートのつながりはありやなしやのものだったから」

しかし、スティーヴ・ネルソンとロバート・オッペンハイマーの話はこれでは終わらなかった。FBIが二人を抱き合わせにしたスパイ疑惑をでっち上げようと躍起になったたからである。

ロバートと結婚したキティーは、夫を各種の左翼団体から遠ざけようとした。それは彼女が思想的に転向したというよりも、そうした団体が共産党によって操られていることを過去の経験から熟知していて、夫ロバートがそれに踊らされるのを好まなかったからだと思われる。こうしてキティーによるロバートの独占的傾向と友人サークルの変化がもたらされ、彼女はロバートの旧友の一部で悪評の的となった。弟フランクの妻ジャッキーとも初めからそりが合わなかった。この辺りから発生したキティーの悪女悪妻伝説は、伝記作家や映画製作者の好んで利用するところとなった。P・グッドチャイルドの『ヒロシマを壊滅させた男オッペンハイマー』(前出)はその典型である。事の公平を回復するために、私はR・パイエルスの自伝を引いておく。パイエルスの批判はグッドチャイルドが製作したイギリスのBBCのテレビドラマに直接向けられている。

「キティーについて私が思い出すことは、ロバート・オッペンハイマーについての最近のBBCテレビドラマが与える姿とはほとんどつながらない。……彼女の身に備わった魅力とその率直さを愛し、彼女の数々の長所を愛でた人も多かったのである」

29　プルーデントに生きるべきか

ロバート・オッペンハイマーはロスアラモス研究所の所長として、三度大きな危機を経験した。一九四三年三月にロスアラモス入りをした彼は、その夏にはやくも最初の危機を迎えた。所長の解任を求める陸軍防諜部の意見書が上申され、一方、所長の仕事に実際に着手してみた彼はその規模の大きさと複雑さに圧倒されて自信を失った。それに重ねて、かつて婚約まで交わしたジーン・タトロックの精神的危機に応答しようとした。辞意をもらすオッペンハイマーをR・バッカーなどが激励してようやく危機が克服された。それから一年後、プルトニウム239に混在するプルトニウム240の自然分裂のための砲撃法によるプルトニウム爆弾の実現は絶望的となり、爆縮法もまた深刻な技術的困難に直面して見通しが立たなかった。一九四四年夏の危機（24節）である。一九四五年夏の危機は勿論トリニティ実験である。一年間の苦労の結晶であるプルトニウム爆縮装置が計算通りに炸裂することを確信して実験に臨んだものは一人もいなかった。

ここでは最初の夏の危機に話を戻す。まずグローヴス将軍を総帥とするマンハッタン計画の防諜関係者四人をまとめておく。すべて陸軍の将校である。

＊J・ランズデール――マンハッタン計画全体の防諜責任者として本拠をワシントンのペンタゴンに置いてグローヴスを補佐した。ハーヴァードで法律を学んだ。

＊B・T・パッシュ――サンフランシスコに本拠を置き、アメリカ西海岸一帯、特にローレンスの放射線研究所をめぐるソ連のスパイ活動を重点とした防諜責任者。

＊P・デ・シルヴァ――ロスアラモスの防諜責任者。オッペンハイマーはソ連のスパイで

あると考えていた。

＊L・ジョンソン――バークレーのカリフォルニア大学を担当する防諜責任者。

グローヴスの下での陸軍防諜部の目標が初めから一貫して、ドイツではなくソ連であったことは注目に値する。一九四二年の秋、スターリングラードでドイツ軍と死闘を演ずる〝戦友〟ソ連軍にアメリカ人が喝采を送っていた頃に、ソ連もベリヤの指令の下に着々とアメリカの原爆開発のスパイ網を整えつつあった。

陸軍防諜部の将校たちは個人としても反共産主義者であり、なかでもランズデールは徹底していた。スペイン内戦の義勇軍に関係した者を陸軍から排除することを主張して上司と摩擦を生じ、義勇軍の感傷的支持者であったローズヴェルト夫人から干渉を受けたこともあった。一九四一年の年末、コナントの指令を受けて、ランズデールはワシントンからバークレーに派遣された。コナントは、原爆に関連した秘密事項が、大学のクラブの食卓などで話題に上っている現状を防諜の見地から憂慮して、ランズデールに実状探査と防諜対策を依頼したのだった。ランズデールは私服で大学構内に入り探査を進めた。FBIの手も借りてイーグル・ヒルのオッペンハイマーの自宅（一九四一年一月購入）など広範囲に電話の盗聴装置を取り付けた。

一九四二年九月、マンハッタン計画の総指揮を命ぜられたグローヴスは防諜の最高責任者としてランズデールを採用した。ランズデールがオッペンハイマーに初めて会ったのは、一九四三年三月オッペンハイマーがサンタフェのホテル・ラ・フォンダに仮住いしていた時だった。ランズデールはFBIと陸軍防諜部によるオッペンハイマーの身元調書を読んでいた。マンハッタン計画のグローヴスの最高副官ニコルズはオッペンハイマーのロスアラモス研究所所長就任に反対の意見をグローヴスに表明していた。ランズデールも強い危惧をいだき、グローヴスと長時間話し合った。グローヴスの判断と決断は明快なものだった。(a)オッペンハイマーは原爆開発に絶対欠かせない。(b)彼は国家に忠誠を尽くす人物である。(c)調書の内容のいかんにかかわらず所長就任保安審査を通過させる。つまり、グローヴスは陸軍防諜部とFBIの反対、ランズデールの反対を押し切って、自分が全責任を負って、ロバート・オッペンハイマーを所長に据えたのであった。この一九四三年の春の時点ではランズデールの疑心は深く、デ・シルヴァと協力して、オッペンハイマーの電話、会話を盗聴し、手紙を開封し、尾行をつけ、身辺護衛と称して防諜員を付けた。一九五四年の聴聞会でランズデールは「あらゆる汚い手を使った」と証言しているから、おとり捜査的な手口も使ったかも知れない。

一九四三年六月、ホシが動き出した。ロスアラモス研究所は初めから有能な所員の不足に悩まされたが、オッペンハイマーは所員を引き抜くためバークレーに数日滞在し、その最終日の仕事を終えた夕刻、サンフランシスコに渡ってテレグラフ・ヒルのアパートに独り住むジーン・タトロックを訪れた。翌朝早くアパートを出た二人は空港に向かい、そこで別れた。尾行員はすべてをパッシュに報告した。その頃パッシュ大佐は共産党幹部S・ネルソンがローレンスの放射線研究所の若い所員「ジョー」から原爆用ウラン235の分離に関する情報を入手しているという報告をうけ、神経をとがらせていた。パッシュたち陸軍防諜部員は「ジョー」をオッペンハイマーの学生だったジョヴァンニ・ロッシ・ロマニッツだと考えた。実は「ジョー」とはロマニッツの友人で、同じくオッペンハイマーの学生であったジョセフ・ワインバーグだったのだが。

ロマニッツはオクラホマ出身で、一九四〇年一九歳でオッペンハイマーの大学院学生となった。抜群の秀才青年で、一九四二年にはローレンスが試みていた同位元素の電磁分離法に対して重要な理論的貢献をした。オッペンハイマーは彼にローレンスのグループへの参加をすすめた。反戦思想を持つロマニッツは乗気でなかったが結局説得されて放射線研究所の一員となり、アルヴァレ、シーボーグなどがロスアラモスに移ったあとの空白をよく埋めた。所長のローレンスはロマニッツの才能と働きぶりをきわめて高く評価し、一九四三年七月二七日、二二歳のロマニッツをグループリーダーの地位に昇格させ、昇給を伝えた。その三日後、ロマニッツに徴兵検査の出頭通知がとどいた。これはスパイ防止策として陸軍防諜部が要請した処置だった。

驚いたのはオッペンハイマーよりむしろローレンスだった。ロマニッツは研究所にとってかけがえのない存在になっていたからである。ふたりは八方手をつくしたがそのかいもなく、ロマニッツは一兵卒として陸軍に召集された。また、オッペンハイマーがロマニッツを原爆開発計画の中に引き留めようとした事実を、パッシュやデ・シルヴァはオッペンハイマーのスパイ網を確保する努力の表われであると解釈した。

この事件の直後、ランズデールはワシントンからロスアラモスに出張して、ロマニッツ事件をはじめとしてバークレー周辺の共産党関係者のスパイ行為の疑惑についてオッペンハイマーを尋問し、長時間話し合った。ロマニッツに加えてジョセフ・ワインバーグ、ディヴィド・ボーム、マックス・フリードマンなどの名も挙げられた。ロマニッツがローレンスの許で戦時研究に参加する際に、オッペンハイマーは、ロマニッツに一切の政治行動を停止すべきことを申し渡した、とランズデールに話したが、ランズデールは、ロマニッツがそのオッペンハイマーの言葉に十分したがわなかった証拠があり、それが召集の理由であると返答した。さらにランズデールはバークレー地区で新しく出来た技術者組合FAECTがソ連のスパイ活動の隠れみのになっていると考えていることをオッペンハイマーに伝えた。この組合の組合長はG・C・エルテントンであった。ホーカン・シュヴァリエがオッペンハイマー家の台所でソ連に情報を流すチャンネルとして挙げた名前である。

一九四三年の一月か二月の、台所での出来事をオッペンハイマーは防諜関係者に報告しなかった。自分が黙っていれば立消えになると思ったのであろう。しかし、新しい技術者組合のこともあり、遅ればせながらエルテントンの名前だけを報告することをオッペンハイマーは決心した。一九四三年八月二五日、他の用事でバークレーを訪れたオッペンハイマーは、カリフォルニア大学の防諜責任将校L・ジョンソンと会って、G・C・エルテントンの行動をよく監視する必要があると告げた。ジョンソンは、問題が大学の内外にまたがることであるから西海岸一帯の責任者であるパッシュに直接詳細に報告することをオッペンハイマーに要請し、八月二六日に、オッペンハイマー、パッシュ、ジョンソンの会合が行われた。

会話は隠しマイクを通して隣室のテープレコーダーにすべて録音された。その内容が一九五四年の聴聞会でオッペンハイマーを追いつめ、その有名な捨て台詞「私が愚かだったからだ(Because I was an idiot)」に導くのである。オッペンハイマーはパッシュに執拗に追及されて「エルテントンが仲介者を通して、現在ロスアラモスに所属する科学者二人とバークレー所属の科学者一人に情報を求めた」と述べたが、仲介者の名も、三人の科学者の名も明らかにすることを拒み通した。

ランズデールはオッペンハイマーが首都ワシントンに来た機会をとらえて、一九四三年九月一二日ペンタゴンで、エルテントン事件についてオッペンハイマーを尋問し、パッシュと同様に仲介者の名前を要求したが、オッペンハイマーはそれがカリフォルニア大学の教授であること以上には口を割らなかった。この会話の全体も隠しマイクで録音された。

ランズデールは会見の次第をグローヴスに報告し、仲介者X教授の名を知るには、グローヴスがオッペンハイマーに命令して白状を強制する以外にはないと述べたが、グローヴスはすぐには動かず、その年の暮近くまで機会を待った。夏の間のオッペンハイマーの深刻な心理的動揺を察知してのことであったと思われる。一九四三年一二月一二日、ロスアラモスでグローヴスはオッペンハイマーに仲介者X教授の名前を要求した。この時はじめてオッペンハイマーは友人ホーカン・シュヴァリエの名を明らかにした。この一点は確実だが、他の点ではグローヴスとオッペンハイマーの記憶に相違がある。この会話は録音されなかったので正確な内容な永久に失われた。ただ、もう一つ確実に言えるのは、この会話の後も、オッペンハイマーに対するグローヴスの信頼はいささかも揺るがなかったことである。

私の興味を最も強くそそるのは、オッペンハイマーについてランズデールが到達した彼自身の最終的判断である。ランズデールはマンハッタン計画の防諜最高責任者として、ロバート・オッペンハイマーとの接触、キティー・オッペンハイマーとの接触を数多く重ねる裡に、ロバートを完全に信頼できる人間であると断じ、彼としては、オッペンハイマーを「要注意者」のカテゴリーからも外してしまうのである。サーバー夫妻、E・コンドンなどをはじめとして多くの「赤い」科学者がこのカテゴリーに属していた。

一方、ロスアラモスの防諜責任者デ・シルヴァは一九四三年九月二〇日付のパッシュ宛の報告書で「私の意見では、オッペンハイマーの現実感覚は、信じ難いほどまでに純真でまるで子供じみているか、さもなければ、極端に狡猾で不忠実であるか、のどちらかである。彼と十分長期間接触してきた防諜部員たちの意見によれば、前者の可能性はまずあり得ない」としている。パッシュもニコルズも同意見だった。したがって、防諜担当者として、ランズデールとパッシュ、デ・シルヴァとの間、管理責任者として、グローヴスとその最高副官ニコルズとの間に、オッペンハイマーについての意見と判断に完全な亀裂が生じていたのである。

N・P・デイヴィス著『ローレンスとオッペンハイマー』（菊池正士訳、タイム・ライフ・インターナショナル、一九七一年）に注目すべき一節がある。

「オッペンハイマーが政府秘密について口が固くなかったと言った者はこれまでただの一人もいない。しかし、オッペンハイマーと長く付き合った者なら誰しも経験したことだが、ランズデールもこの男がプルーデンス（prudence）というものを持っていないことを発見してまったく頭に来る思いをした。正常な人間ならば、世の中でやっていくため、あるいは少なくとも落後しないための賢明な兵法にしたがって、ニッコリするか顔をしかめるか、はねつけるか誘いこむか、人を押しのけるか譲るか、反応の仕方の見当がつくものだ。育てられ方の欠陥から、この適応性を身につけそこなったオッペンハイマーは、それを、彼自身が案出した知的・道徳的・審美的規範で置きかえたのだ」

これは、ランズデールをインタヴューして聞いたところを著者デイヴィスが自分の言葉で書きなおしたものであろう。デイヴィスはイリノイ大学の英文科の教授だった。プルーデンス（prudence）という英語は、慎重、思慮深さ、を意味するが、また、抜目のなさ、の意味もある。形容詞はプルーデント（prudent）、プルデンシァル（prudential）。アメリカの有力な保険会社に「プルデンシァル」というのがある。私たちは人生を安全に送るために、世の規範、世の価値に逆らうことなく、臆病に、あるいは計算だかく生きる。それを、プルーデントに生きる、というのである。カナダの高名な作家が「芸術家はプルーデントでない生き方をするものだ」と言ったことがある。ブルームズベリのメンバーたちはプルーデントな生き方はしなかった。

もしロバート・オッペンハイマーが「謎」に見えるならば、「プルーデンス」はその謎を解くキーワードの一つだろう。オッペンハイマーの著作や講演で知る限り、彼はこの言葉を悪しき意味でしか使わなかった。デ・シルヴァがオッペンハイマーの現実感覚の信じられないまでの子供っぽさに驚いた時、彼はこのキーワードを知らなかったから謎を間違えて解いた。ランズデールは正しく解いたのである。

国家の最高機密をあずかるロスアラモス研究所の所長が、尾行されているのを承知の上で、かつての恋人であり、婚約者であった女性、しかも共産党員であった女性のアパートに出掛けて一夜を過ごす。これは、もしオッペンハイマーがプルーデントな人間であったら絶対にしなかったことであろう。彼が心から愛した女性が精神的な平衡を失い、危機的な苦悩の中から彼に会うことを求めた時、オッペンハイマーはそれに応じることの重要さを他の重要な国務と同じ高さに置いたのである。ジーン・タトロックは彼が捨てた女ではない。ジーンが彼から去ったのである。捨てられた女の怨恨などではなかった。ジーンの苦悩と錯乱は彼女が人生に求めたものが何も与えられなかったことに発していた。ロバートの訪問もジーンを救うことは出来なかった。訪問の六カ月後、一月初頭のある日、ジーンは多量の睡眠剤を服用して自殺した。彼女は次のように書き残した。

「……私を愛し、助けてくれた人びとに、すべての愛と勇気が与えられますように。私は生き、与えようとしたが、ゆえ知らず生きる力を失ってしまった。必死になってこの世を理解しようとしたが、だめでした。動けなくなったひとりの人間から、世界と戦う重荷を取りのぞくことだけが、私にできる精一杯のことでした。……」

一九五四年のオッペンハイマー聴聞会では、「ジーン・タトロック事件」は、道徳観念の欠如した既婚の男が出張先で情婦と通じた姦通事件として取扱われた。オッペンハイマーを聴聞会に引き出した人間たちは、その夜、ジーンとロバートが性交渉を持ったことを信じて疑わない。グローヴス（ポール・ニューマン）とオッペンハイマー（ドワイト・シュルツ）の神経症的な関係を描いたパラマウント映画『シャドー・メーカーズ』でもそうなっている。しかし、別の想像もあってよい。P・マイケルモア著のオッペンハイマーの伝記に「オッペンハイマーはサンフランシスコのアパートにジーン・タトロックを訪れて、一夜を語り明かした」とあるのは嬉しい。

一九五九年、スイスのラインフェルデンで行った講演の中で、オッペンハイマーは、水爆とミサイルの開発に狂奔する祖国アメリカを次のように論じている。

「核兵器の問題について高貴で厳粛な倫理的論説が行われていないという事実の前で、私は深く苦悩する。たしかに、これまで、抜目のない議論（prudent discussion）、戦略論、ゲーム理論ならばたくさんあった。……ほとんどすべての人間を殺戮し尽くす可能性を論ずる時、計算だかい、ゲーム理論の言葉で（in prudential and game-theoretic terms）しか語れないでいる我々の文明《シヴィライゼーション》を、我々は何と考えればよいのか。悪いことをした敵に対してだけ使うのであれば、原爆水爆もどうということはないという見解を、西側、特に我が国が表明したすべての場合に、我々は誤りを犯してきたのである。第二次世界大戦における戦略爆撃作戦――これこそがこの大戦の全面的特徴であった――から歴史的に結果した、良心の痛みの喪失こそ、世界の自由、人間の自由の促進の重大な障害となっているのである」

8　核国際管理の夢

30　マクマホン対メイ・ジョンソン

一九四五年八月六日広島、九日長崎、一五日には日本無条件降伏。戦争は突然終わった。四月一日の上陸以来六月下旬までに及んだ凄惨をきわめた沖縄戦の恐怖をこえて一一月に予定された九州上陸作戦を準備しつつあった米軍の兵士たちも、一般のアメリカ人も、驚異の新兵器「原子爆弾」が戦争に終止符を打ったと思ったのは当然だった。無名の理論物理学者ロバート・オッペンハイマーの写真が巷にあふれ、オッペンハイマーは「原爆の父」の名をほしいままにした。E・ローレンスが、実は私こそ原爆の父だ、と新聞記者に語ったと伝えられる。戦争終結の英雄としてのオッペンハイマーの登場はそれほどまでに華やかなものだった。後年（一九五四年）には「私の役割は、理解を示し、激励し、示唆を与え、決定を下すことだった。それはワンマンショウとは正反対のものだった」と言ったオッペンハイマーだが、終戦後の名声を彼が楽しまなかったとしたら、それは不自然というものであろう。巷間の人気だけではなく、政府の首脳たちの間でもオッペンハイマーの株は上昇し、「インサイダー」として権力の中枢に組み込まれていったのである。

これまで数多く書かれた「オッペンハイマー物語」のここから先の定石は次の通りである。戦争終結以前から、管理者として軍（あるいは悪魔）に魂を売り渡していたオッペンハイマーは、その報酬としてインサイダーとなることを許され、絶大な権力を手に入れてそれを楽しむ。終戦までは彼の魅力（魔力）によって目を掩われていたロスアラモスの科学者たちは、次第にオッペンハイマーの正体を見抜いて離反し、レオ・シラードの側について軍部の支配と戦う。一九五四年、オッペンハイマーは権力闘争に一敗地にまみれて、自業自得の形で自滅失脚する。それから一〇年余り、失意の人として酒浸りの余生を送り、一九六七年喉頭ガンで没する。しかし、これは事実の歪んだ射影である。

一九四五年八月三〇日夜、ロスアラモスの科学者五百余人は町の映画館に集まって、ロスアラモス科学者連盟（ALAS、Association of Los Alamos Scientists）を結成した。この種の政治的な科学者集団が結成されたのは、シカゴよりもオークリッジよりも、ロスアラモスの方が早かったのである。ALASの基本理念は、ボーア－オッペンハイマーの原子力国際管理であった。

ニールス・ボーアが原爆製造の不可能性が確かめられることを祈念していたと、先にも述べた。一九四三年一一月末、ロスアラモスで少なくともウラン235爆弾は可能であることを悟ったボーアは、原爆開発に反対せず、むしろ技術的にも協力した。しかし、それと同時に、核爆弾が世界に対して持つ意義について深く想いをひそめ、人類を滅亡の危機から救うためには、原子力に関して、アメリカ側とソ連側の協調がぜひ必要であることを確信した。ボーアは原爆が完成される前に協調の基礎を固めようと考えて、まずローズヴェルトと会見し、次にチャーチルとも会談したが、チャーチルはボーアに対して強い不信感を抱き、すべては無に帰した。その経過は西尾成子著『現代物理学の父ニールス・ボーア』（中公新書、一九九三年）に描かれている。

ボーアの理念は、オッペンハイマーをはじめとするロスアラモスの科学者たちに確実に継承された。R・ウィルソンはボーアを「ロスアラモスの良心そのものであった」と言っている。ロスアラモスの科学者たちがトリニティ実験で地獄の業火を実地に脳裡に焼きつけたこともALASを特色づけた。広島、長崎の報に接した彼らの想像力がシカゴやオークリッジの科学者のそれよりも生々しいものであったのは当然である。「核爆発はあまりに恐るべきものであるから、戦争は不可能となり、平和が実現される」というオッペンハイマーの言葉が安易に受けいれられる素地がつくられた。彼らが広島と長崎の空に放った巨大な悪が、善への契機となり得ると考えるのは、彼らにとって救済でもあった。したがって、メイ－ジョンソン法案が国会に提出される以前は、原子力の国内管理にはALASの関心は弱く、最初に準備した文書は原子力の国際管理の提案であった。ALASはこの文書を政府に伝達することをオッペンハイマーに依頼したが、政府当局はその内容から秘密文書と認定して、その公表を禁じた。オッペンハイマーは政府の判断に同調して、ALASが集団としてこの問題について公けに意思表示することを、トルーマン大統領が原子力に関する教書を国会に提出するまで差し控えることを要請した。このオッペンハイマーの弱腰の対応はALASのメンバーをいたく失望させた。

一九四五年一〇月三日、トルーマンは原子力についての教書を国会に送り、一〇月四日、二人の議員A・J・メイとE・C・ジョンソンを提案者として、原子力の国内管理に関する法案が国会に提出された。このメイ－ジョンソン法案は、戦時中、軍のマンハッタン計画が掌握していた原子力の管理機能を受けつぐ原子力委員会を法的に確立することを目指していた。その準備はすでに一九四五年の春に暫定委員会の指令をうけた二人の法律家によって着手され、原案は一九四五年六月一九日に暫定委員会に報告された。軍人四名、民間人五名の委員構成で、核兵器の管理、機密保持、民間の原子力事業、原子力関係の研究に対して強大な権限を与えられていた。暫定委員会の三人の科学者委員、ブッシュ、コナント、K・T・コンプトンは、原子力委員会は全員民間人で占められるべきであり、研究の自由が明文化されるべきであることを主張し、特にブッシュは原案の全面的見直しを求めた。国務次官D・アチソンもその広汎強大な権限に危惧を表明した。しかし結局はあまり改変されないままで国会に提出された。

ブッシュとコナントは、メイ－ジョンソン法案の欠陥にもかかわらず、彼らの戦時中の経験にもとづいて、軍人四名、民間人五名の委員がグループとして拒否権を持つ原子力委員会が、賢明に運営されることに期待を寄せて、その支持を決心した。オッペンハイマーはこの法案についてコナントとグローヴスから個別に口頭で説明を受けた。法案原文を自分で詳細に検討する時間も意欲もなかった。彼は、アメリカとソ連の間の妥協点が定まれば、それに合わせて国内管理が再調整されることは必至と考え、国際管理こそ先決問題であると考えていた。メイ－ジョンソン法案についてはブッシュとコナントの判断に信頼をおいたのである。

コナントから要請されて、暫定委員会の科学者パネルのオッペンハイマー、フェルミ、ローレンスは一〇月一一日付で、メイ－ジョンソン法案の早期の国会通過を支持する内容の電報を、サンタフェから政府宛に送った。A・H・コンプトンの名がないが、彼もシカゴで同じ立場を表明していた。

レオ・シラードはこの機会を巧みにとらえて、メイ－ジョンソン法案を「軍の原子力支配を永久化する」悪法と決めつけ、コンドンを味方に引き入れ、主にシカゴとオークリッジの科学者たちを動員して熾烈な反対運動を展開した。運動は功を奏し、メイ－ジョンソン法案の通過は阻止され、シラードに率いられた科学者たちに支持された対抗法案がB・マクマホン議員によって提出された。錯綜した国会審議が続き、一九四六年一月にはトルーマンもマクマホン法案支持の側に回り、七月二六日にはそれが国会を通過し、八月一日に大統領が署名した。その結果として、五名の民間人委員が構成するアメリカの原子力委員会が一九四七年一月に発足した。

マクマホン法の勝利はレオ・シラードの生涯のハイライトの一つである。この勝利は、マンハッタン計画にまきこまれた多数の若い科学者たちが、戦時中の指導的科学者たち、ブッシュ、コナント、コンプトン、ローレンス、フェルミ、オッペンハイマー……に失望し、一時的とはいえ離反していった過程でもあった。戦時中からブッシュ－コナント・ラインにはなはだ批判的であったレオ・シラードにとって、この勝利は、個人的に、こたえられなく甘美なものであった。

戦後のアメリカの原子力政策を支配した原子力委員会の成立にまつわるメイ－ジョンソン法案とマクマホン法案の対立の歴史は、アメリカの戦後史の重要な一章であり、今後も研究、議論が続くことであろう。それはまた、アメリカの科学者が、自らの生み出したものについての責任感から集団として積極的に国会に働きかけ、大きな影響を与えた点でも特筆すべき時期であった。その詳細はA・K・スミス著『危険と希望』(広重徹訳、みすず書房、一九六八年)にゆだねよう。ただ一つだけ指摘しておきたいことがある。それは『シラードの証言』の中に見出されるオッペンハイマーに関する事実の、故意の歪曲と捏造である。

一九四五年一〇月一八日、下院の軍事委員会の公開聴聞会で、メイ－ジョンソン法案について数人の科学者が意見を述べた。最初の証言者はシラードだった。シラードは一時間四〇分を独占して延々と発言をつづけた。メイ－ジョンソン法案に反対する理由は、それが現在の軍部管理を永久化することに対する危惧にあるのか、という委員の質問に答えて、シラードは、従来の管理は決して軍部の単独管理ではなく、科学研究開発局、国防研究委員会、マンハッタン計画によってなされてきたが、メイ－ジョンソン法が成立すれば、また同じ顔ぶれの連中が原子力の管理を支配することが予想され、それが反対の理由である、と答えた。これは、ブッシュ、コナント、グローヴスを直接名指しで非難することに等しかった。

戦争中にシラードがこの三人の首脳に対してきわめて批判的であったことは前に述べた。要約すれば、この三人のミスマネジメントのために原爆の完成が遅れたという批判につきる。『シラードの証言』に含まれている一九四四年一月一四日付のブッシュ宛のシラードの手紙（資料97）と、それに付した覚書（資料98）は、ここで再読に値するが、その検討は控えよう。ただ、この公開聴聞会に証言者の一人として出席したオッペンハイマーの発言についてシラードは中傷的なコメントを残した。『シラードの証言』を訳出しよう。

「オッペンハイマーは、これを機会に最高に冴えたパフォーマンスをした。彼は、軍事委員会の面々には彼がメイ－ジョンソン法案に賛成であるという印象を与え、物理学者と彼の同僚で主に占められた聴衆には、彼は法案に反対であるという印象を与えたのだ。彼は、この芸当を、委員の一人が彼にした質問に巧みに答えるという簡単な手段でやってのけた。質問『オッペンハイマー博士、あなたはこの法案に賛成ですか?』。答『ブッシュ博士はこの法案に賛成です。コナント博士もこの法案に賛成です。私はこの二人の紳士の双方に高い尊敬の念を抱いています』。委員会のメンバーにとっては、これは彼が法案に賛成であることを意味したが、物理学者からなる聴衆にとっては、これは彼が法案に賛成ではないことを意味した」

念のため解説しよう。ブッシュとコナントは国家権力と軍部に密着した科学行政官として一般の物理学者に嫌われていたから、オッペンハイマーがこの二人を大変尊敬していると言ったのを、当然皮肉として受けとった、とシラードは言いたいのである。この逸話のメッセージは、オッペンハイマーが寓話のコウモリのように狡猾な男だという事以外にはありえない。

幸いにスミス著『危険と希望』の中に、オッペンハイマーの発言が十分の長さで引用されているので訳出しよう。

「責任ある地位にある科学者として、ブッシュ博士とコナント博士よりも重い責任を果たし、より勇敢に行動し、より広汎な知識を持った人物はいなかったと私は思う。もしその二人がこの法案の基本的な考え方を良しとし、この法案を勧めるのであれば、これは法案を支持する有力な論拠になると私は考える。この点で、多くの科学者が私と意見を異にしていることは承知しているが、それにもかかわらず、私は自分の判断の正しさを確信している」

このオッペンハイマーに日和見の影はない。彼は出席している物理学者の多くと意見を異にしていることを認識し、しかもメイ‐ジョンソン法案賛成の立場を明確に打ち出している。シラードが伝えるエピソードは彼の創作に他ならない。私はここで犯されている事実の歪曲を実に趣味の悪いものだと思わないではいられない。

「悪法」メイ‐ジョンソン法案を支持したオッペンハイマーは多くの友人と意見を違《たが》え、信頼を失った。実に高くついたのである。この法案の早期国会通過を希望したのは、彼の言葉によれば「原子力委員会と行政責任者が、委託された権限を賢明に行使することに信を置く方が、法案の審議の過程で各種の圧力がかかって、結局はメイ‐ジョンソン法よりはるかに悪いものが生み出されてしまう危険を犯すよりましだ」と考えたからであった。もう一つの理由は、原子力の国際管理の方が国内管理より重要問題だと考えたことにあった。

国会の審議はオッペンハイマーのおそれた要素をもたらしたようだ。原子力委員会の構成についてだけ見れば、メイ‐ジョンソン法では軍人四名、民間人五名、マクマホン法では民間人五名だけで、軍部の影響が排除されたかに見えるが、マクマホン法の原案には一〇〇カ所を越す修正が加えられて、一九四六年七月末に成立した時には、軍部内の専門家はマクマホン法の方がメイ－ジョンソン法より軍支配を容易にしたとの見解をとったと伝えられる。緊急事態になれば、軍の全面的支配を許す条項も付け加えられた。

それから八年後の一九五四年、マクマホン法による原子力委員会がソ連に対する恐喝外交と水爆による戦略爆撃を推進する軍部とそれと連携する保守勢力の手先となって、ロバート・オッペンハイマーを権力の「内部」から排除する。歴史の大きな皮肉である。

広島、長崎から三カ月もたたぬ一九四五年一一月二日の夕刻、ロスアラモスの映画館に集まった約五〇〇人のロスアラモス科学者連盟（ALAS）のメンバーを前にして、すでに所長を辞任したオッペンハイマーはALASのメンバーの一人として講演を行った。彼が支持したメイ－ジョンソン法案に反対する声が、シラードに刺激された多数の科学者から挙がっている状況のさなかでこの講演が行われたことに注意しよう。メイ－ジョンソン対マクマホンのドラマが遠い過去の記憶の霧の中に没した時、ありし日のALASのメンバーたちの脳裡に残っていたものは、このオッペンハイマーの素朴な夢にみちた講演であったという。その全文はA・K・スミス編集の『オッペンハイマー書簡集』に収録されている。ここでは重要な部分を抄訳しながら全体をたどってみよう。

冒頭でオッペンハイマーは現在進行中の政治問題についてあまり語るつもりはない事をことわり、「私が現実政治についてよく知らない」からだと述べた後、物理学者は、相対論と量子論の出現によって、この自然世界が従来考えられていたものではなく、それを理解し、それに対処するために、この世界の性質そのものに強制されて、新しい思考法と言葉を学び、身につけてきたことを指摘した。オッペンハイマーは、核エネルギーが使用可能になったという新しい世界の現実が、我々に思考パターンの変革を迫っていると言いたいのである。相対性力学、量子力学を学ぶことで、物理学者が自然世界に関する過去の固定観念を捨てることを覚えたように、国際政治の力学でも同様のことが生じることをオッペンハイマーは願うのである。「考えようによっては、研究してきた世界そのものの状況に強制されて、科学者がしぶしぶ身につけた徳が、そうした経験のない人たちにくらべて、現実政治の諸問題について、もっとラジカルな見解を科学者がとることを、より自然に、より易しくするために、現在でも役に立つだろうと私は考える」。

メイ－ジョンソン法案にシラードをはじめとする多数の科学者たちが反対した理由の一つは、それが国家機密の保安の名において、核エネルギー、核物理学の研究の自由を制限し、進歩を阻害すると考えたことにあった。しかし、秘密主義の排除といっても、シラードの場合は軍による研究の区分化で研究能率が低下することが主な関心事であって、ソ連を含む全世界に向けた開放性の要求ではなかった。彼が終戦直後の「スマイス報告」（邦訳『原子爆弾の完成』、岩波書店、一九五一年）の出版を非難した事実もそれを示している。原爆開発の初期に、核物理学関係の研究論文の発表についてシラードが秘密主義を主張し、フェルミやボーアと対照的であったことを思い出すのも無駄ではあるまい。

科学者が研究を秘密裡に行うことに反対する理由は、科学の本質にかかわる根本的な深い所から来るものであることを、オッペンハイマーは強調する。研究能率の問題ではないのである。

「それは、秘密というものが、科学が何であるか、何のためにあるかという科学の根《ルート》そのものに打撃を与えるという事実から来ると私は考える。学ぶことは良いことであると信じなければ科学者ではあり得ない。知識を分かち合うこと、その知識に興味を持つ誰とでも分かち合うことが、最高に価値のあることだと考えるのでなければ、科学者であることは無意味であり、また不可能でもある」

次にオッペンハイマーは原爆もまた一つの新しい武器に過ぎないという考えをきびしくしりぞける。

「次のように言って現在の状況の緊急性から逃げようとする人たちがいる。つまる所、戦争というものは昔からいつも大変ひどいものだったし、兵器は今まででも悪くなる一方だった。原爆もただ新しいもう一つの兵器にすぎず、それで大変化が生じるというものでもない。言うほど悪いものでもない。今次の大戦での爆撃は恐るべきものだったが、原爆でそれが大きく変わったわけではなく、ただ爆撃の効率が少しよくなっただけだ。そのうちに何らかの防護の方法も見つかるだろう。……現在の危機の特質をごまかし、大したことではないように見せかけようとする、こうした試みは、危機をなおさら危険なものにするだけだと私は考える。この危機をきわめて深刻な危機として受け止め、我々が製造を始めた核兵器が実に恐るべきものであること、それが変化を内包し、その変化は間に合わせの手直しではすむものでないことを、我々は認識しなければならないのだと私は考える。……重要な点は、核兵器が一つの場、一つの新しい場、新しい前提条件を実現する機会を構成するということにある。人びとがこの事実について語るとき、私は、ここに大きな危険があるだけではなく大きな希望もあるのであって、それこそが人びとが語るべきことであると考えるのである」。ここから書名『危険と希望（A Peril and A Hope）』が採られた。

つづいて、オッペンハイマーは主権国家《ソヴァリンステイト》の概念、ナショナリズムそのものが、核兵器の出現という現実と両立しないことを強調する。

「これは実に深甚な変化である。それは国家間の関係の変化であり、単なる思潮の変化、国際法の変化に止まらず、想像力と感受性の変化でなければならない」

ファシズムの脅威に対抗する原爆の開発が民族を異にする科学者たちの国境を超えた集団によって行われたことは、オッペンハイマーにとって強烈な経験であり、肌で感得した事実であった。彼はゲッチンゲン、コペンハーゲンの延長線上にロスアラモスを位置づけていたのである。

「この新しい局面で科学が果たしてきた役割は非常に大きく、したがって、科学の国際的伝統、科学者の連帯意識が建設的な役割を演じないなどということは到底考えられないことである」

原子力の国際管理にまず必要なのは何らかの形の国際的査察の機構である。

「この新しい協力の場では、その技術的作業の新しさと特殊性が関心を共にする共同体の形成を可能にし、その共同体は新しい種類の国際協力を準備する実験工場ともみなすことが出来るだろう。私が実験工場と言うのは、核兵器の管理そのものだけが、この作業の唯一の目的ではあり得ないことが明らかだからである。それが目指すユニークな目的は一つに結ばれた世界であり、そこでは戦争が決して起こることのない世界だからである」

オッペンハイマーはその国際協力を実現するためには、戦勝後にアメリカ人が高唱する自由と民主主義が世界に強制されることがあってはならないと考えた。

「私が国際関係における新しい精神について語るとき、過去にアメリカ人がそのためには死も辞さなかった諸々の価値、現在でも我々のほとんどがそのためには喜んで死ぬであろう最も深いもの、我々が大切にしてきたものにもまして、それよりもさらに深いものがあることを認識するのである。それは、あらゆる所に生きる他の人間たちとの同胞としての絆《きずな》なのである」

アメリカが原爆を独占しているという力の立場からソ連との交渉にのぞむことをオッペンハイマーは憂慮していた。

「もし我々が『何が正しいかは私たちが知っている。君たちがこちらの言うことを聞かなければ原爆を使うことにするよ』と言うとすれば、我々の立場はきわめて弱いものとなり、成功はしないだろう。なぜなら、それでは我々は人類の存続《サヴァイヴァル》に対する責任を代表してはいないからだ」

「アメリカ人の数は一億四〇〇〇万、この地球には二〇億の人間が住んでいる。我々自身の見方や考え方の正しさをどんなに強く信じ、時がたつうちには、それが世界を制することに確信があっても、他の民族の見地や思考を否定して、我々の立場に絶対的に固執することは、いかなる合意の基礎にもなり得ないことを我々は理解しなければならない」

核兵器がもたらした新しい状況に対する科学者の反応を三つに分類してオッペンハイマーは論じているが、その一つとして「我々は自由な科学、強い科学を持たねばならぬ。それによって我々は強い国家を持ち、より良く戦うことができるからだ――と考える傾向もある。これは私には重大な誤りであると思われる。私はこの意見を耳にしたくない」と言う。これは、終戦直後から、以前にもまして熱心に水爆開発を目指すE・テラーに向けた言葉のように、私には聞こえる。

オッペンハイマーは、原子力の国際管理の成功には、諸国の科学者の連帯が有用であり、ぜひ必要であると考えた。これもボーアから受けついだ考えであった。彼はその必要を、国内の原子力管理についてメイ－ジョンソン法案とマクマホン法案の対立をめぐって、アメリカの科学者の間で意見が分かれていることに結びつけて考えざるを得なかった。

「アメリカの科学者と他の国の科学者との間の連帯は、未来のために最も有用なものの一つである。しかし、アメリカ国内ですら、科学者たる我々のすべての意見が一致しているわけではない。これは悪いことではない。こうした意見の不一致は健康的なことですらある。しかしその不一致のために連帯感を失ってはならない。我々は仲間の科学者に対する基本的な信頼を失ってはならない」

五〇〇人のALASのメンバーを前にして、オッペンハイマーは次のように結んだ。

「しかし、もう一つのことがある。我々は科学者であるだけではない。我々は人間でもある。我々を仲間の人間、同胞と結ぶこの絆、それは我々科学者をお互いに結ぶ絆よりなお強く、この世界でもっとも強い絆なのである」

31 アチソン - リリエンソール案

広島、長崎の後のオッペンハイマーの政治的行動は、彼独特のスタイル、一種のダンディズムのようなものをさえ剝ぎとれば、ただ一つの動機に支配されていたことが見えてくる。それは、核兵器が戦略爆撃に使用されることを阻止すること、つまり、核爆弾が広島、長崎のあと二度とふたたび一般非戦闘員の頭上で炸裂することのないようにすることであった。この単純な願望に、現実政治《レアルポリティーク》の仕組み、力関係についてのオッペンハイマーの認識の幼稚さを重ねれば、政治的には、過誤の連続であり、挫折につぐ挫折であった彼の後半生が、いささかの謎めいた影もまとわずに立ち現われる。レオ・シラードは常に「世界を救う」ことを自らの使命とし、それを公言する傲慢さを持っていた。ロバート・オッペンハイマーは、自分を救うために世界を救わなければならなかった。「原爆の産婆」としての前半生に何らかの積極的な意味を与えようとして、その後半生を費やした。しかし、それは一つの「大いなる徒労」に終わったようだ。私には、彼のにがい声が聞こえてくる——Because I was an idiot.（私が愚かだったからだ）

最初の過誤はメイ‐ジョンソン法案の支持であり、最初の大きな挫折はアチソン‐リリエンソール案であった。戦後の世界が、原爆の管理について国際的合意が成立するか、あるいは、核軍備競争が始まるか、の二者択一を迫られることを予想したのは、ボーアやフランク報告だけではなかった。ヘンリー・スチムソンもその一人だった。スチムソンは七七歳の高齢に達して退官するに当たって、一九四五年九月一一日、トルーマン大統領に覚書を送って、原爆の管理についての米ソの直接交渉を即刻開始することを強く進言した。五〇年後の今、この覚書を読む者は、この世界が失った〝好機〟の大きさを想って痛恨の念を禁じ得ない。スチムソンは、アメリカの原爆独占が四年で終わるか二〇年続くかは重要な問題ではなく、原爆そのものが良好な米ソ関係の即時成立を要求していることを認識することこそ重要である、と考えていた。

「その関係は、我々が原爆問題でロシアと交渉に入るやり方次第では、取り返しのつかない形でこじれてしまうことにもなるであろう。もし我々がいま彼らに手をさしのべることを怠り、この武器をこれ見よがしに腰につけて、ただ彼らと談判するだけであれば、我々の目的と動機についての彼らの疑惑と不信は募るばかりであろう」

　スチムソンはローズヴェルト大統領に随行してヤルタ会議にも出席し、スターリンを相手にすることの困難を十分に心得ていた。

「私がこの長い人生で学んだ第一の教訓は、ある男を信用できる人間にする唯一のやり方は、その男を信用する、ということであり、最も確実に、信用できない男にするには、彼を信用せず、こちらの不信の念をあらわに示せばよい、ということである」

　また、スチムソンは、原爆の出現が大量殺戮兵器の発展段階の一つにすぎないとする立場をきっぱりと退ける。

「原子爆弾は自然の力に対する人間の新しい支配のほんの第一歩であり、この自然力は、古い概念の枠の中に収めるにはあまりにも革命的で危険なものであると私は考える。私は、それは人間のいや増す破壊的技術力と、自制と集団管理を求める人間の心理的力、すなわち倫理的な力との競争の頂点を形づくるものだと考える。もしそうであれば、我々がロシア人にどのように接近するかは、人類進化の過程として至高の重要性を持つ問題となる」

　一九四五年五月三一日、ペンタゴンのスチムソンの部屋で行われた暫定委員会でオッペンハイマーは初めてスチムソンに会い、その時すでにこの老政治家に尊敬の念を抱いたのだった。

残念ながら、この老政治家の退官の際の進言はトルーマン大統領のとる所とはならず、原子力管理の国際外交は国連を主な舞台として展開された。一九四六年一月二一日、ロンドンで行われた初の国連総会で、国連原子力委員会（UNAEC）の設立がソ連も含めて決議された。バーンズ国務長官は原子力の国際管理のアメリカ案を立案するための特別委員会をつくり、国務次官D・アチソンを委員長とした。委員はブッシュ、コナント、グローヴス、J・J・マクロイ。このアチソン委員会の下に、さらにD・リリエンソールを長とする顧問団が設けられた。メンバーはリリエンソール、オッペンハイマーを含めて七名。オッペンハイマーはここで初めてリリエンソールを知った。

リリエンソールはローズヴェルト大統領の許で、ニューディール政策の大事業として、テネシー州に産業振興用の大発電施設を完成させた人物である。リリエンソールは出合いばなからオッペンハイマーが気に入った。グローヴスによれば、その惚れこみ方は、ネクタイの選択まで相談しかねないほどの滑稽さであったというが、五年前にグローヴス自身を魅了したのと同じオッペンハイマーの資質と有用性が、新しいボスであるリリエンソールをも魅了したという事だったと思われる。

一九四六年一月二三日、アチソン委員会は国連に提案する原子力国際管理案の起草をリリエンソール顧問団に全面的に委ねた。顧問団の七人はそれからの六週間、一丸となって任務に没頭した。七人は、グループ旅行のようにハンフォード、オークリッジ、ロスアラモスを実地見学して回った。そのグループを添乗員よろしく主導したのはオッペンハイマーだった。七人は列車の寝台コンパートメントの中、軍用機の機上、あらゆる所で寝食を共にしながら討議をつづけた。一日一八時間に及ぶことも稀ではなかった。原爆、原子力についての正確該博な知識の持ち主であったばかりではなく、広島、長崎以来の彼の最大の関心事が原爆の国際管理の問題であったことが、自然にオッペンハイマーをリリエンソール顧問団の牽引車の位置に据えた。彼の脳裡には、ボーア、フランク報告の理念があり、また、トルーマンに宛てたスチムソンの覚書も、アチソンを通じてオッペンハイマーの知る所となり、大いに励まされたと思われる。Ｊ・Ｓ・リグデンの書いたＩ・Ｉ・ラビの伝記によれば、前年一九四五年の暮に、オッペンハイマーはニューヨークのリヴァサイド・ドライブのラビの家を訪れ、ハドソン川を望む居間で、長時間にわたって原爆の国際管理について話し合った。その場所はオッペンハイマーが生まれたアパートからも近く、またラビの妻ヘレンはオッペンハイマーと同じくアドラーの倫理文化学園の卒業生だった。リグデンによれば、このオッペンハイマーとラビとの会話がリリエンソール-オッペンハイマー案の核となった。

一九四六年一月、アメリカ海軍は太平洋のビキニ環礁で戦後初めての原爆実験を行うことを発表した。それが来るべき国連での原子力国際管理の討議に悪影響を及ぼすことを憂慮したラビはコロンビア大学の同僚一一名と連名で、トルーマン大統領宛の書簡を『ニューヨークタイムズ』紙（二月一六日）上に発表し、(1)ただちに原爆の生産を停止すること、(2)核分裂物質の蓄積を停止すること、(3)アメリカが保有する原爆の処置を他国との協議にゆだねることを要求した。

三月七日、リリエンソール顧問団の作成した報告がアチソン委員会に報告された。単にオッペンハイマー案と呼ばれることもある。それはブッシュとグローヴスによって変更が加えられたが、原案の基本的な調子は保存されたままで、三月一七日、アチソン委員会の全員一致で承認され、国務長官バーンズに手渡された。「アチソン‐リリエンソール報告」である。

オッペンハイマー案の中心的な考え方は、まず、原料核物質の採鉱、精錬を監視する国際機関である原子開発機関（ADA、Atomic Development Agency）を設けて、核分裂物質の「危険な使用」つまり核兵器の製造をその根源で監視し、次に、加工変性した「安全な」核物質の使用（研究、医療、小規模原子力発電など）は国際管理から外して各国の自由にまかせる、というものであった。このようにして、大見得切って「戦争の廃絶」などを唱えることなく、実質的に原爆の秘密製造を阻止し、同時に、諸国の国内で、核兵器の管理が国際管理への参加という形で軍部から民間に移行することをねらったものであった。この国際監視機関ADAは世界各国からの科学者によって構成され、これが新しい国際協力の実験の試みとしてうまく作動することをオッペンハイマーが期待したことは、ロスアラモスでの一九四五年一一月二日の講演（前出）から、すでに明らかに読みとれる。オッペンハイマーは原爆が要求する国家主権の放棄の程度を最小限にすることによってソ連を含む諸国間の妥協と合意を求めようとしたのである。ここに現在の国際原子力機関（IAEA、International Atomic Energy Agency）の萌芽が明らかに認められる。現在、ウィーンに本部をおくIAEAによる保障措置は、原子力発電のための、また、それが生成する核物質を監視することによって、それが軍事目的に転用されるのを抑制することを目的としている。一九七〇年に発効した核不拡散条約の加盟国は、このIAEAの保障措置の対象となる。しかし、現在の国際核査察システムには多くの欠陥がある。

危険な核物質と危険でない核物質を区別するオッペンハイマーの考え方は、その案が明らかにされるとすぐに、フェルミによってその誤謬性が鋭く指摘された。同じ性質の誤りが現在でも兵器級核物質と商業級核物質の区別を容認することで繰返されているのは遺憾である。たしかに、リリエンソール－オッペンハイマー案には欠陥がいくらもあった。しかし、この原案がスチムソンの覚書の精神に沿った米ソの妥協、国際協力の理念にもとづいたものであり、オッペンハイマーが科学技術的にも知恵をふりしぼって作成した真摯な案であったことは認めてやってよいだろうと私は思う。

アチソン－リリエンソール報告の概要は三月二六日ワシントンの新聞に漏洩し、トルーマン政府はその二日後に報告の内容を公表した。ALASをはじめとする科学者の団体はその進歩性を高く評価した。当時ALASの会長であったヒギンボーサムは「終戦以来はじめて、我々の希望に火がともった。この新しい聖書を手の中で打ちならしながら、福音を告げてまわったものだった」と回想している。

しかし、その「希望」は、トルーマン大統領がB・M・バルークを国連の原子力委員会へのアメリカの首席代表として選んだことによって、たちまち危殆に瀕することになってしまった。バルークは当時七五歳の財界人、株式で産をなし、第一次、第二次世界大戦を通じて歴代の大統領の信任を受けたと称し、慈善事業を手段とする巧みな自己宣伝によって高い知名度を獲得した人物であった。原爆をアメリカ外交の「武器」として活用すべしと考える保守派の一人でもあった。リリエンソールはバルークの任用が報ぜられた翌日の日記に次のように書いた。「昨夜のこの報道を読んだ時はひどく胸がむかついた。……我々が必要とするのは、若く活力にみちた虚栄心のない人物だ。本心から国際協力を求めているのではなく、ロシア人を追いつめるつもりで出てきた男ではないとロシア人が感じるような人物こそが必要なのだ。バルークはどの点でも落第だ」。オッペンハイマーも回想する。「あの日、私の希望は消えた」。

バルークはトルーマン大統領から、アチソン - リリエンソール案をそのままアメリカ案として国連に提案することを義務づけられてはいない、という約束をとりつけ、彼自身が選んだ顧問たちと共にアチソン－リリエンソール案の再検討を始めた。その結果、原案に四つの致命的な変更が加えられた。

(1)核兵器の管理に焦点を絞る代わりに、全面的な軍備廃棄の提案が前面に押し出された。これはオッペンハイマーが注意ぶかく避けたことであった。

(2)国際管理違反国に対して、核攻撃を含む懲罰が強調された。これもリリエンソール顧問団が熟慮の後にしりぞけたことであった。

(3)ＡＤＡの原子力平和利用産業への干渉権限が削減された。これはアメリカ国内の私企業にたいするバルークの配慮であった。

(4)原子力国際管理に関する決定については国連安全保障理事会の拒否権を認めない。これはロシアに対する強制力の確立を目的としたものであり、原案には含まれていなかった。

これらの変更によって、アメリカの提案は国際協力による原子力の管理によって世界の平和を樹立するという理念から全面的に後退し、原爆を振りかざしてアメリカが世界に強要する平和（Pax Atomica, Pax Americana）の提案以外の何物でもなくなった。これがバルーク案である。

バルークが科学者の意見を無視しているという非難にこたえて、彼はオッペンハイマーに科学顧問になることを要請したが、オッペンハイマーは丁重に、しかし、はっきりと断った。すでに成り行きを見通して、バルークから距離をとりたかったのであろう。オッペンハイマーの代わりに、キャルテクのR・トールマンがバルークの科学顧問になった。

その頃、アチソンがオッペンハイマーをホワイトハウスのトルーマン大統領に紹介した。その時の二人のやりとりについての伝説がある。大統領に初めて紹介されても浮かぬ表情をしていたオッペンハイマーが突然言った。「大統領閣下、私の手は血まみれです」。トルーマンは「気にしなさんな。洗えば落ちる」とやり返した。オッペンハイマーが去ったあと、トルーマンはアチソンに言った。「あの泣きべそを連れてくるのはやめてくれ。彼は爆弾を作っただけだ。爆発させたのは私なんだ」。

一九四六年五月はじめ、オッペンハイマーは友人の科学者に電話をかけた。それはFBIによって盗聴され、FBI長官フーヴァーはその内容を国務長官バーンズに報告した。「……ヨーロッパの科学者たちと接触するのがまったく意味のないことか、大して役に立たぬことなのか、それともやりがいのあることなのか、私は判断がつきかねて困っている。……」。オッペンハイマーが原子力の国際管理実現のためにヨーロッパの科学者との接触を考えている点を、フーヴァーは防諜の角度から警戒していたものと思われる。

ニューヨークのブロンクスのハンター・カレッジの体育館を改装した臨時会場で、一九四六年六月一三日、初の国連原子力委員会（UNAEC）の討議が始まり、バルークは「バルーク案」を提案した。六月一九日、ソ連のグロムイコ外務次官はバルーク案の対案を提出した。その内容は、原爆の製造と使用を禁止し、合意成立後三カ月以内に現存の原爆（つまりアメリカの原爆）をすべて廃棄する、というものであった。安全保障理事会の拒否権の適用も主張されていた。バルーク案がソ連側に、グロムイコ案がアメリカ側に受諾しがたいものであることは、何人の目にも明らかであった。

七月一日、科学者たちの反対にもかかわらず、太平洋のビキニ環礁で長崎以後はじめて原爆の爆発実験が行われた。「エイブル（Able）」と名づけられたファットマン型のプルトニウム爆弾が空から投下されて比較的浅い水中で炸裂した。秘密裡に行われたトリニティ実験とは異なり、国の内外から招待された視察団や報道関係者が見まもる中で行われた宣伝デモだったが、水深が不足したためか海上の艦艇に対する威力は期待はずれの低調な印象しか与えなかった。しかしオッペンハイマーたちが恐れていたように、アメリカ海軍による時宜をわきまえぬ原爆実験の強行は国連での審議を一段と困難なものにした。

オッペンハイマーは、しかし、冷笑的《シニカル》な傍観者の立場を選ばなかった。バルーク代表団の科学顧問となった旧知のトールマンを非公式に補佐して、監視、査察の技術的問題の検討をつづけた。難破必至の船から出来るだけのものを救出しようとしたのであろう。七月二三日、リリエンソールは、ニューヨークの国連討議から疲れ切って帰ってきたオッペンハイマーとワシントンの空港で出合った。リリエンソールが、絶望するのはまだ早いと励ますと、オッペンハイマーは「私はどこにでも出かけて行って、何でもしようと思うのだが、もう考える力が尽きてしまった。そのうえ、私が今まで自分の命とも思っていた物理も、物理を教えることも、無意味なことに思えてくる」と言ったという。

一九四七年の年の瀬を迎えて国連原子力委員会の討議は絶望的に行きづまった。「老人《オールドマン》」バルークは、一九四八年初頭、トルーマンに最後の「忠告」を残してUNAECのアメリカ首席代表の地位を辞した。「アメリカ合衆国は原爆の生産を飛躍的に増大すべし」。この「忠告」は米ソ間の核軍備競争開始のきっかけともなった。

一九九〇年三月、フェルミ研究所所長のR・ウィルソンはゴルバチョフの出現による米ソ関係の変化に力を得て、バルーク案の新版を準備することを提案した。ウィルソンはアチソン－リリエンソール案、その原案としてのオッペンハイマー案に想いをはせていたに違いない。いま想えば、オッペンハイマー案には幾多の技術的欠陥があり、政治的な読みの浅さも目につく。当時、唯一の原爆保有国、原子炉保有国であったアメリカの思い上りも見えがくれしている。しかし私はオッペンハイマーがそこに込めた世界平和への念願を疑わない。それは彼自身の人生を救うことでもあったのだ。私はウィルソンの提案に賛成する。現在の核不拡散条約（NPT）と国際原子力機関（IAEA）のシステムを根本から再検討して、核兵器を保有しない日本、唯一の原爆被爆国である日本が、新しく包括的な原子力国際管理案を世界に提案する好機が、いま我々とともにあるのではあるまいか。

11節の毒入りのリンゴ事件の当人P・M・S・ブラッケットは著書『恐怖、戦争、爆弾』（田中慎次郎訳、法政大学出版局、一九五一年）の中で、アメリカの科学者の原爆国際管理へ向けての努力が現実政治《レアルポリティーク》にしてやられた最初の回はフランク報告であり、二回目はリリエンソール－オッペンハイマー案であったとして、「第三ラウンドのためにアメリカの科学者が力を結集する時間はまだある」と書いた。第一ラウンドでフランク報告に参画する勇気と明察に欠けたオッペンハイマーは、第二ラウンドでは渾身の力をふるって原子力の国際管理の実現を目指したが敗退した。オッペンハイマーにとっての第三ラウンドは「水爆」反対だったが、ここでも負けてしまった。しかし、彼はまだ屈しなかった。オッペンハイマーが選んだ第四ラウンドは「キャンダー作戦」と呼ばれる、世界の軍縮に向けての戦いであった。

ここでのキーワードは「率直《キャンダー》」である。民主主義が健全に機能するためには、それに参与するすべてのアメリカ人が政治的判断に必要な知識を持たねばならない。まさに民主主義のたてまえである。軍縮についてのアメリカ国内の世論、ひいては世界の世論を正しく導くには、核兵器、核軍備競争の恐るべき実態を、従来よりも格段に高い率直さを持って、可能な限り具体的数字をあげて一般に周知させる政策をとるべきことを、オッペンハイマーはアイゼンハワー政府に進言した。オッペンハイマーのいつものお人好しさと笑ってしまえばそれだけだが、アイゼンハワー大統領が耳を傾けはじめた。第三ラウンドでオッペンハイマーの反対を押し切って水爆の全力開発を勝ち取った勢力にしてみれば、水爆の恐怖について具体的に一般のアメリカ人を教育しようとする企ては、オッペンハイマーが雪辱戦を挑んで来たことに他ならなかった。水爆による戦略爆撃をアメリカの国防の根幹とすることをもくろむ勢力は、一九五四年五月、オッペンハイマーを、聴聞会に名を借りた異端審問の裁判にかけて、最終的なダウンに追いこんだのであった。

9　戦略爆撃反対

32　水爆反対

一九四九年八月二九日、シベリアでソ連最初の原爆実験が行われた。その数日後、日本からアラスカに向けて飛行中の米空軍のＢ29が大気中に異常な量の放射性物質を検出した。そのＢ29はソ連の原爆実験を監視するために改造されたもので、監視飛行は半月ほど前に開始されたばかりだった。Ｂ29の発見につづいて世界各地の米海軍基地などで雨水の検査が行われ、その結果がワシントンに報告された。ブッシュ、バッカー、オッペンハイマーなどが構成する特別委員会は、それがソ連の原爆実験によるものであると結論したが、トルーマン大統領に伝えられたのは九月二二日、トルーマンが声明を発表したのは翌日の二三日であった。

アメリカの原爆独占はトリニティ実験からわずか四年で失われた。ベーテ、ザイツなど多くの物理学者は米ソの差を約五年と踏んでいた。しかし、ソ連が入手できるウラン資源の概算にもとづいたグローヴス将軍の二〇年説に信を置いていたトルーマン大統領は大きな衝撃を受けた。アメリカの科学技術の絶対的優越性を信じこまされていた政治家や国民一般の驚きも大きかった。一九四八年二月のチェコスロバキアの共産クーデター、六月のソ連によるベルリン封鎖、一九四九年の共産軍の中国制覇と、共産勢力の恐るべき拡大を示す事件がつづいたことも、ソ連の原爆実験が与えた米国の心理的動揺を増幅した。

オッペンハイマーはソ連の原爆実験の成功そのものよりも、原爆独占を失ったアメリカのパニック的な反応の方をはるかに恐れ、彼の声がとどく限り、政府の高官たちに冷静さを失わないことを要請した。

トルーマンの声明のあった九月二三日の夕刻、ロスアラモスで水爆（スーパーと略称されていた）の仕事をしていたE・テラーは興奮した声で「さあ、これからどうしよう」とオッペンハイマーに電話をかけてきた。オッペンハイマーは冷静な調子で「まあ、興奮しないことだな」と忠告したという。しかし、テラーの興奮は原爆独占を失ったパニックから来たものではなかった。彼の年来の願望であるスーパー開発推進の絶好の機会が到来したという思いからであった。

バークレーの学内でも、アルヴァレ、ラティマー、ローレンスがスーパー（水爆）開発の必要を興奮して語り合った。ローレンスとアルヴァレはスーパーの促進のためワシントン乗込みを思い立ち、その途次にロスアラモスに立寄ってテラーと今後の策を打ち合わせた。一〇月五日、ローレンスはバークレー出発を前にしてワシントンの政府原子力委員会

（AEC）の委員L・ストローズに電話してスーパー開発の促進のためにワシントンに向かうことを伝えた。二人は以前から親しい関係にあった。ストローズはこれからのオッペンハイマーの後半生の命運の鍵を握ることになる人物である。

アメリカ政府の原子力委員会は、一九四六年マクマホン（原子力）法の制定によって設立され、専任の五人の民間人から成り、初代委員としてリリエンソール（委員長）、H・スマイス、L・ストローズ、他二名が任命された。物理学者はスマイス報告の著者スマイス一人であった。AECの諮問機関として一般諮問委員会（GAC）が設けられ、非常勤の九人の委員から構成された。初代委員長はオッペンハイマーで、八人の委員はすべて学界、産業界に重きをなす人たちだった（J・コナント、E・フェルミ、I・I・ラビ、G・シーボーグ、L・A・デュブリッジ、O・E・バックリー、C・S・スミス、H・ロウ）。

バークレーからのローレンスの電話を受けたストローズは翌日の一〇月六日、AECの委員長リリエンソールに、スーパーを開発してアメリカの核戦力を量子飛躍《クアンタム・ジャンプ》させる必要を強調し、スーパーに関してGACを開くことを求めた。オッペンハイマーは委員全員の都合を計り、一〇月二八日、二九日、三〇日にGACを招集して、スーパーの問題を中心として、ソ連の原爆保有の新事態にいかに対処すべきかを討論した。三日間を通して欠席したのは旅行中のG・シーボーグ委員だけだった。この討論の様子はGACの書記をつとめたJ・マンレーの手になる議事録に見ることができる。

二八日の会合はGACの委員だけの準備学習会の色彩が強く、まずソ連通として国務省のジョージ・ケナンが招かれて出席し、そのあとコーネル大学のベーテ、バークレーのサーバーが出席して討議に参加した。

二九日はスーパーが主題となった。AECからリリエンソール、ストローズ、G・ディーン、H・スマイスが出席し、AECの軍部連絡代表K・ニコルズ将軍、その他の軍人数名も出席した。三〇日の午前中は外部からの参加者も討議に加わったが、午後はGACの委員だけとなって、AECに提出すべきGACの報告書をまとめる作業が行われた。スーパーについては、フェルミとラビの意見と、コナント、デュブリッジ、バックリー、スミス、ロウの意見が相違したが、委員長のオッペンハイマーは全員一致の形にまとめようとせず、報告書の主文のあとに「多数」意見と「少数」意見の両方を付けてAECに提出することにした。オッペンハイマーは迷ったが、結局多数意見の方に署名した。書記をつとめたマンレーは、オッペンハイマーが委員たちの討論を一定の方向に誘導することは決してしなかったことを、後年強調した。

この一九四九年一〇月三〇日付のGACの報告書は作成当時は極秘文書とされたが、現在ではその大部分が公開されている。これはオッペンハイマーと水爆の関係を論ずる場合に大きな意味を持つ。過去には、この文書が公開されていなかったのを、オッペンハイマーに敵意を持つ人たちが巧みに利用したからである。

このGAC報告書の主文でオッペンハイマーは「諮問委員会の委員はスーパー爆弾の取扱いについての提案では全員一致はしていないが、我々の気持としては一致したものがある。何らかの方法でこの兵器の開発を避けることができることを全員が希望している」と述べている。

コナント、ロウ、スミス、デュブリッジ、バックリー、オッペンハイマーが署名した多数意見は驚くべき文書である。アメリカが、無条件に、一方的《ユニラテラル》に、水爆開発を断念すべし、と進言したのである。

「我々は、現在の原爆よりもエネルギーの放出量で一〇〇倍から一〇〇〇倍大きく、破壊力では面積にして二〇倍から一〇〇倍大きい兵器の開発に総力をあげた努力を始めるべきか否かについて、原子力委員会から諮問を受けた。我々はそのような行動に強硬に反対することを進言するものである。

この進言は、全力開発の提案が必然的に内包している、人類に対する極端な危険性の方が、それがもたらすいかなる軍事的効用よりもはるかに大きいという我々の信念にもとづいている。これがスーパー兵器であること、原爆とは全然異なる範疇に属することをはっきりと認識しなければならない」

つづいてスーパー爆弾が必然的に大量虐殺《ジェノサイド》のための武器となることが論じられ、決して製作されるべきでないことが強調され、次の文章で結ばれている。

「スーパー爆弾の開発に進まないことを決定することの中に、全面戦争に歯止めをかける実例を示して戦争の恐怖を抑え、人類の希望を高揚する稀有の機会を我々は見るのである」

この多数意見書はオッペンハイマーではなく、コナントの筆になるものとされている。この意見書の中に、私はとりわけコナントとオッペンハイマーの声を聞く。原爆開発で犯した罪を再び繰返したくなかったのである。

一九八二年カナダの放送局CBCのインタヴューで、テラーは、広島の日まではスーパー開発について自分をはげましてくれていたオッペンハイマーが「広島に原爆が投下された日に、一人で私のロスアラモスの部屋にやってきて長く話しこんだ。長崎より前に、つまり戦争が終わる前に、オッペンハイマーは今後いっさい熱核反応爆弾の仕事から手を引く、と私にはっきり言った」と語っている。今これを読む私たちは、オッペンハイマーの水爆反対の決意が、広島の直接の結果であり、早く立派なものであったと思うだろう。しかし、残念ながら、このテラーの証言を私は信用する気になれない。テラーは「オッペンハイマーは早い時期から一貫して水爆開発に反対だった」ことを、ネガティヴな意味で人びとに印象づけようとしているのだ。テラーにしてみれば、戦後の米ソ冷戦時代に水爆には反対した人間は反アメリカであり、許すことができなかった。テラーは自分の利益のためには平気で嘘をついてきた人物である。

さて、フェルミとラビの少数意見の方も、水爆反対がさらに強い言葉で述べられているように読める。「この兵器の破壊力には上限がないという事実は、その存在そのもの、それが作れるという事実そのものが、人類をおびやかす危険となる。いかなる見地からしても悪しき物でしかない」とある。しかし、多数意見と少数意見の間には一つの重要な相違点があった。多数意見は単にアメリカが一方的に水爆を開発しないことを決定すべきだと提言するが、フェルミとラビは、水爆を製作することが基本的な倫理原則に反する誤りであることを、大統領がアメリカ国民と世界に向かって宣言し、アメリカにならって、世界の各国が水爆を作らない誓いを立てることを呼びかけることを提案したのである。

原爆の国際管理が失敗したのは、ソ連の国家主権を侵害する「査察」を要求したからである。具体的には何も管理査察の条件をつけずに、単に「水爆を作らない」という誓いを求めるとすれば、ソ連としても断りにくいに違いない。

米国とソ連がこの誓いを立てることで、水爆の開発が行われなくなればめでたいことである。一九四九年の末の時点で、水爆開発について予想されていた技術的困難と財政的負担のことを考えれば、この素晴しい可能性は十分大きかったと思われる。しかし、もし、その誓いのかげで、ソ連が開発を進めたとしたらどうなるか。——水爆の完成のためには実験が必要である。実験が行われれば、ソ連の原爆実験がすぐに検出されたように、大気や雨水の異常放射能から、ほぼ確実に米国側で発見できる。米国側は実験の直前の状態まで開発を進めておけば、ソ連が実験を実行した場合にそれに追いつくことに困難はない——これがフェルミとラビの名案の骨子であったのだ。

万事に明敏なオッペンハイマー委員長にこの名案の甘美さが見えなかったはずはない。それにもかかわらず、フェルミとラビを支持せず多数意見の方に回ったのはなぜか。GAC の会合の直前の一〇月二一日にオッペンハイマーがコナントに送った私信に、ローレンスとテラーがワシントン中をしきりに説き回っているスーパーについて「私が心配するのは、この代物が、これぞロシアの攻勢が惹起する問題に対する回答であるとして、議員連中や軍人たちの想像力を捕えてしまったように見えることだ。この兵器の研究開発に反対するのは愚かしいことだろう。これまでずっと、やらねばならないこととわかっていたのだし、やらざるを得ないだろう」と書いているのを読むと、疑問はさらに深くなる。

一九八二年になってM・バンディが「水爆阻止の失われた好機」と題する論文を発表した。バンディはケネディ大統領の側近の一人で、後にニューヨーク州立大学の歴史科の教授になった。バンディによれば、議会と軍部を奸計をもって巻きこみ、強引に水爆開発を推進するテラー、ローレンス、ストローズたちに対するほとんど生理的ともいえる嫌悪感が、オッペンハイマーを水爆絶対反対という立場に追いやった。このオッペンハイマーの感情的な愚挙によって、フェルミとラビの名案が無となり、水爆の開発を阻止する黄金の機会が失われた、とバンディは考えたのである。

一〇月二八日のGACの会合の前にワシントンに現われたテラーたちの説得の主要目標は上院議員マクマホンだった。マクマホンの米国原子力法はたしかに表面的には原子力の「民間人」管理を実現したが、マクマホン法はアメリカの原爆秘密独占を守る性格を持ち、それは多分にマクマホン自身の考えを反映していた。そのため戦時中にロスアラモスで協力したイギリスは、戦後には締め出され、独自に原爆、水爆の開発を進めることを余儀なくされた。テラーが水爆を売り込んだ時には、マクマホンは国会の両院合同原子力委員会の委員長の地位にあり、委員会の書記長はマクマホンの腹心の部下W・ボーデンであった。ボーデンは大戦中はB29の搭乗員としてドイツの戦略爆撃にも参加し、戦略爆撃戦力の熱烈な支持者として、空軍の幹部とも密接な関係にあった。一九五三年一一月には、オッペンハイマーはソ連のスパイであることを確信するようになり、長文の手紙をFBI長官に送ることになる人物である。

マクマホンは両院合同原子力委員会の委員である上院、下院の議員たちを集めて昼食会を開き、テラーに「スーパー」の必要性を説明する機会を与えた。テラーの煽動は功を奏して、合同委員会は四名からなる「水爆」小委員会なるものを作り、ただちに活動を始めた。ローレンスとテラーは米空軍の最高首脳たちにも積極的に働きかけ、その結果、空軍はAECに対して、これまでAECが水爆の開発について予算を割当てなかった理由を問いただしてきた。嫌がらせも良い所である。

スーパー爆弾を議題とするＡＥＣが開かれた時、はじめは開発賛成者はストローズ一人だったが、間もなく、新しい委員Ｇ・ディーンが賛成に回った。ディーンはマクマホンの法律事務所に属する有能な法律家だった。リリエンソール委員長、Ｈ・スマイス、Ｓ・パイクの三人は反対した。リリエンソールは、この問題はＡＥＣが取扱うべき技術的問題の域をはるかにこえた重要性を持ち、大統領が決断すべき性質のものであると判断し、委員会内での意見の調整を試みなかった。一一月の初め、リリエンソール委員長はＡＥＣの各委員の意見と、水爆反対の立場を表明したＧＡＣ報告書をトルーマン大統領に送った。マクマホンの両院合同原子力委員会からは水爆の全力開発を要求する意見書がとどいた。空軍幹部、ストローズ個人からも水爆開発の緊急性を強調する書簡が送られてきた。テラーに焚きつけられたマクマホン上院議員は、立てつづけに五通の書簡をトルーマン大統領に書き送ったと伝えられる。

副大統領としてほとんど事態を知らされていなかったトルーマンは、一九四五年四月一二日にローズヴェルト大統領が突然死去した時はじめて原爆のことを詳しく知らされ、その三カ月後には、大統領として日本に対する原爆投下の決定を下さねばならなかった。それは彼自身の決断というよりも、時の流れの勢いが下した決断だった。グローヴスは「トルーマンは雪ぞり《トバーガン》に乗って滑り下りる少年のようなものだった」と言った。

しかし水爆においては、トルーマンは自分自身の決断を下すべき事態に直面したのである。彼は国務長官D・アチソン、国防長官L・ジョンソン、原子力委員会委員長D・リリエンソールに小委員会を構成させて、スーパー（水爆）問題の処理についての答申を求めた。アチソンはフェルミ－ラビの提案も含めて国際管理の可能性を模索したが、アメリカが一方的に水爆開発を思い止まれば、ソ連もその例にしたがうであろうというコナントとオッペンハイマーの期待を何とも現実ばなれしたものと思い、結局のところ開発の必要を認める方向に傾いた。ジョンソンはローレンス、テラー、ストローズ、ボーデンなどによってすでに説得された空軍を先頭とする軍部の意向に同調した。リリエンソールだけが最後まで反対の立場を貫いた。

一九五〇年一月二七日、重要な事件が発生した。物理学者クラウス・フックスがロンドンでスコットランド・ヤードの係官に、一九四二年から一九四九年まで、ソ連に核兵器に関する西側の情報を与えていたことを白状した。このニュースはただちにアメリカ政府に通報された。フックスはイギリス・チームの一員として一九四四年八月からロスアラモスのベーテの理論グループに配属されて仕事をはじめた。イギリスにもどったのは一九四六年六月中旬で、スパイ行為を白状した時にはイギリスの〝ロスアラモス〟にあたるハーウェル研究所の理論物理部門の長をつとめていた。一九四六年四月、テラーのスーパーの現状についての秘密会議がロスアラモスで開かれ、テラーが座長をつとめた。三〇名ほどの参加者の中にフックスもいたから、この会議の内容もソ連側に流れたはずである。

フックスのスパイ事件の報に対するテラーの反応は素早いものであった。週明けの月曜日、一月三〇日にはテラーはローレンスと共にマクマホンの両院合同原子力委員会に出席して、この重大秘密漏洩の事態を前にして、スーパーの全力開発にもはや一刻のためらいも許されないと説いた。これに強く刺激された委員の数人は同日午後に大統領に会見を求め、オッペンハイマーのGACの反対論をしりぞけてただちにスーパーの全力開発に踏み切ることを要請したと伝えられている。

一方、GACも三〇日に臨時に会合してフックスがアメリカの核兵器計画に与えた被害の見積りが行われ、その結果は同日、国家安全保障理事会（NSC）に伝えられた。翌一月三一日にNSCの会議が開かれ、会議終了後トルーマン大統領はスーパー爆弾開発の決定を発表した。

「わが国が考えられるいかなる侵略者に対しても自己を防衛する事を可能とすることは米軍最高司令官としての私の責務の一端をなす。したがって、私はいわゆる水素爆弾またはスーパー爆弾を含むすべての様式の原子兵器の開発努力を続行することを原子力委員会に指令した。……」

水爆開発の公式決定はオッペンハイマー、コナント、リリエンソール側の明らかな敗北であった。リリエンソールは大統領の決断をGACの委員に伝えた時のことを一月三一日の日記に次のように記している。「私はGACにその知らせを持っていった。委員会はまるで葬式のようだった。とりわけ、我々は皆さるぐつわをはめられたと私が言った時には」。

他方、ストローズ、テラー、ローレンスたちは勝利を祝ったが、大統領の声明の生ぬるさが気に入らなかった。「スーパー爆弾開発の努力を続ける」と述べるだけでは足りない。二月二四日、軍部は水爆の突貫《クラッシュ》開発をはっきり命令することを改めて要求し、三月一〇日、トルーマン大統領は全力開発を宣言した。国会では民主、共和両党が揃って大統領の決定の支持を表明した。

一九四九年九月から一九五〇年の三月にかけて、アメリカ政府の水爆全力開発という、ある意味では、原爆の開発決定よりも重大な政策が形成されていった期間に、人道主義の旗手レオ・シラードは何をしていたか。大いに気にかかる所である。一般非戦闘員の大量殺戮兵器としては水爆は原爆の比ではない。しかも水爆開発の政策をかち取るために先頭に立って行動したストローズ、テラー、マクマホンとはきわめて親しい個人的関係にシラードはあったのだ。この三人を人道的に説得する努力を行ったのか、行わなかったのか。最近出版されたシラードの伝記は、この点についてまったくの沈黙を守っている。

ここに注目すべき一冊の書物がある。タイム・ライフ社の二人の記者J・R・シェプリーとC・ブレアの『水素爆弾』である。本書によれば、一九四六年四月のロスアラモスでのスーパー会議の目的は「水素爆弾が技術的に可能であり、実用化できることを明確にする」ことであった。そして会議の報告書には「水素爆弾を二年以内に製作する方法が詳細に記述され」、政府の最高首脳の決定をあおぐべくワシントンに送られたが、AECが報告書を握りつぶしたためにトルーマン大統領に達しなかった。「オッペンハイマーとその仲間たちの影響があまりにも大きかった」からである、となっている。

これらはすべて事実無根なのだが、この種の欺瞞宣伝が成功して、フックスによって水爆の秘密がソ連に伝えられ、国内ではオッペンハイマーが反対したにもかかわらず、アメリカがソ連より先に水爆の実験に成功したのは、テラーを指導者とする反共愛国の物理学者たちの英雄的な努力のおかげであった、という通説が出来てしまった。

この俗説がまったくのナンセンスであることは、アメリカの水爆の技術的発展の経過を記述した一九五二年のベーテの論文にはっきり示されている。この論文はまだ部分的にしか秘密解除されていないが、それでも十分である。

まず一九四二年から一九五一年一月までを、テラーの古典スーパー時代、それ以後をテラー－ウラム設計時代として、はっきり区別することから始めよう。21節で述べたように、水爆の着想は一九四二年の春、コロンビア大学でフェルミがテラーに与えた。昼食後の雑談の中で、原爆（核分裂爆弾）ができれば、それが発生する超高温を使って重水素核（$^{2}_{1}$D）の間の核融合反応を引きおこすことができるかもしれないというフェルミの話が、それ以来テラーの執念となった。

液体重水素をつめた筒の一部分に、原爆をマッチのように使って火を着けて、つまり、超高温にして核融合反応をおこし、それを筒全体にひろげる――これがテラーの古典スーパーの設計の基本だった。テラーは粗い理論的計算にもとづいて、この考え方で水爆ができるだろうと希望的に考えた。しかし、液体重水素をつめた筒は湿った焚き木のようなもので、その一部分を原爆で超高温にしてその部分は燃える（核融合がおこる）にしても、全体に火がひろがらず、立ち消えになることが初めから心配された。より重い同位元素三重水素核（${}^{3}_{1}T$）が十分の量得られれば、${}^{2}_{1}D$よりは燃えやすいことはわかっていたが、${}^{3}_{1}T$を大量につくることには、技術的にも費用的にも大きな困難があった。

だから、テラーの古典的スーパー爆弾として出来ることといえば、小量の重水素を大量の核分裂物質（原爆）で包んでその爆発による超高温で小量の重水素を一挙にもやしてしまうことでしかなかった。一九五〇年が暮れかかる頃にはテラーの古典スーパーには未来がないことが、S・ウラム、フェルミ、フォン・ノイマンなどによって、ほぼ決定的に確立されたようだから、テラーはこの事を知りながら、しきりにスーパーを議会と軍部に売り込んでいたのである。シェプリーとブレアの言う「一九四六年のスーパー会議報告書」の中に「水素爆弾を二年以内に製作する方法が詳細に記述されていた」はずは絶対にないのである。

一九四九年九月、原子力委員会委員ストローズの要請でGACが水爆問題を討議した時、フェルミやオッペンハイマーたちはテラーの古典的スーパーの技術的行きづまりをよく知っていた。それは一〇月三〇日のGACの報告書の主文の第二部に明らかに示されている。先に言及した一九五二年の論文の他に、一九五四年にもベーテは水爆について書いたが、これも即刻秘密文書扱いとなって人びとの目から遠ざけられた。一九八八年に解除されてロスアラモス研究所の雑誌に新しいコメントと共に掲載された。ベーテは「テラーの一九四六年の計算が間違っていたことでテラーを責める人はあるまい。なにしろ、適当な計算機が当時はなかったから。しかし、彼自身が不完全きわまるものであることを知っていたに違いない計算にもとづいて、ロスアラモス研究所を、いやそれどころかアメリカ全体を冒険的な計画に巻きこんだことに対しては、ロスアラモス研究所内で非難をうけた。他方、GACの示した技術的懐疑はその当時GAC自体が想像していたよりもはるかによく的を射たものであったことが判明した」と書いている。

大きな核分裂爆発を使って小量の核融合爆発をおこすのでは本当の水爆といえない。比較的小量の核分裂物質を使って大量の水素を核融合爆発させてこそ水爆である。その実現のためには何か新しい考え方が必要だった。その端緒をつかんだのはポーランド出身の数学者スタニスラフ・ウラムであったようだ。一九五一年一月のある日のことだった。その思いつきはプルトニウム原爆の爆縮《インプロージョン》に似ている（24節）。原爆がつくる超高圧で重水素を圧縮すれば核融合反応が格段に高い確率で進行すると考えたのだ。ウラムの話からヒントを得たテラーは、原爆が生じる圧力ではなく、超高エネルギーの電磁波を使って重水素を圧縮することを考えた。テラー－ウラムの水爆設計の誕生である。ウラムの着想については一九五一年三月九日の日付で、ウラムとテラーの連名論文が印刷され、テラーの着想については、テラーの単独名の論文が印刷されたが、両論文とも未公開のようである。

　ウラムとテラーの新しい着想にもとづいた新しい水爆の設計と、それを支える理論計算についての報告会が、一九五一年六月中旬、プリンストンの高等学術研究所のオッペンハイマーの研究室で開かれた。参加者は、ＡＥＣ、ＧＡＣの委員たちに加えて、ロスアラモスからはブラッドバリー所長その他の研究員、顧問としてベーテなど、また、後にリヴァモア研究所の所長となる若いＨ・ヨークなども含んでいた。一九五四年のオッペンハイマー聴聞会で、このテラー－ウラムの新しい設計をオッペンハイマーは「技術的に甘美（technically sweet）」と呼んだ。今ではすっかり独り歩きしているこの表現については章をあらためて論ずることにする。

　アメリカとソ連の水爆実験の先陣争いについて時折見かける誤解を正しておく。

　一九五一年五月八日、人間の歴史上はじめて核融合反応（重水素${}^{2}_{1}$Dと三重水素${}^{3}_{1}$Tの反応）がマクロの規模で爆発的に行われた。太平洋マーシャル群島のエニウェトクで行われた「グリーンハウス」という暗号名の一連の実験の一つで、大量の核分裂物質を使って小量の核融合物質をもやすテラーの古典スーパーに属し、テラー－ウラムの新しい設計を実験したものではなかった。テラー‐ウラム設計の最初の実験は「マイク」と名付けられて、一九五二年一一月一日に、やはりエニウェトクで行われた。重水素は普通は気体であり、液体状態に保つにはマイナス二五〇度（摂氏）以下に冷やす必要があり、装置の全体は大きくなって地上に建設された。爆発の出力は約一〇〇〇万トン（一〇メガトン）のＴＮＴ火薬に相当し、広島原爆の七〇〇倍に近い大きさに達した。

技術的には重水素とリチウムの化合物（LiD）の固体を使った方が便利なことはアメリカの核兵器技術者たちも知っていたが、テラーをはじめとする理論物理学者たちは、計算も結果の解析も簡明な液体重水素をまず使ってテラー‐ウラムの新しい設計を実験する事を望んだとされている。重水素化リチウムの固体を使ったテラー‐ウラム水爆「ブラボー」の実験は一九五四年三月一日に行われ、出力は約一五メガトンだった。日本の漁船、第五福竜丸がＡＥＣの設定した航海禁止区域の二〇キロ外で放射能を浴びたのはその時である。

一九五三年八月八日、時のソ連首相マレンコフは、アメリカは原爆の独占だけでなく水爆の独占も失ったと誇らかに宣言した。その四日後にソ連最初の水爆実験が行われた。固体重水素化リチウムを使ったものだったが、出力は数百キロトンで、その点では、アメリカが一九五二年一一月に実験した大出力の原爆「キング」の五〇〇キロトンと同程度で、本格的な水爆とは言えないものだった。ソ連が本格的なメガトン級の出力の水爆を実験したのは一九五五年一一月二三日であった。

33 ゾーク陰謀四人組

一九五〇年三月の水爆全力開発の大統領指令は明らかにテラー、ストローズの勝利であり、オッペンハイマーの敗北であった。アメリカ科学者連盟から、この際オッペンハイマーは一般諮問委員会（GAC）を辞任して野に下り、反対の立場を貫くべしという声もあがり、オッペンハイマー自身もGACに辞任を計ったが反対され、結局は中央の政治機構の内に留まって戦略爆撃政策の切り崩しを続けることを決意したようだ。

終戦後、原爆の威力に心酔したアメリカ空軍は、カーチス・ルメー将軍を司令官とする戦略航空軍団（SAC）の充実に力を傾け、アメリカの主戦力として位置づけた。ルメーは東京大空襲、広島、長崎の原爆攻撃を含む戦略爆撃作戦の責任者であった。SACの司令官となったルメーは「俺にもっと爆弾をよこせ。もっと強力な爆弾をよこせ。そして、俺のモスクワへの道を邪魔するな」と豪語したという。

しかしアメリカの軍部内にも、空軍のSAC偏重を心配する声もあった。第二次大戦後、ソ連の強大な地上軍はそのまま不気味に東ヨーロッパに居坐っていた。もしソ連軍が攻撃に出れば、地上戦での優位は絶対的だった。アメリカの唯一の対抗策はソ連の都市に対するSACの原爆攻撃だった。この軍事政策の欠陥は、一九五〇年六月二五日、北朝鮮の共産軍が突如南朝鮮に侵攻して始まった朝鮮戦争での米国側の苦戦によって痛々しく露呈された。「原爆を、戦略兵器としてではなく、戦場で戦術兵器として有効に使えないものか」。これが、パサディナのカリフォルニア工科大学（キャルテク）の一群の物理学者たちが、陸軍の要請で開始した研究プロジェクト「ヴィスタ（Vista）」の課題だった。キャルテクの総長でGACの委員でもあるL・デュブリッジがプロジェクトの長をつとめ、R・バッカーもその一員だった。

一九五一年の初秋、ヴィスタの最終報告を起草する時がきた。デュブリッジは報告書をまとめるオッペンハイマーの手腕を高く買っていたから、助力を求めた。オッペンハイマーはキャルテクに数日滞在して、「ヴィスタ報告」の執筆の一部を手伝った。もともとヴィスタのスローガンとして伝えられた「戦闘は戦場に戻すべし」がSACの不興を買っていた。原爆による戦略爆撃は戦場の背後にある一般国民の大量虐殺を意味するからだ。オッペンハイマーの筆になるとされる報告書第五章には、米空軍の逆鱗にふれる具体的提案が並んでいた。ソ連の核攻撃に対する反撃としてのみ、アメリカはソ連の都市に対して水爆を使用すること。核分裂物質をSACの原水爆用にだけでなく、小型の戦術用核兵器の製造にも分配すること。……テラーをはじめとする水爆推進派とSACを中心とする空軍は、これをオッペンハイマーの水爆反対の続きだと断じたのである。

ヴィスタ報告の大部分は西ヨーロッパの防衛に関係するものであったから、デュブリッジ、C・ローリッツェンなどの代表団は一九五一年一二月はじめにパリに飛んで、ヨーロッパ連合軍総司令官D・アイゼンハワーと会見し、報告を行った。オッペンハイマーもその一団に加わった。空軍はそれを阻止しようとしたが成功しなかった。アイゼンハワーは日本への原爆投下に賛成でなかったことが知られているが、戦術兵器に重点をおくヴィスタ報告に彼は好意的に耳を傾けたと伝えられている。

米空軍とオッペンハイマーとの関係をさらに悪化させたのは、テラーが空軍の支持を取りつけて開始した新しい核兵器研究所設立の運動であった。テラーは、ロスアラモス研究所が水爆の開発に十分の熱意を示さないから、新しい研究所が必要であると主張したが、これは、あくまで彼の巨大なエゴの問題であった。原子力委員会（AEC）もGACも、当然テラーの利己的な動きに反対した。テラーはオッペンハイマーとその仲間たちがロスアラモスの弱体化をおそれて自分に反対し、ひいては水爆の開発を遅らせているかのように空軍に訴えた。

結局、AEC内のストローズ、バークレーのローレンス、マクマホンの両院合同原子力委員会、そして勿論米空軍を動員したテラーの工作が成功し、テラー個人の核兵器研究所ともいうべきリヴァモア研究所ができることになった。ローレンスの放射線研究所の一部がリヴァモアにあったのを利用して、公式にはロスアラモスと同じくバークレーのカリフォルニア大学の管理の下で、一九五二年の中頃に開設された。所長としてはローレンスの弟子の若い核物理学者ハーバート・ヨークが任命されたが、実権はテラーとローレンスによって握られていた。

さらにテラーは週刊誌『タイム』などを操作して、リヴァモア研究所が出来てはじめて水爆の開発が成功したような印象を一般に与えることに成功したが、ラビが一九五四年のオッペンハイマー聴聞会で喝破したように、それは「真赤な嘘」であった。ベーテの証言は具体的だった。「現在〔一九五四年当時〕太平洋で実験されている核兵器の大部分は、そして特に最も強力なものは、ロスアラモス研究所単独で開発されたものである」。最も強力なものとは水爆を意味していた。リヴァモア研究所の初代所長H・ヨークは一九七六年の著書の中で、一九五四年当時、リヴァモアが開発した核爆弾のみじめな失敗を公表している。最初の実験はネヴァダの塔の上で行われたが爆弾のキャップも飛ばない不発に終わった。最初のリヴァモア製大型水爆「クーン」の実験はビキニ環礁で一九五四年四月七日に行われたが、完全な失敗で、出力は〇・一メガトンに過ぎなかった。オッペンハイマー聴聞会でのベーテとラビの証言は、このリヴァモア水爆の失敗の直後に行われたわけだが、失敗は極秘事項に属し、一般の知る所とはならなかった。

こうしたアメリカの水爆開発にまつわる一連の事件は、オッペンハイマーについてよりも、テラーという異様な人物についてはるかに多くのことを語っている。しかし、私はテラーの伝記を書いているのではないから、主題のオッペンハイマーに話を戻す。

「リヴァモア研究所」につづく次の事件は「リンカーン夏期研究会」と呼ばれるものである。MITの物理学者J・R・ザッカリアスとキャルテクのローリッツェンは、アメリカ本土に対するソ連の核攻撃を空中で迎撃する防衛態勢をつくることが望ましいと考えた。後年、テラーがレーガン大統領に売り込んだスターウォーズ計画（SDI）と同じ系列の発想だが、一九五二年当時は、まだ核攻撃の主力は重爆撃機であった時代だから、スターウォーズよりははるかに意味があった。ザッカリアスはMITのリンカーン研究所の所長A・G・ヒルに交渉して、その空中迎撃防衛についての技術的研究会を一九五二年の夏に開く承認を得た。これが「リンカーン夏期研究会」と呼ばれるものである。オッペンハイマーも招待されて参加した。

SACの先制攻撃を信条とする米空軍は、受身の本土防衛計画を忌み嫌った。キャルテクのヴィスタ計画にもMITの空中迎撃計画にもオッペンハイマーの名が出没することから、この明らかに反SAC的な科学者たちの動きの背後にはオッペンハイマーがあるものと邪推し、テラーはそれを煽った。

しかし、ヴィスタ報告、リヴァモア研究所、リンカーン夏期研究会よりもさらに強くオッペンハイマーの敵たちを刺激する事態が発生した。一九五三年一月二〇日のアイゼンハワー大統領就任の直後に、「軍備とアメリカの政策」と題する報告書が国務省から新大統領に提出された。前国務長官D・アチソンが一九五二年四月に設立した軍縮問題パネルが用意したものだった。当時は国連の軍縮委員会の討議が空転して何の成果も期待できない状況にあった。二年前のトルーマンの水爆開発の決定以来、アメリカは核軍備でソ連に水をあけようとし、ソ連は必死に追いつこうとするばかりだった。両国が核軍備競争のらせんを破滅に向かって昇りつめるのは必至とアチソンは考えて、新しい政策を模索した。アチソンの軍縮問題パネルはオッペンハイマー、ブッシュ、アレン・ダレス（CIA副長官）、M・バンディ、その他二名からなり、オッペンハイマーが委員長格、バンディが書記の役にえらばれた。

アチソンがブッシュとオッペンハイマーを選んだことは注目に値する。世界最初のテラー－ウラムの新しい設計の水爆装置「マイク」の実験は一九五二年一一月に行われたが、その年のはじめブッシュは実験の準備ができた時点で、もしソ連が水爆の実験を断念するならばアメリカも実験を行わないことをソ連に通告すべきであるとアチソンに進言した。これはまさにフェルミとラビのGACの少数意見書にこめられた考え方であった。しかし、アチソンは内外の政治情勢から判断して、トルーマン大統領に伝えなかった。こうして水爆阻止の人類最後の機会が失われた。ブッシュの進言の裏には、ラビ、ローリッツェン、オッペンハイマーもいたようだ。この動きがアチソンの軍縮問題パネルの設置と関係があったことは十分考えられる。このオッペンハイマー軍縮問題パネルは、広い視野に立って軍縮問題をとらえようと努めた。一〇カ月にわたる討論はM・バンディによってまとめられた。「軍縮とアメリカの政策」である。

報告書では、ソ連の核攻撃に対する防衛対策が取上げられ、国連を通しての軍縮交渉を中止してソ連と直接交渉すべきことも提案されていたが、新大統領に対する提言の主眼は「軍拡競争が意味する所を、可能な限りの率直さ《キャンダー》を持ってアメリカ国民に周知させるべきである」というものであった。国民が政策についての知識を十分持って賛否を表明することこそ、民主主義の建前でなければならなかった。

バンディの有能な筆になる説得的な報告書はアイゼンハワー大統領に感銘を与え、一九五三年二月一八日の国家安全保障理事会でとりあげられた。アイゼンハワーは、とりわけ、核兵器、核軍備競争の真相とおそるべき意義をできる限りの率直さ《キャンダー》で国民に理解させる努力をするという提言が気に入り、その方向に動きはじめた。これが「キャンダー作戦」と呼ばれるものである。

一九五〇年三月一〇日の水爆全力開発の決定にいたる経過をふり返ってみるとよくわかるが、この重大な政策決定はすべて極秘裡に行われた。全人類の運命にかかわる決定が「極秘」のヴェールの下で、一般国民は勿論、上下院国会議員の大多数があずかり知らぬ、政府中枢の「密室」内で行われた。アイゼンハワーはそれを好ましくないと考えはじめたのだ。

水爆による戦略爆撃の推進派は、ソ連との交渉は無意味であるとし、核戦力の絶対優位の確立のみがアメリカの安全を保障するという考えにとりつかれていた。彼らから見ればオッペンハイマー軍縮パネルの進言は、彼らに対する正面からの挑戦であり、水爆阻止に失敗したオッペンハイマーの巻き返し作戦以外の何物でもあり得なかった。しかもこの男の新しい陰謀である「キャンダー作戦」は新大統領の想像力《イマジネーション》をとらえたかに見えた。オッペンハイマーの敵たちは、これ以上「危険人物」オッペンハイマーが政府のサークル内に存在しつづけることを許すことはできないと考えた。

一九五三年五月、アメリカの大型月刊雑誌『フォーチュン』に長い記事があらわれた。表題は「水爆をめぐる秘められた闘争」、副題は「合州国の軍事戦略の方向逆転を目指すオッペンハイマー博士の執拗なキャンペーンの物語」となっていた。匿名の記事だが、その筆者が米空軍と原子力委員会(AEC)から門外不出の極秘情報をたっぷり入手したことは、その内容から明白だった。一九四九年秋のソ連最初の原爆実験のあと、ストローズがAECに水爆開発の促進を要請し、GACがそれに反対したことに始まって、ヴィスタ報告、テラーのリヴァモア研究所、リンカーン夏期研究会の諸事件が驚くべき詳細さで、そしてオッペンハイマーがそのすべての主謀者であるかのように事実を歪曲して記述されていた。

その記事の第一ページには、夜間どこかの空港に降り立った際にフラッシュ光の下で撮影したと思われる、例のつば広のポークパイ・ハットを深々とかぶった、いかにも陰険狡猾な策士のように見えるオッペンハイマーの写真があった。「物理学者J・ロバート・オッペンハイマー。彼は水爆は国防の盾であるよりも、ソ連を追い立てる突き棒だと信じている」と説明がついていた。次のページには新鋭重爆撃機B32を背景に出動を準備する搭乗員の写真があり「戦略爆撃戦団の戦士たちとそのB32――アメリカの科学者たちの攻撃の的」と説明されていた。

この『フォーチュン』誌は次のようにオッペンハイマーを非難する。(1)水爆の開発を阻止しようとした。(2)核物質を戦略核兵器から戦術核兵器にふり向けようとした。(3)アメリカ大陸の防空態勢の確立を支持した。(4)国家の安全保障を考えるにあたって、あまりにも倫理的考慮に支配されて、核兵器を含まぬ軍事戦略を支持し、SACの核戦略を犠牲にすることさえ考えた。今、私たちがこれを読めばオッペンハイマーに対する讃辞と読める。しかし時代が違った。時代が逆立ちしていた。

虚偽と捏造にみちたこの「オッペンハイマー物語」は詳しい訳出に値しないが、例えばブッシュがアチソンに水爆実験以前にソ連と交渉することを進言した事件は次のようになっている。

「テラーの熱核装置の実験が一九五二年の末にエニウェトクで予定されていた。オッペンハイマーはその実験を阻止しようとした。一九五二年の四月、国務長官アチソンは彼を国務省の軍縮委員会の委員長に任命した。ここで生み出された提言は、アメリカ合州国は人道的な立場から水爆を仕上げるための実験を行わないことを決定したこと、そして、合州国は、世界のいかなる国による類似の装置の爆発実験も戦争行為と見做すことを、大統領が宣言すべきである、というものであった」

捏造記事の最高傑作は「ZORC《ゾーク》」である。『フォーチュン』誌によれば、オッペンハイマーを頭とする水爆阻止派はZORCと自称する四人組を結成して暗躍したというのである。Zはザッカリアス、Oはオッペンハイマー、Rはラビ、最後のCはチャールズ・ローリッツェンを意味した。SAC中心の先制戦略爆撃構想にあくまで抵抗したのが、この「ゾーク」四人組なのであった。一九五四年のオッペンハイマー聴聞会での関係者の証言から判断すれば、陰謀団ゾークの存在は、空軍の顧問科学者主任D・グリックスの創作であったようだ。当の四人組の面々は『フォーチュン』の記事を読んで初めてゾーク陰謀団の存在を知ったのだった。

この「オッペンハイマー物語」には、ストローズ、テラー、ルメーの三人が英雄として登場する。恐るべき物理学者オッペンハイマーとそれに操られた使徒たちの悪辣な妨害にもかかわらず、ストローズとテラーの愛国的健闘によって水爆の開発は成功し、水爆を装備した強力なSACがルメー将軍の指揮の下にソ連ににらみをきかせている。これが結論であった。

この匿名記事の筆者はC・マーフィという男で、『フォーチュン』誌の編集者の前歴を持ち、オッペンハイマー攻撃の記事を書いた時は、空軍の予備役将校としてペンタゴンに勤めていた。空軍省長官T・K・フィンレターが「オッペンハイマーはコミュニストではないかもしれないが、アメリカで最も狡猾な陰謀家だ」とマーフィに語ったことが記事執筆のきっかけとなった。

オッペンハイマー軍縮パネルがアイゼンハワー大統領に提出した報告書「軍縮とアメリカの政策」は、勿論、秘密文書として扱われた。オッペンハイマーは水爆その他の秘密事項に具体的にふれることなしに、報告書の基本的思想を一九五三年七月『フォーリンアフェアーズ』誌上に発表した。アメリカで最も権威のある外交評論雑誌（季刊）である。表題は「原子兵器とアメリカの政策」、彼の有名な二匹のさそりのたとえがこの中にある。

「我々は、おそらく、長い冷戦の時代に直面しているのであり、紛争と緊張と軍備が我々と共にあることになるだろう。そして、困難は次のようなものだ。この期間に、原子爆弾の時計は、次第に速くカチカチと時を刻む。二つの大国はお互いに他の文明と生命を終わらせる構えを取るが、自らの文明と生命も危くせざるを得ないという状況が予想される。我々の状態は、一つのびんの中の二匹のさそりに似ていると言えよう。どちらも相手を殺すことができるが、自分も殺されることを覚悟しなければならない」

これは、アメリカ政府がとっている核兵器と核戦略に関する政策の基本仮定に対する痛烈な批判であった。「大きな方のさそりは小さな方のさそりを殺して生き残れるだろう。

だから、アメリカさそりをソ連さそりより常に大きく育て保たなければならぬ」。これがオッペンハイマーを押しつぶしにかかった主流派の考えだった。

ＡＥＣの初代委員長リリエンソールは水爆については一貫してオッペンハイマーを支持したが、一九五〇年二月に退職し、Ｇ・ディーンがＡＥＣ委員長となった。ディーンは初めストローズと共に水爆開発賛成の立場をとったが、その後のストローズやテラーの手口のあまりもの悪辣さに業を煮やして、ついにはテラーを激しく批判し、オッペンハイマーを擁護する側にまわった人物である。トルーマン大統領とオッペンハイマーとの間には親しみは育たなかったが、一九五二年八月二六日付のディーン宛の私信でトルーマンは次のように書いている。

「あなたも同じ感じをお持ちだと思うが、私はオッペンハイマーは正直な男だと感じている。悪い評判を流布して、他人の人格を泥で塗りつぶす輩が横行している昨今、善良な人間たちが不必要に苦しみを受けている。……この当てこすりの悪意の時代を、我々が基本人権法を破壊しないでくぐり抜けることができればよいが、と私は願っている」

10　オッペンハイマー聴聞会

34　オッペンハイマー、聴聞会に召喚される

W・L・ボーデンは一九五三年一一月七日、時のFBI長官J・E・フーヴァーに長い手紙を送った。ロバート・オッペンハイマーはソ連のスパイであるとする重大な告発状であった。

W. ボーデン　マクマホン上院議員の部下で，戦略爆撃の支持者．1953年11月，FBI長官エドガー・フーヴァーに手紙を送り，オッペンハイマーはソ連のスパイであろうと申し立てた．

「この書簡はJ・ロバート・オッペンハイマーに関するものです」の一文に始まり、オッペンハイマーがアメリカの国家機密のほとんどすべてに手のとどく立場にあり、その重要政策に決定的な影響を与える力があることを強調したあと、「この書簡の目的は、長い年月にわたる調査と入手し得た極秘の証拠にもとづいて徹底的に考え抜いた結果として

の、私自身の見解を述べることにあります。それは、J・ロバート・オッペンハイマーはソビエト連邦のスパイである可能性が、そうでない可能性より大きい、ということです」と記されていた。

これにつづいてボーデンは、オッペンハイマーの言動を四つの時期に分けて、証拠に支えられた「事実」を列挙していく。手紙のその部分を省略なしに忠実に訳出してみよう。四つの時期の見出しは訳者の私がつけたが、各項目を示す(a)、(b)……はボーデン自身がつけたものである。

(1)正式に原爆開発の責任者になる一九四二年以前

(a)彼は共産党に月々相当の額の献金をしていた。

(b)彼と共産主義との結びつきは、ナチス-ソビエト同盟、ソビエトのフィンランド進攻の後も切れなかった。

(c)彼の妻と弟はコミュニストだった。

(d)彼はコミュニスト以外には親友がなかった。

(e)彼は少なくとも一人のコミュニストの情婦を持っていた。

(f)彼は学術団体を除けば共産系団体にだけ所属していた。

(g)彼がバークレー(カリフォルニア大学)での初期の原爆プロジェクトに引き入れた人

びとはコミュニストばかりだった。
(h)彼は、かつては、共産党への入党者を募るのにあずかって力があった。
(i)彼はソビエトのスパイとたびたび接触していた。
(2)一九四二年
(a)一九四二年五月〔オッペンハイマーは正式に原爆計画の責任者の一人に任命された〕、彼は共産党への献金を停止したが、これは、まだ明らかにされていない新しいチャンネルを通じて献金を行うようにしたのかもしれない。
(b)一九四二年四月、彼の名前が国家機密を扱う者としての適格審査に正式にかけられた。
(c)彼自身、その時、審査を受けていることを知っていた。
(d)彼は、その後、一九三九年から一九四二年四月までの期間に関する虚偽の情報を、グローヴス将軍、マンハッタン計画当局、およびＦＢＩに繰返し与えた。
(3)戦時中から終戦直後まで
(a)彼は戦時のロスアラモスで非技術系を含めて多数のコミュニストを雇用した責任者である。
(b)彼はそうしたコミュニストの一人を公式のロスアラモス史の執筆者として起用した。
(c)彼は一九四五年八月六日（ヒロシマ）までは水爆プログラムの強力な支持者だったが、その当日に、水爆部門で働いていた上位研究者のそれぞれに、口頭で水爆から手を引くように要請した。

(d)彼は戦争が終わるまでは原爆プログラムの熱心なスポンサーだったが、戦争が終わるとすぐに、ロスアラモス研究所を解体すべし、と公然と主張した。

(4)戦後

(a)彼は一九四六年中頃から一九五〇年一月三一日〔トルーマン大統領が水爆開発を布告した〕までの期間、水爆の開発を実質的に休止させるように、軍当局と原子力委員会に影響を及ぼすことに大きな役割を果たした。

(b)彼は一九五〇年一月三一日以降は合州国の水爆プログラムを遅滞させるために、たゆまぬ努力をした。

(c)彼は原爆用資材の製造の生産規模の拡大に向けられた戦後の努力のすべてに対して、彼の強い影響力を使って反対した。

(d)彼はウラン原料の拡大に向けられた戦後の努力のすべてに対して、彼の強い影響力を使って反対した。

(e)彼は原子力潜水艦、原子力航空機、原子力発電計画を含む戦後の原子力開発の主要な努力のすべてに対して、彼の強い影響力を使って反対した。

ボーデンは、このように戦前、戦中、戦後のオッペンハイマーの言動を列挙したあと、次の三つの結論が正当化されるとした。これも忠実に訳出する。

1　一九二九年から一九四二年中頃までの期間、J・ロバート・オッペンハイマーは筋金入りのコミュニストで、スパイした情報を自発的にソ連に提供したか、または、そうした情報の求めに応じた可能性が、そうでない可能性より大きい（これには彼が原爆開発の武器部門を専一にえらんだ時に、彼はソ連の指令にしたがって行動していた可能性が含まれる）。

2　彼がそれ以来現在までスパイとして働いてきた可能性が、そうでない可能性より大きい。

3　彼がそれ以来現在までソ連の指令にしたがって合州国の軍事、原子力、諜報、外交の諸政策に影響を及ぼしてきた可能性が、そうでない可能性より大きい。

ボーデンは実にいやな文章を書く。全体にわたって、……more probably than not……という句がしつこく繰返される。……である可能性が、そうでない可能性より大きい……と訳してみたが、原文のいやらしさは出ていない。しかも、手紙全体を読めば、オッペンハイマーがソ連の指令の下で行動してきたスパイであることを、ボーデンが確信していることは明白である。

この手紙は、その中に記された事項を裏付けるＦＢＩの分厚い調書とともに一一月三〇日にホワイトハウスにとどけられ、国務長官を経て一二月二日アイゼンハワー大統領に提出された。驚いたアイゼンハワーは一二月三日に原子力委員会（ＡＥＣ）委員長ストローズを呼んで事情を聞き、ただちに大統領命令を下して、オッペンハイマーを一切の国家機密から隔離した。

アイゼンハワーが、性急にオッペンハイマーを退けた第一の理由は、当時、マッカーシー上院議員の〝赤狩り〟がアイゼンハワー政府をおびやかしていたからである。政府に重用されているオッペンハイマーを、マッカーシーが非米活動調査委員会で取り上げれば、政府は重大な苦境に立つことは明らかであったから、オッペンハイマーをあわてて切り捨てたのであった。

一九五三年六月三〇日でＧ・ディーンはＡＥＣを辞任し、同時にオッペンハイマーも一般諮問委員会（ＧＡＣ）を辞任したが、ディーンは委員長をやめる前に、一九五四年六月三〇日までオッペンハイマーをＡＥＣの一般顧問に任命する手続きをとった。ストローズがディーンを継いでＡＥＣの三代目の委員長となった。

一九五三年一二月一三日、ヨーロッパ旅行から帰国したオッペンハイマーは、身にふりかかった災難に驚き、ストローズに会見を求め、一二月二一日午後、ＡＥＣのストローズの部屋に行った。そこにはストローズとニコルズが待っていた。ニコルズはストローズによってＡＥＣの事務長に任用されていた。ニコルズはグローヴスの最高副官として、オッ

上：原子力委員会のメンバー 1954年6月29日，アメリカ原子力委員会は，賛成4反対1で，オッペンハイマーの政府公職からの追放を決定した．左から，その賛成者の4名，T.マレイ，U.ヅカート，J.キャンベル，委員長のL.ストローズ．

下：物理学者H.スマイス 原子力委員会委員として，オッペンハイマーの公職追放にただひとり反対した．「スマイス報告」の著者．

ペンハイマーがロスアラモスの研究所長になることに強く反対した軍人である。ニコルズは彼が用意した告発状の草稿を示した。そこにはオッペンハイマーの「罪状」がぎっしりと列記されていたが、その場で目を通すだけで、コピイを持って帰ることは許されなかった。ストローズはオッペンハイマーに、黙ってAECの顧問を辞任することをすすめ、その返答にただ一日だけの余裕を与えた。オッペンハイマーは親しい弁護士と相談した結果、翌二二日、辞表提出を断った。

一二月二三日、ニコルズから正式の手紙がオッペンハイマーに送られ、その日付でオッペンハイマーは政府公職から追放され、国家機密から完全に締め出されることが申し渡された。そして、その理由、つまりオッペンハイマーの罪状が列記されていて、もし不服があればAECの保安審査委員会に審査を要請することが出来ると付記されていた。手紙の内容はフーヴァーに宛てたボーデンの手紙のそれに酷似していた。

このニコルズの手紙に対して、オッペンハイマーは長文の申し開きの書状を一九五四年三月四日付で送り、資格の再審査を要請した。ニコルズの手紙の酷薄な調子と対照的に、オッペンハイマーの手紙のそれは温和で率直なものである。オッペンハイマーはこの手紙以外に自伝らしい文章を残していない。

オッペンハイマー聴聞会はオッペンハイマー裁判とも、異端審問とも呼ばれる。アメリカ史でマッカーシー時代と呼ばれる時期の最大の歴史的事件である。一九五四年四月一二日から五月六日までつづいた。AECの判決は六月二九日に発表され、オッペンハイマーは国家機密を漏洩する可能性をもつ危険人物と断定された。この日、彼の政治的生命はたち切られ、名誉は二度と回復されなかった。

保安審査委員会の三名はAECが選んだ。三人の〝判事〟である。委員長G・グレイは政治家出身で北カロライナ大学学長、W・エヴァンスはロヨラ大学の化学科教授、T・モーガンはニューヨークの実業家だった。〝被告〟にあたるオッペンハイマーはプリンストン高等学術研究所の理事の一人であったL・ギャリソンを主任弁護士に選び、〝原告〟側のAECは辣腕の弁護士として評判のR・ロブを〝検事〟に立てた。

この非公開の聴聞会はワシントンの中央に近いAEC所属のみすぼらしい古い建物の一室で行われ、常時一五名にみたない数の出席者から成っていた。しかし、その意義の重さは、喚問された三九人の証人の顔ぶれを見ればわかる。前二代のAEC委員長D・リリエンソール、G・ディーン、世界銀行総裁J・マクロイ、G・ケナン、L・グローヴス、J・ランズデール、科学者としては、V・ブッシュ、J・コナント、K・コンプトン、フェルミ、ラビ、ベーテ、ブラッドバリー、デュブリッジなどの大物がすべてオッペンハイマーを支持する証言を行った。水爆の開発をめぐってはオッペンハイマーとまったく対立する立場をとったフォン・ノイマンも聴聞会ではオッペンハイマーを弁護した。当時の大物科学者としてオッペンハイマー反対の立場をとったのはテラー一人だけだったが、そのテラーの証言がオッペンハイマーの命取りになったと一般に考えられている。

この歴史的裁判のドラマはAECが出版した録音写本《トランスクリプト》で逐一たどることができる。それはこまかい活字で一〇〇〇ページに及び、普通の組み方をすればその倍のページ数になると思われる。聴聞会は非公開で、各証人が証言をはじめる前に、G・グレイは証言の内容は公開されないからそのつもりで発言するように各証人に言い渡した。しかし、オッペンハイマーとその弁護団がニコルズの告訴状とそれに対するオッペンハイマーの返答の手紙を公表したため、世間一般の同情がオッペンハイマー側に傾く気配を示した。それを憂慮したストローズは急に録音写本の出版にふみ切った。そこには、オッペンハイマーをはじめとして、いかに多くの〝赤い〟物理学者がアメリカの原爆開発に参加したかがあばかれていたから、世論はたちまちストローズの側に移った。皮肉なものである。オッペンハイマーの「キャンダー作戦」こそがストローズをはじめとする反オッペンハイマー派を決定的な実際行動にかり立てたのだったが、このオッペンハイマー聴聞会録音写本は、それまでワシントンの政府の密室内で、原水爆に関する重大決定がどのようにして下されてきたかを詳細に白日の下にさらすことになった。ストローズが心ならずもキャンダー作戦を実践した形になってしまった。

アメリカ史のこの部分に興味を持つ者にはこの分厚い録音写本は興味津々の読物である。この事件についてはこれまで多数の評論や書物が発表された。名著のほまれが高いのは

J・メジャー『機密漏洩事件――水爆とオッペンハイマー』（中山善之訳、平凡社、一九七四年）である。最近（一九八九年）AECの公式歴史家R・G・ヒュレットが出版した*Atoms for Peace and War*の最初の四章にも優れた記述があり、巻末には関係文献についての有用なコメントがある。

私はこの内容豊かな裁判の流れを要約しないことにする。短く要約すれば、要約者の偏見によって必ず歪んだものになる。ロベルト・ユンクの『千の太陽よりも明るく』（菊盛英夫訳、文藝春秋新社、一九五八年）がその好例である。それよりも、私はこの聴聞会のいくつかの重要な点を指摘して読者の便に供したいと考える。

この事件についてオッペンハイマー自身は「私はこの事を列車事故とか建物の崩壊といった類の一つの大きな事故のようなものだと考える。それは私の人生とは何の関係も連関もない。たまたま私がそこに居あわせただけだ」と言っている。自分でそう思いたかったのであろうが、これは一種の嘘というべきである。しかし、ギリシャ悲劇の主人公のように自分を思わないかと聞かれて答えた彼の短い言葉には多分の真理が含まれている。「ある演劇では、ドラマの感覚は、合唱《コーラス》の方から生じる」。

たしかに、オッペンハイマー裁判という劇の最大の見どころは、その全体が織り成す人間喜劇《コメディ・ユメーヌ》である。笑劇《ファース》の要素もかなりある。たとえばバークレーの化学科の教授でローレンス、アルヴァレの尻馬に乗って水爆開発を推進したW・ラティマーは、「戦時中ロスアラモスで働いた多くの若者たちが、オッペンハイマーの影響で平和主義者《パシフィスト》になってバークレーに帰ってきた」と証言してオッペンハイマーを攻撃した。

《有罪判決の理由》

保安審査委員会はオッペンハイマーの失格確認にグレイとモーガンが賛成、エヴァンスが反対、それを受けた原子力委員会ではストローズ委員長を含む四人が賛成、スマイスただ一人が反対した。

ストローズ側は、はじめ、オッペンハイマーがソ連のスパイであり、国家反逆罪を犯した疑いが強いとして、つまりボーデンの手紙の線で押してみたが、FBIの資料をすべて動員したが決め手がなく、次にはオッペンハイマーが水爆開発に反対したことを追及したが、これでは、個人をその意見の故に断罪する形となって支障があった。AECが最終的に持ち出した断罪の理由は、オッペンハイマーは性格に基本的な欠陥があるから、国家機密を洩らす可能性のある「危険人物《セキュリティ・リスク》」であるというものであった。驚くべき有罪判決理由である。一九五四年六月二九日に発表されたAECの正式声明に次の文章がある。「我々は、オッペンハイマー博士は彼の『性格』に基本的な欠陥があることが証明されたから、政府の信頼に値しないと結論する」。またオッペンハイマーと共産主義者との関係は「政府が彼に与えたような高い地位を占める者に当然期待される慎重さ《プルーデンス》と自制が許す範囲をはるかに越えた」ものであったと断定された。オッペンハイマーを理解するための一つのキーワードとして、私が29節でとりあげたプルーデンスという言葉がここで使われていることに注意しよう。

《シュヴァリエ事件》

ストローズたちが、オッペンハイマーの性格には根本的な欠陥があるという主張を押し通した唯一の根拠がシュヴァリエ事件である。その内容は28節と29節で述べたが、復習してみよう。

オッペンハイマーがロスアラモスに移住する直前の一九四三年はじめ、オッペンハイマー家に夕食に招かれたホーカン・シュヴァリエは、台所でオッペンハイマーと二人きりになった時、シュヴァリエの知人ジョージ・エルテントンがバークレーで行われている軍事研究の情報をソ連に流すことを希望しているとオッペンハイマーに話した。オッペンハイマーは言下にそれを断ったが、シュヴァリエ自身はソ連のスパイでないと確信していたから、事はそれですんだと考え、大学詰めの防諜係員に報告しなかった。しかし一九四三年の夏になってマンハッタン計画の防諜責任者から別件でエルテントンの名前が持ち出されたので、八月二五日にバークレーの防諜係官を訪ねてエルテントンの行動に注意を払うように通告した。自宅の台所での出来事からほぼ半年たっていた。

八月二六日陸軍の諜報部将校パッシュはオッペンハイマーを長時間にわたって尋問し、それは隠しマイクで録音された。オッペンハイマーは「エルテントンは、仲介者を通して、現在ロスアラモスに所属する科学者二人とバークレー所属の科学者一人に情報を求めた」と供述したが、仲介者の名も、三人の科学者の名も明らかにすることを拒んだ。一九四三年一二月一二日、グローヴスはオッペンハイマーに仲介者の名を要求し、ホーカン・シュヴァリエの名が明らかにされた。

一九五四年四月一四日の聴聞会で、AEC側のロブの尋問に対して、オッペンハイマーは一九四三年の夏パッシュに告げたことはでたらめの作り話だったと答えた。エルテントンが仲介者を通して三人の科学者に接近しようとした、という話はでたらめで、シュヴァリエが自分に話をしただけであったと言ったのである。


〈R〉ここでシュヴァリエをXと呼ぶことにしましょう。

〈O〉よろしい。

〈R〉あなたはパッシュにXがマンハッタン計画の三人に接近したと言ったのですね。

〈O〉三人のXがいたと言ったか、Xが三人に接近したと言ったか、はっきり覚えていない。

〈R〉Xが三人に接近したはずだが？

〈O〉多分そうだったでしょう。
〈R〉博士、あなたはなぜそんなことをしたのです？
〈O〉私が愚かだったからだ（Because I was an idiot）。
〈R〉それがあなたの唯一の説明ですか？　博士。
〈O〉私はシュヴァリエの名を挙げたくなかった。
〈R〉そして？
〈O〉私自身の名を出すことを少しためらったのもたしかです。

この「私が愚かだった」という発言は、これまで多くの人びとによって、いろいろと議論されてきた。まずイディオトという言葉が曲者である。深読みしようと思えばギリシャの語源にも戻れようし、ドストエフスキーの『白痴』を持ち出すことも出来よう。私は、しかし、フォン・ノイマンと共に、一番素朴な意味に取りたい。国家機密、国家に対する忠誠、ソ連のKGBとアメリカのFBIの死闘、そうしたものについての実感を、事件当時のオッペンハイマーは持っていなかった。彼が潔白と信じていた友人シュヴァリエをかばうことが国家に対する忠誠と両立しないとは思わなかった。かつて婚約を交わした女性タトロックが精神的危機にあるとき彼女を訪れることの重要さを国家への忠誠と同じ高さに置いた。グローヴスは、友人をかばったオッペンハイマーの愚行について「彼は友人のことを告げ口するのは邪《よこしま》なことだとする典型的なアメリカの学校生徒の心理と私が呼ぶものの影響下にあった」と証言している。

AEC側は、シュヴァリエ－エルテントン事件を六カ月も伏せていたこと、でたらめの作り話をパッシュに告げたこと、友人への忠誠を国家への忠誠より重んじたこと、戦後もシュヴァリエと交際をつづけたこと、……こうした事実を巧みに積み上げて、オッペンハイマーの性格には根本的な欠陥があることの証拠であると主張し、オッペンハイマーを国家機密から遠ざけるべき「危険人物」として断罪したのであった。オッペンハイマーの政治的生命に対する死刑宣告だけが最初から唯一の目的であった聴聞会はこのようにして使命を果たした。

《J・フォン・ノイマンの証言》

ノイマンは一九三四年以来プリンストン高等学術研究所に属し、同じく所員であったK・ゲーデルとならんで今世紀最大の数学者の一人と見做され、すでにアメリカ数学会の会長もつとめ、証言した当時は米空軍の大物科学顧問でもあった。ノイマンはオッペンハイマーとは親しい間柄になく、ハンガリー出身の同国人テラーの方にはるかに近かった。それにもかかわらずノイマンはオッペンハイマーを弁護する証言を行った。録音写本の一三ページを占めるノイマンの証言の要点は二つある。

一九四九年末オッペンハイマーを委員長とするGACは水爆開発に反対したが、一九五〇年初めトルーマン大統領は水爆開発を命じた。ストローズ側はこの政策決定後もオッペンハイマーが陰に陽に水爆開発の足を引っぱったことを示そうとした。しかしノイマンはそれをはっきりと否定した。

「私の印象では、オッペンハイマーを含むGACのすべての人たちがこの決定をいさぎよく受けいれ、そして協力した。……具体的なことで私が知っているのは一九五一年に必要であったいろいろな決断である。あの頃、水爆の技術的プログラムについて多数の決断を下す必要があった。その時オッペンハイマー博士がしたことを私は詳細に知っているが、それは大変建設的なものだった」

ノイマンは、ここで特に、一九五一年六月中旬、オッペンハイマーの呼びかけで、高等学術研究所の彼の研究室で行われたテラーとウラムの新しいアイディアに関する討論会のことを言っていたのである。ノイマンは一貫して水爆開発に大賛成で、彼が研究所内で創造した最初の本格的(プログラム内蔵)電子計算機「エニアク」も、まずテラー - ウラム水爆装置が必要とした膨大な計算に使用された。ノイマンはオッペンハイマーがこの仕事を支持したこと、そして水爆そのものについての意見の相違については、自由に、不愉快な思いをせずに議論を戦わすことができたことを強調した。

シュヴァリエ事件についてノイマンは、こう語る。

「この出来事は、もし本当なら、一九四三年あたりの頃、彼はまだ感情的にも理知的にも、こうしたことを扱う準備ができていなかったのであり、また、あとでは、彼はそうした事の取り扱い方をよく学び、よく処理するようになったと私は考える。……戦時中、私たちすべて、つまり、科学技術畑のすべての人間は、それまで知らなかった一つの宇宙に突然接触した。私が言っているのは、この慣れない機密保持の問題、どこも悪そうに見えない人たちが陰謀をたくらんでいたり、スパイであるかもしれないという状況だ」

そしてJ・フォン・ノイマンは、過去にオッペンハイマーがシュヴァリエ事件で馬鹿げた振舞いをしたにしても大した問題とは考えないという立場を明確にしたのだった。

《オッペンハイマーの人間像》

聴聞会はたまたま居あわせた大事故のようなもので自分の人生とは関係ないとオッペンハイマーは言ったが、そんなことはない。この事がなければ、オッペンハイマーと彼に関係した人間の胸の奥に秘められたまま墓場に埋葬されたに違いない記憶の数々が残酷にも掘り起こされた。この分厚い記録をオッペンハイマーは嫌悪して、手を触れようともしなかったのだろうか。それとも、死に至るまで、ひそかにページをひもといたのであろうか。葬儀での弔辞としてではなく、存命中にこれほど多数の一流の人間たちから、これほど多量の讃辞を、宣誓下の証言として聞くことのできた人間はきわめて稀であろう。

一九四九年末のGACの水爆反対は、オッペンハイマーがGAC委員を巧みに説得誘導したものであったことをテラーをはじめとする水爆推進派は主張した。これに対してL・デュブリッジは次のように証言した。デュブリッジは当時カリフォルニア工科大学の学長の地位にあったが、戦時中はMITのレーダー研究所の所長として優秀なレーダーを開発し連合国軍の軍事的勝利に決定的な貢献をした。オッペンハイマーより数年年長であったと思われる。

「オッペンハイマー博士は毎年公式に選出された委員長というわけではなかったが、ここで言わせてもらえば、彼は年ごとに新しい委員長が選出されるべきだとして、毎年辞めると言い出し、辞めようとした。しかしそのたびに委員会は全員一致で彼の動議をしりぞけて、彼に委員長の役を依頼した。彼は我々のグループの指導者になることがあまりにもふさわしく、彼が委員長の座にいないことなど考えられなかった。……彼はグループの自然な、尊敬された、そしていつも愛された指導者だった。もう一つ私が強調したいのは、彼がグループの支配を握って彼自身の意見と合わない意見を抑圧することなどは一度もしなかったことである。それどころか、委員会の全期間を通して、彼は、十分の、自由な、率直なアイディアの交換をはげました。これこそ、我々が彼を指導者として好んだ理由だった。……それは私が加わることになった数々の委員会のうちの最善のものの一つだった」

しかし、聴聞会で明るみに出たロバート・オッペンハイマーの人間としてのイメージがすべて好ましいものであったのでは勿論ない。私がここで特に取上げたいのは、彼が彼の以前の学生であった人たちについての非米活動調査委員会やFBIの尋問の際に明らかに協力的であったことである。憲法の保障する黙秘権を使うことはなかった。バークレー時代初期のよき協力者であったW・ファリーはハーヴァード大学准教授になっていたが、共産党員としての前歴を問われて苦境に立った時、オッペンハイマーはむしろファリーの行動を非難する側にまわった。G・ロマニツ、B・ピーターズ、D・ボームの三人の優秀な若い物理学者たちは、オッペンハイマーが彼らがきわめて「赤い」と証言したこともあって、共産党員であったものと断定されて大学の職を失い、ロマニツは肉体労働に従事し、ピーターズとボームは国外に職を求めた。このような権力奉仕的なオッペンハイマーの言動に対しては、もともと左翼的傾向の強かったコンドンやP・モリソンから強い非難が寄せられただけではなく、ベーテ、ワイスコップ、R・ウィルソンなどとの関係にも陰りがさした時期があった。「オッペンハイマーは自分の首を護るために、つまり権力側にしがみつくために、昔の学生や友人を売った」という解釈が広く行われている。オッペンハイマーが政府の高官とファーストネームで呼び交わす間柄になったことをどの程度本気で楽しんだか、それによってどの程度高慢になり、友人たちを裏切ったか。これは未だ十分な検討が歴史家たちによって行われていない。戦後のオッペンハイマーの書簡などによって結論が出されるべき宿題であろう。

《汚い裁判》

アメリカの大学の法学部に学ぶ若者は、法廷で勝つことの方が真実を明らかにすることより、職業的には大切だという考えを抱いて卒業するといわれる。アメリカ映画の裁判シーンのいくつかを思い出せばなるほどと合点がいく。

オッペンハイマー聴聞会という名の非公開の裁判は、はじめから汚い裁判だった。「原告」側のAECが「被告」オッペンハイマーを有罪とするための証拠とした文書の多くは「国家秘密」であるという理由で、被告側に閲読を許さなかった。ストローズはFBIに要請してオッペンハイマーと弁護人の間の会話や電話を盗聴したので、被告側の法廷戦略などがAECのロブにはつつ抜けであった。オッペンハイマーを尋問するに当たって、ロブは過去の防諜尋問の録音テープをはじめとする詳細な記録を手許に置き、オッペンハイマーの方はまったくの記憶だけに頼って返答しなければならなかった。答の細部が、記憶のかすれのために一〇年前の記録と相違すると、ロブはすかさず被告人が嘘をついているように仕立て上げようとした。こうして「嘘つき《ライヤー》」オッペンハイマーのイメージが積み上げられていった。ロブは同じ手口を他の証人にも適用した。そのため、原子力委員会初代委員長リリエンソールは危うく偽証罪に問われかけた。

一九五四年四月一九日、聴聞会の八日目にH・ベーテが証言に立った。当時ベーテはアメリカ物理学会の会長であった。その証言は録音写本で一八ページに及び、オッペンハイマーを強力に支持する堂々たる内容のものだったが、反対尋問に立った狡猾なロブはベーテの証言に正面から対決することを避けた。


〈R〉博士、ロスアラモスには部門はいくつありましたっけ。

〈B〉その数は一定だったわけではないが、私が他日数えてみたら七つありました。しかしある時期には八つか九つあったかと思います。

〈R〉クラウス・フックスはどの部門にいましたか?

〈B〉彼は私の部門にいました。

〈R〉ありがとうございました。私の質問はこれだけです。


フックスはベーテの部門に属しながら原水爆の秘密をソ連に流していた。この事実をさり気なく持ち出すことで、ベーテの証人としての価値に泥をかけようとロブは試みたのだ。まるでアメリカ映画の一場面のようだ。事実、ベーテはロブのことを「本物の映画の弁護士だ」と評したという。

《「嘘つき」テラーの証言》

ロブはオッペンハイマーが遠い過去から聴聞会の現在に到るまでしばしば嘘をついてきた人間であるというイメージを作り上げることに成功した。しかし「嘘つき」の冠はテラーにこそ与えられるべきものである。聴聞会はオッペンハイマーとテラーの対決という一面をはっきり持っていた。そしてオッペンハイマーが一敗地にまみれ、テラーが勝者となった。オッペンハイマーの声が消されてから後、テラーがアメリカの核軍備政策に及ぼしてきた影響はまことに恐るべきものがある。そして彼は現在（一九九五年）も嘘をつくことをやめていない。

聴聞会でのテラーの証言は録音写本で一九ページに及ぶが、オッペンハイマーに致命傷を与えた証言は、その冒頭で、ロブの巧みな誘導の下で単刀直入に行われた。

〈R〉テラー博士、はじめにお尋ねしたいが、あなたは自ら希望して本日ここに証人として出席しているのですか？

〈T〉ここに来たのは要請されたからであり、要請されたとあれば、この件について私の考えを述べることが私の義務と考えるからです。

〈R〉あなたがおっしゃりたい事は、オッペンハイマー博士が同席する所で発言したいと、以前、私に申されたと思いますが。

〈T〉その通りです。

〈R〉事を簡単にするために、次の質問をあなたにお尋ねしたい。あなたが今から証言する内容の中で、あなたはオッペンハイマー博士が合州国に対して不忠実であると示唆するつもりですか？

〈T〉私はそうしたことは何も示唆しようと思いません。私はオッペンハイマーを知的に大変機敏で大変複雑な人間として知っており、彼の言動の動機を分析しようなどと私が試みるのは、ずうずうしい間違ったことであろうと考えます。しかし、彼が合州国に対して忠実であると、私はこれまでいつも想定してきたし、今もそうしています。私はそう信じているし、それに対する確実堅固な反証を見るまでは信じていると思います。

〈R〉さて、前の質問とつながることなのですが、あなたは、オッペンハイマー博士を国家機密保安についての「危険人物《セキュリティ・リスク》」と思いますか、思いませんか？

〈T〉非常に多くの場合に、私はオッペンハイマー博士が私にはとても理解できかねるような工合に行動するのを見てきました。彼の行動は、率直に言って、混乱し複雑怪奇に私には思われた。この限りでは、私は、この国の死活に関する重要事項が私にもっとよく了解できる、したがってもっと信頼できる人たちの手中に託されることを希望したいと思います。

このテラーの冒頭証言を再確認するように、彼の証言の終わりに近く、テラーはG・グレイに次のように答えた。

〈G〉あなたはオッペンハイマー博士に審査の合格を与えることは、国の防衛と機密保安を危険にさらすと感じますか。

〈T〉オッペンハイマー博士の性格は、知っていながら意識的にこの国の安全を危くするように企むことをするようなものではないと信じます。したがって、あなたの質問が、この意図のありやなしやに向けられている限り、私としては、審査不合格にする理由は見あたらないと申し上げましょう。もし、それが、一九四五年以後の彼の言動に照らしての英知と判断力についての質問であるならば、私は、審査合格にしない方が賢明であろうと申し上げたい。


このテラーの言葉がオッペンハイマーに対するとどめの一刺しとなったことは多くの人びとの一致した意見である。テラーの二時間にわたる証言の間、オッペンハイマーはテラーの背後の椅子に座っていた。証言を終えた時、テラーは振り向いて握手を求めた。オッペンハイマーはテラーの手を受けた。しかしテラーが「アイムソリー」と言うと、オッペンハイマーは「あんな証言をしたあとで、どういう意味ですか」と言ったという。

このテラーの証言については多くのことが語られてきたが、私はテラーの「嘘」に焦点を絞りたい。

まず、テラーの証言のはじめの部分から受ける印象は、テラーがこれまでオッペンハイマーについて官憲に密告したことなどはなく、すべてはオッペンハイマーの面前で述べるというフェアな男のように見えるが、これはロブと一緒に組んだ芝居である。

テラーは一九五〇年にオッペンハイマーについてのたしかな根拠もない彼自身の臆測を事実めかしてＦＢＩに密告していた。真の大物共産党員は秘密党員であり、オッペンハイマーはその一人であったと考えられること、弟のフランクの入党に兄ロバートは反対であったことになっているが、本当は兄の指令で弟は入党したと思われることなどをＦＢＩに告げた。一九五二年五月には二回ＦＢＩの求めに応じ、(1)オッペンハイマーが水爆に反対した理由の一つは、彼の生涯の誇りである原爆完成の栄光がテラーの水爆によって陰ることが嫌だったからである。(2)オッペンハイマーは他の科学者たちが水爆のために働くことを邪魔した。(3)オッペンハイマーは若い頃精神異常の兆候を示した、などと述べた。それと同時に自分の証言が決して他の科学者たちに知られぬようにＦＢＩに強く要請した。さらに一九五四年三月（聴聞会の前）にはロブと会い、オッペンハイマーが合州国に対する忠誠に欠け、水爆に関して悪質の進言を多数行ったこと、オッペンハイマーは極端に虚栄心の強い人間だから自らの業績の上を越されることが嫌で水爆に反対したのであろうと話したことが記録されている。最終的な証言の打合せは、その前夜にテラーがロブを訪れて行われた。

一九五四年九月、タイム・ライフ社の二人の記者J・R・シェプリーとC・ブレアの著書『水素爆弾』が出版された。この書物については32節ですでに触れたが、これに対して一九五〇年から一九五三年までAECの委員長をつとめたG・ディーンが『ビュレテン・オブ・アトミックサイエンティスト』誌上(一九五四年一一月号)に激烈な書評を発表した。それは次の文章で始まる。

「控え目な言葉など使っている場合ではない。これは悪意で一杯の書物だ。しかも嘘ばかりの本ときている」

この書物の中心のテーマを要約すれば、ロバート・オッペンハイマーに率いられた悪党たちの執拗な妨害を排除して、わが愛国の大英雄、大天才であるエドワード・テラーが独力で水爆を完成してアメリカの安泰を守った、ということになる。このおどろくべき事実歪曲の書はストローズのAECの検閲に合格して出版された。

G・ディーンの書評にこめられた怒りの激烈さを味わうには実際にそれを読む必要がある。この書評と共に、この書の中で悪党の一人とされたロスアラモス研究所所長N・ブラッドバリーの声明とフェルミの声明が掲載されている。テラー゠ウラム設計の「マイク」をはじめとする世界最初の成功した水爆はすべてロスアラモスで作られたのだから、ブラッドバリーも黙ってはおれなかったであろう。しかし、政治的な発言を公けにすることをしなかったフェルミの一〇月四日付の抗議声明は、さらに大きな意義を持つ。フェルミはその時ガンにおかされて死の床にあった。フェルミは最後の力をふりしぼってテラーを叱った。一一月二八日には世を去った。このあたりの状況はセグレのフェルミ伝に描かれている。テラーはフェルミに叱られて水爆完成の栄誉の独占工作をあきらめ、「多くの人びとの業績」と題する謝罪状に等しい一文を『サイエンス』誌上に発表した。

ロバート・オッペンハイマーは、個人生活では、折につけて嘘をついて生きた人間の一人であろう。われら罪深き凡夫の一人であったに違いない。しかし、エドワード・テラーの嘘は凡夫の嘘とは異質のものである。

一九五〇年初頭、テラーは、まだ水爆を実現する何らの技術的成案もないままで、それがいかにも確実なもののように軍部や議会筋を説いて回った。「嘘つき」テラーにとっての天佑は、一年後にウラムの頭の中で新しいインプロージョンのアイディアがひらめいたことだった。それでテラーは救われた。

しかし、一九八〇年代のスターウォーズ計画では天佑は降りなかった。この場合にもテラーは技術的な成功の見通しがまったく立たない兵器群を、あたかも確実性のあるもののようにレーガン大統領に売り込んだ。しかし柳の下に同じドジョウはいなかった。現在、アメリカが日本にしきりに売り込みをかけている防空ミサイルシステムは、まさに先制爆撃に反対し、飛来する敵のミサイルを迎撃して国土を守ることを試みた「ゾーク」の現代版であり、テラーはそれを目の敵にしたはずだったが、今は、その宣伝の役を大きく買って出ている（テラーは二〇〇三年没）。

11　物理学者の罪

35　「技術的に甘美」

オッペンハイマーの言葉として最もよく引用されるのは「技術的に甘美（technically sweet）」という表現であろう。オッペンハイマーの言葉とは知らずに使われている場合もあるだろう。しかし、それをオッペンハイマーに結びつけて使うのであれば、出典にもどって、それがどのような文脈の中で用いられたかを確かめることが望ましい。

この表現はオッペンハイマー聴聞会の彼の答弁の中で二度使われた。一九五三年一二月二三日付の手紙の中でニコルズは、オッペンハイマーが水爆の開発に強く反対したとして次のように告発した。オッペンハイマーは一九四九年の秋、一般諮問委員会（ＧＡＣ）委員長として、⑴反道徳的である、⑵水爆は技術的可能性が薄い、⑶開発のための施設と科学者が不足している、⑷政治的に好ましくない、という理由で強く水爆開発に反対した。トルーマン大統領は開発を決断したが、オッペンハイマーはその後も反対をつづけた。水爆反対のＧＡＣ報告書を個人的に勝手にロスアラモス研究所の幹部に配布して水爆の開発に反対するように働きかけた。また他の優秀著名な科学者たちが水爆開発に参加しないように説得し、その開発を決定的に遅らせた、云々……。

ＧＡＣがここに挙げられている四つの理由で反対を表明したのは事実だが、そのあとにつづく非難はすべて事実ではない。それが濡れ衣であることは、当時のロスアラモス研究所の副所長マンレーと所長ブラッドバリー、それにノイマンなどによって十分立証された。トルーマンの水爆開発命令が下されたあとは、ノイマンが証言したように、オッペンハイマーはＧＡＣの委員長という公人としては、素直に協力して責任を果たした。しかしその技術の開発にはまったく参加せず、私人としては反対の立場を貫いたのである。

32節で述べた通り、アメリカの水爆開発には決定的な転換点があった。それは一九五一年はじめのウラム－テラーの新しい着想であり、それを象徴する事件は一九五一年六月プリンストンのオッペンハイマーの研究室で行われたテラー－ウラムの新デザインの説明会である。「技術的に甘美」という表現はオッペンハイマーがその集会に言及した時に使われたのである。

「技術的に甘美」という言葉にまつわる最も悪質の誤解は、「技術的に甘美」なテラー－ウラムのデザインを見せつけられて、オッペンハイマーは、それまで口にしていた道徳的反対の立場をけろりと忘れて、水爆賛成に回ったと思われていることである。この誤解を世界中に広めたのは、多分ロベルト・ユンクの『千の太陽よりも明るく』であろう。聴聞会のわずか二年後の一九五六年に出版され、世界的なベストセラーとなった。

この言葉は聴聞会の録音写本《トランスクリプト》の第八一ページと第二五一ページに出ている。ユンクは八一ページから次の箇所を切り取った。

「ここで我々は技術的問題の議論を求めているとは私は思わないし、また、もし技術的な事情が当時のようではなく、その後に生じたようなものであったら、あの時、我々がどう対応したであろうかと、今、私が思いをめぐらしてもあまり意味がないと思います。

しかしながら、もし、あなたが、技術的に甘美なものを見た時には、まず進んでそれをやってみて、技術的な成功をたしかめたあとで初めて、それをどう扱うかを議論する。これが、こうした事についての私の判断です。原子爆弾についてはまさにそうでした。誰もそれを作ってみるのに反対したとは思いません。それが出来たあとで、それをどう扱うかについての議論が行われました。もし一九五一年のはじめ頃に我々が知るようになったことが、一九四九年の暮に我々にわかっていたとしたら、我々の報告書の調子が同じになったとは私にはとても思えません」

この引用につづいて、ユンクは次のように書いた。

「この供述には一般諮問委員会（GAC）の報告書の中に、あれほど強烈に表現されている倫理的疑念のかけらさえも見当たらない。ここでオッペンハイマーは、彼が意図したにしろ、しなかったにしろ、現代の科学研究者にひそむ危険な傾向を露呈している。彼の驚くべき告白は、なぜ、この二〇世紀のファウストが成功の執念にとらわれて、時には良心の痛みを感じながらも、彼の前に立ちあらわれた悪魔と契約を結ぶことを自らに許してしまったかを、多分説明している。〝技術的に甘美〟なものにはあらがうことが出来ないのだ」

ここでユンクが「ファウスト」オッペンハイマーに与える弾劾には大きな無理がある。テラー＝ウラムの爆縮の着想を「技術的に甘美」と呼び、その鮮やかさに感心はしたが、その実現に参加することなく、私的には反対の立場を貫いた。オッペンハイマーは原爆の「甘美さ」に一度は転んだが、水爆の甘美さの前で「転び」はしなかった。その故にこそ、三年後の聴聞会で断罪されたのである。

ユンクは、引用文の最後の部分「我々の報告書の調子が同じになったとは私にはとても思えません」を、「甘美な技術」を前にしてオッペンハイマーが倫理的反対のことなど忘れてしまったに違いない、という意味にとった。いや、意地悪な見方をすれば、彼の本の読者にそう読ませたかったのだ。報告書が全然変わったものになったであろうというオッペンハイマーの判断の真意を知りたければ、一九四九年のGAC報告書の公開されている部分を読めばすぐに納得がいく。32節のベーテのテラー批判にも明らかなように、GACは当時のテラーの「嘘」に反論せざるを得なかったのである。

ユンクが引用した部分につづいて、オッペンハイマーは次のように発言している。

「他の人たちにもこの点についてどう感じるかをお尋ねになるとよい。〔報告書の調子が変わっただろうとする〕私の考えに他の人たちが同意するかどうか見当がつきません。同意する人も、しない人もいると思います」

この時、オッペンハイマーはJ・コナントのことを思っていたのであろう。コナントの水爆反対の態度は徹底していた。彼が「命を賭けて」と言ったのは有名である。

「技術的に魅力的な着想は、まずその開発実現が試みられる」というオッペンハイマーの一般的観察も、残念ながら、当たっている。ここに原爆、水爆に限らない技術開発一般についての根本的な問題があるのは事実である。しかし、オッペンハイマーがそれを自分の行動原理として容認したのではなかったのである。

「技術的に甘美」という表現をオッペンハイマーが再び口にしたのは四月一六日である。グレイはオッペンハイマーが道徳的立場から水爆に強く反対したことを自供させて、公人としての行動に結びつけようとした。

〈G〉私がはっきりさせたいのは、水爆に対して、あなたがいつ強い道徳的反対の念を抱くようになったかという事だが。

〈O〉それは、我々が手にすることの出来たどんな兵器でも使おうとすることが私にはっきり判った時でした。

〈G〉とすれば一つ伺いたいが、あなたは一つの兵器を開発することと、それを使うこととの間に、はっきりした区別をつけるのですか。

〈O〉私ははっきりした区別があると考えるが、実際には我々はこれまで区別をつけませんでした。…………

〈G〉水爆ができた場合、その使用についてのあなたの深い心配、水爆の突貫《クラッシュ》開発に進むべきか否かについてのあなた自身の見解、心配は、水爆の実現性がよりはっきりした時に一段と大きくなったわけですね。これは正しくない言い方ですか？

〈O〉それは事実と反対だと思います。使用については言及しないことにしたいのですが、開発についての私の感じ方はそれが出来そうなことがはっきりした時には、大変ちがったものになりました。どうすれば出来るかを示された時、これは作るだけは作らざるを得ないだろうとはっきり感じたのです。そうなると、それが出来た時にどうするかが問題として残るわけです。一九四九年に我々が持っていた水爆プログラムは技術的には意味をなさぬ困った代物でしたから、なんとかすれば出来るかもしれないけれどもそんな物はいらない、という議論ができたのでした。一九五一年のプログラムは技術的にはとても甘美で議論の余地がなかった。それは、出来上がった時にどう扱うかという純粋に軍事的な、また政治的人道的な問題になったのです。

ホーカン・シュヴァリエはオッペンハイマーが結局グローヴスに彼の名をあかしてしまったために、オッペンハイマーの弁護にもかかわらず、ＦＢＩの要注意人物となり、国連関係の公職につくことが出来なかった。そうした事で私怨を抱いたシュヴァリエは中傷にみちた『オッペンハイマー――一つの友情の物語』を出版した。この中にもユンクとまったく同じ語調でファウストが引合いに出されている。

「一九四三年の春すでに、彼は彼が望む所を成就するためには、どんな値段を吹きかけられてもそれを支払う決心をしていたことは疑う余地がない。二〇世紀のファウストである彼は魂を原爆に売り渡したのである」

ユンクとシュヴァリエの、オッペンハイマーに対する敵意が類似しているのには単純な理由がある。ユンクは『千の太陽よりも明るく』を執筆中に、問題の人シュヴァリエがパリにいることを知って取材のためパリに行った。そこで二人が意気投合したことがシュヴァリエの『オッペンハイマー』に書いてある。これがユンクの著作にオッペンハイマーに対する偏見を注入した。

フリーマン・ダイソンもオッペンハイマーを現代のファウストと呼んだ。ダイソンは一九二三年生まれの優れた物理学者で一九五三年以来プリンストンの高等学術研究所の教授の地位を占め、現代の著名な論客の一人である。一九八〇年にＪ・エルセが製作したオッペンハイマーについてのドキュメンタリー映画『The Day after Trinity（トリニティの翌日)』に登場したダイソンは、オッペンハイマーは米陸軍と契約して原爆開発に乗り出した時に、陸軍という悪魔と取引き《バーゲン》をしたのであり、自分の魂を売って、それと引き換えに知識と力を得た、「しかし、ひとたび悪魔に魂を売ったら、もう二度と取りもどしようがない」と語っている。

私には、オッペンハイマーをファウストに見立てるのは見当違いで滑稽にすら思える。伝説の錬金術師はいざ知らず、ゲーテのファウストを意味するのならば、オッペンハイマーはファウストの精神の強靭さと規模を持たなかった。彼は愚者《イディオト》であった。

ダイソンの揚げ足をとることを試みよう。ゲーテのファウストは知識と力と若さを求めてメフィストに彼の魂を渡す取引きをしたのではなかった。『ファウスト』の一七〇〇行目あたりで交わされるファウストとメフィストの契約で、ファウストがまず手に入れるのは若い女性マルガレーテである。その一万一五八二行目あたりで締めくくられる契約によるファウストの死と、それに続く救済の壮大な物語は、私には単なる〝知識と力〟の取引きだったとはどうしても読めないのだが、いかがなものであろう。

ダイソンはその著『宇宙をかき乱すべきか』の中で、オーデンとイシャーウッドの書いたドラマ『F6の登攀』の主人公の登山家M・Fにオッペンハイマーをなぞらえている。M・Fは高山F6に魅せられてその頂上をきわめ、そこで死ぬ。ダイソンは、私が先に訳出したオッペンハイマーの言葉を引用し、それにつづいて、「F6も技術的に甘美だった」

と書いている。次にダイソンが出版した『核兵器と人間』では、T・E・ローレンスとオッペンハイマーの類似が強調され、ドラマ『F6の登攀』の主人公はアラビアのローレンスがモデルであったことが指摘されている。そして、ダイソンは、アラビアのローレンスは英雄ともペテン師ともわかりかねる人物であった、とつけ加える。

私には、ダイソンは自らの知的露出症の犠牲になっているように思われる。気の利いた文学的メタファーに自己陶酔するのはよくない。シュヴァリエは、オッペンハイマーをプロメテウス、ファウスト、オスカー・ワイルド、さらにはジキルとハイドにも仕立てあげる。私も、そのひそみにならえば、ロバート・オッペンハイマーをピノキオに仕立てあげる自信がある。まず歩き方がそっくりであり、それに嘘をついてひどい目にあった。

ダイソンの『核兵器と人間』の第一二章は「学者軍人」と題されていて、これはオッペンハイマーを意味している。この章はオッペンハイマーがヴィスタ計画に参加し、核兵器の使用を戦場に限る努力をしたことを論じたものである。私はその細部に多くの不正確さを見出すが、特に次の文章には異論がある。

「一九四五年から一九四八年にわたる数年間、彼はアメリカの武器製造屋としての彼の役割をこえて、しばらくの間、国際政治家となり、世界の科学者共同体の代弁者となった。しかし、一九四九年のソビエトの原爆実験のあとは、彼の地平はまた狭くなりはじめた。国連での交渉の失敗が軍備競争を不可避にした。オッペンハイマーは、またまた、アメリカの一人の武器製造屋にもどってしまった」

「彼の行動は短期的な考慮に支配された。彼が戦術核兵器の長期的な結果、すなわち、不可避のソ連の反撃と、事故または誤算による核戦争の危険の永久的な増加に思いをはせた証拠はまったくない」

ダイソンは全面的核戦争が開始される最大の危険性は戦術核兵器の存在であり、戦場で局地的に使用されれば必ず全面的な核戦争に発展すると考えるのである。

しかし、聴聞会の録音写本《トランスクリプト》の第八三ページには次のようなオッペンハイマーの発言がある。

「ゴードン・ディーンだったと思うが、戦場での原爆の使用が十分効果的に行われれば、原爆を戦略的に用いる必要がなくなるかもしれないと言い出した。私はそれが可能だとは本当にはどうしても信じなかったし、戦術的使用と戦略的使用との間にはっきりした区別を維持できるとも、区別がもっとよくわかるように出来るとも考えなかった」

一九四九年のソ連の原爆実験に刺激されて、オッペンハイマーの反対を排して、アメリカの水爆の突貫開発が出発した。ベーテもフェルミも結局はまたロスアラモスに出かけるようになった。ダイソンの言う武器製造屋に戻ってしまった。しかし、オッペンハイマーは技術的な仕事には二度と戻らなかった。

聴聞会から何年もたったあとで、ダイソンはオッペンハイマーに、戦術核兵器のために懸命に戦ったことを後悔しているかどうか尋ねてみた。オッペンハイマーは次のように答えたという。

「後悔はしていない。しかし、私のあの時の行動を理解するためには、一九五一年当時に存在したままの空軍の戦争計画を見てみる必要がある。あんな滅相もないものを私は見たことがなかった。あれでないものなら何でも、現在の我々の戦争計画でさえ、あれよりはましだ」

その当時の米空軍（SAC）の戦争計画とは、水爆による大々的な戦略爆撃でソ連を地上から抹消してしまうことであった。これだけは何としてでも阻止したいとオッペンハイマーは願ったのである。

不幸にも、「技術的に甘美」という言葉はあまりにも遠く独り歩きをしてしまった。例えば、次の文章を書いた女性社会学者にはオッペンハイマー聴聞会の録音写本を一度はひもとくことをお願いしたい。

「……マンハッタン計画は、さらに大きな影響を残すものであった。巨人の肩の上に立ち不滅の真理の一覧表にそれぞれのささやかな貢献による名を残すことを、科学界の構成員はそれまで変わることなく切望してきたが、これはまた一つの知的伝統の流れを汲むことの証明でもあった。これは『高貴な科学』――今後この用語を使うことにする――の伝統であった。これと正反対に、新しい科学企業家、あるいはプロジェクト指向科学の傭兵隊長《コンドッティエリー》をひきつけたものは、彼らの仲間の最も偉大な人物の一人がいみじくも『技術の甘美な魅力』と呼んだものだった。すなわち、利益をもたらす技術開発計画の実行のために企画され、それのみを目的とする科学的学際研究の方式である。その『甘美さ』は技術開発計画に対する愛着を生み出す。そうした甘美さへの愛着は開発成果の応用の場面では見られない。開発計画自体が愛着の対象となるのである。それは（男性）科学者自身により始動され生命を与えられた自動機械《オートマトン》の擬似的なエロス性を持つ」（ヘルガ・ノヴォトニー「人間が優良ならば優良な科学が実現できるのか」＝『商品としての科学』吉岡書店、一九九一年、所収）

36　物理学者は罪を知ったか？

オッペンハイマーの「物理学者は罪を知った（Physicists have known sin）」という言葉は、一九四七年一一月二五日、マサチューセッツ工科大学（MIT）で行われた講演「現代世界における物理学」の中で語られた。それが含まれる文節の全体を訳出する。

「戦時中のわが国の最高指導者の洞察力と将来についての判断によってなされたこととはいえ、物理学者は、原子兵器の実現を進言し、支持し、結局その成就に大きく貢献したことに、ただならぬ内心的な責任を感じた。これらの兵器が実際に用いられたことで、現代戦の非人間性と悪魔性がいささかの容赦もなく劇的に示されたことも、我々は忘れることができない。野卑な言葉を使い、ユーモアや大げさな言い方でごまかそうとしても消し去ることのできない、あるあからさまな意味で、物理学者は罪を知ってしまった。そして、これは物理学者が失うことのできない知識である」

戦時中の最高指導者とは、おそらく、ローズヴェルト大統領、スチムソン陸軍長官、マーシャル参謀総長を意味する。オッペンハイマーはこの三人の人物に素朴な尊敬の念を抱いていた。

この発言は原爆開発に参加した多くの物理学者の不興を買ったようだ。ローレンスは「私は罪どころか大きな誇りを感じている」と言ったと伝えられる。ダイソンはその辺の事情を『宇宙をかき乱すべきか』の中で描いているが、彼自身の解釈は浅薄なものである。「コーネル大学のロスアラモス経験者のほとんどは、このオッピーの言葉を腹立たしげに拒絶した。彼らは罪の感じなど全然持たなかった。戦いに勝つことを支援するために、困難かつ必要な仕事を成しとげたのだ。戦争で使われる人殺しの兵器であれば、何をつくっても同等に罪があるはずであるのに、原爆を作った人間たちには罪があると、オッピーが公衆の前で泣いてみせたのは公平でないと彼らは感じたのだ。私にはロスアラモスの人たちの怒りはよくわかったが、やはり、オッピーの方に同意する。ロスアラモスの物理学者の罪業は彼らが人殺しの武器を作ったことにあるのではない。アメリカがヒトラーのドイツに対して懸命の戦いを遂行していた時に原爆を作ったことは道徳的に正当化できることだった。しかし彼らはただ原爆を作ったのではなかった。彼らはそれを作るのを楽しんだ。それを作りながら彼らは生涯最良の時を楽しんだ。オッピーが彼らが罪を犯したと言った時に彼の心にあったのは、まさにその事だった、と私は思う。そして、彼は正しかった」

私はダイソンの解釈をとらない。オッペンハイマーがロスアラモス研究所の正史の執筆者として招いた哲学者D・ホーキンスはマッカーシー時代に共産党員としての過去を疑われた人物だが、彼のロスアラモス史の序文（一九八三年出版）で〝物理学者の罪〟についての彼の解釈を与えている。

「彼が言ったことは、兵器作りに関係したことが道徳的に正当化できると考えた人たちの怒りを買った。オッペンハイマーが彼らに罪の懺悔をするように誘っていると思ったのだ。彼が意味したのはそんなことではなかった。彼らは彼を理解しなかった。彼は既存の道徳の言葉で語っていたのではなく、宗教の言葉、あるいは哲学的倫理の、エデンの園の、失われた純潔性の言葉で語っていたのである」

戦後のアメリカの科学者の平和運動についての名著『危険と希望』の著者であり、『オッペンハイマー書簡集』の編集者でもあるA・K・スミスの解釈もホーキンスのそれに近い。広島のニュースを迎えたロスアラモスで一度は歓声をあげてみた人たちも、その直後には一転して暗然とした気持に沈んでいった。

「日がたつにつれて、気持の反転はいよいよつのり、それと共に――戦争が終わったことが原爆を正当化したと考えた人たちでさえ——悪というものの実在についての強烈に内的な経験を味わったのだ。通常の意味で罪を犯したという気持ではなく、これこそが、しきりに引用され、しばしば誤解された『科学者は罪を知ってしまった』という発言で、彼が意味したことであった」

私は、ロスアラモスの日々を現実に生きたこの優れた女性の感性に全面的な信頼を置く。ダイソンの浮薄な文章とくらべてみるがよい。

一九六四年西ドイツの作家ハイナール・キップハルトの戯曲『オッペンハイマー事件』が発表され、同年の西ベルリンでの初演以来、各国で評判になった。日本でも岩淵達治の訳で『朝日ジャーナル』に掲載され、同氏の演出、岡田英次その他の出演で一九六六年一月に俳優座劇場で上演された。

もし、オッペンハイマー聴聞会の録音写本と同じ大きさの活字で印刷すればほぼ五〇ページほどの長さの脚本である。著者キップハルトは、資料にもとづいて厳密に事実に密着したものとしているが、そうではない。これは文学作品である。それはそれでよいが、もし聴聞会そのものを知りたければ、その録音写本を読むか、少なくともJ・メジャーの著作などを読む必要がある。

オッペンハイマーはキップハルトの戯曲を嫌悪し、そのプロデューサーを告訴してまで上演を阻止しようとしたとダイソンは伝えている。一番問題の箇所は台本の終わりの所のオッペンハイマーの〝告白〟であろう。まったくキップハルトの筆になるこの告白の内容は、「物理学者は罪を知った」という言葉の解釈の問題をこえて、文学者を含む私たちのオッペンハイマー観、さらには原爆を生み出したもの、生み出しつづけているものは何かという、まことに根本的な問題に触れるものである。少し長いが全文を訳出する。

「一カ月以上まえに、はじめてこの古いソファに腰を下ろした時、私は自分を弁護するつもりでした。私には何の罪の意識もなかったし、自分を、よろしからぬ政治的な網にかかった犠牲者だと見做していたからでした。しかし、私の動機、私の内的な葛藤、また、あるべき内的葛藤の欠如をすら含めて、私の人生を振り返り再検討する苦痛を強いられてみると、私の態度は変わりはじめた。私は徹底的に率直であろうと努めた。これは多年にわたって人びととの対応で率直でない人生を生きてきた人間が学び直さなければならないことでした。現代の物理学者の一人として自分のことを考えているうちに、私は、ここでロブ氏が考慮すべきこととして唱えている反逆罪の一つのカテゴリーであるイデオロギー的反逆罪とも言うべきものが、実際に犯されたのではないかと自問しはじめたのです。

核物理学の分野では基礎研究でさえ、今日では最高の秘密となること、我々の研究施設は軍部からの資金で運営され、戦時中のプロジェクトのように警護されていること、こうした状況が我々にとって当たり前のことになってしまった。コペルニクスやニュートンのアイディアが今日のような状況下でどうなったであろうかと考えてみると、先がどうなるかを何も考えずに研究成果を軍部に引き渡した時、我々は、多分、科学の精神に対する反逆者となったのではなかったかと思いはじめたのです。そして今、一般の人たちが科学者の発見することを懸念と恐怖をもって見守り、新しい発見に怖れおののいている世界のただ中に生きている自分たちを我々物理学者は見出すのです。

しかも、今の所、人びとがこのますます縮小する惑星の上でいかにして一緒に生きるかをすぐに学ぶ見込みはほとんどないように見えます。また近い将来に人びとの生活の物質面が新しい良い発見によって増進される見込みもありません。

どこであろうと同じように容易で安価に得られる原子力が万人に利益をもたらし、またもともとは大きな破壊の兵器のために開発された電子頭脳が、将来、工場を動かし人間の仕事に創造性をとりもどすようになるだろうとするのは、完全にユートピア的な考えのように思えます。我々の生活が、その幸福の一つの前提条件である、物質的自由で豊かにされるとよいのですが、いま我々が生きている現実に照らして、そうした希望はみたされそうにない。しかも、この状況が実現しなければ、この地球の破壊、想像を絶するおそろしい破壊が待っているだけです。この人類の十字路に立って、我々物理学者は、これまで一度もこのような重責をになったこともなく、これほど完全な無力感におちいることもなかったという事態に直面している。私がこの場で私の人生を見据えつづけているうちに、保安審査委員会が私に対して取った行動は、これまで称讃されてきた私の国家への奉仕よりも、科学の精神に近いことを私は悟ったのです。

したがって、保安審査委員会とは反対に、我々物理学者は、これまで、自分たちのより正しい判断――私の場合、それは水爆のことだけではなく――に自ら逆らって、あまりにも過剰な無思考の忠誠をわが政府に捧げすぎたのではなかったかと、私は自らに問い糺すのです。我々は、ますます甘美な破壊の手段を開発することに人生のあまたの年月を費して軍事的な仕事をやってきた。そして今、私はそれが間違いであったことを骨の中で感じるのです。私は原子力委員会にこの保安審査委員会の多数決による判定の検討をお願いするが、その検討の結果がどうであろうと、私は二度とふたたび、戦争に関係するプロジェクトで働くことは致しますまい。我々は悪魔の仕事をしてきたが、今こそ、本当の任務にもどらなければならない。数日まえ、ラビは再び研究だけに専念したいと私に語りました。この世界を、依然として開かれたままである数少ない場所でそのままに保つことが我々にできる最善のことであります」

キップハルトという他人が書いてくれた、この一見立派な〝懺悔〟をオッペンハイマーが訴訟をおこすほどに嫌悪したのはなぜだろうか。この質問をオッペンハイマーその人に向けた人物がいる。D・ボームである。量子力学のボーア的解釈について重要な提言を行ったことでよく知られる優れた物理学者であった。ボームはバークレーでのオッペンハイマーの学生で、ロマニッツなどと同じようにオッペンハイマーの世話でプリンストン大学に就職したが、左翼学生としての過去が問題になり国外に追放されてメキシコで生活した。オッペンハイマーが非米活動調査委員会で行った証言もボームの苦難につながったと思われる。しかし後年にはボームは再びオッペンハイマーと良好な関係にあったようだ。

キップハルトの戯曲についての感想を、オッペンハイマーがボームに書き送った手紙の日付は一九六六年一二月五日、喉頭ガンのため、話すことも、食事をとることも困難になっていた。二カ月半後には世を去る。

「私がロスアラモスでしたこと、することができたことについて遺憾の意を表することを、私はこれまで決してしなかった。事実、いろいろな場合、何度も同じような場合に、書きものにもして、あのことを私は後悔しなかったという気持の確認をつづけてきた。……キップハルトの書いたことで、特に気分が悪くなるのはあの最後の告白だ。そこでは、まさにそうした後悔を私がしたことになっている。責任と罪についての私自身の気持は、今まで常に過去よりも現在により強くかかわるものであったのであり、これまでの私の人生で、現在にかかわることだけで私の手に余るものがあった」

ここでオッペンハイマーは核兵器について語っているのだから、〝現在〟とは核軍備の現状を意味したはずである。トリニティ実験以来直線的に拡大した核軍備、いやストローズの言葉を使えば水爆の出現のあとは量子飛躍を行って進行した核軍備競争が、オッペンハイマーにとっての絶えざる現在であった。「キャンダー作戦」の所（33節）で引用した彼の有名な「二匹のさそり」の論稿の中に次の文章がある。

「我々は核軍備の開発を大々的に推進し増大してきた。この成長は技術的には自然なものであるが、避けられないものではない。もし国会が資金を出さなかったら、おこらなかったであろう。我々は核兵器の蓄積と威力を増大する決定を行った。我々は最初の時からこれらの兵器を自由に使用すべきだという立場をとってきた。使用を計画していることも周知のことである。そして、この計画の一つの要素は、敵に対して、最初に圧倒的な容赦のない戦略攻撃を加える形で核兵器を使用することがかなり強く固執されていることである」

ここにはオッペンハイマーの二つの重要な思想が顔を出している。第一は戦略爆撃に対する反対である。これは広島、長崎以来の彼の一貫した心情であり考え方であった。第二は、国家が望まなかったら、国会が財政措置を行わなかったら、核兵器は実現しなかったという思想である。悪魔（軍部）と、悪魔に魂を売って技術の甘美を享楽した科学者との契約が原爆を生んだとは考えない思想である。そのように考えることで、原爆を生んだものの正体が見失われるという見方である。

オッペンハイマーは科学者の責任と罪を転嫁しようとしているのではない。政治というもの、政策決定というものには必ず支持の基盤《コンスティテュエント》がある。ヒトラーの独裁政治ですらもその例外ではない。ここで、あらためて、オットー・ハーンがウランの核分裂反応を発見した粗末な木製の実験台の写真とロスアラモス、ハンフォード、オークリッジの巨大な施設の写真を見くらべてみるとよい。この二つの状況の間にあるものが原爆を生んだのである。

キップハルトをはじめとする文学者あるいは社会学者の責任は、粗末な机と巨大な施設の間にあるものの正体を剔出することでなければなるまい。すべての科学者が平和主義者《パシフィスト》になることが核兵器問題の解決法であると考えるのは、すべての軍人が良心的兵役拒否者《コンシェンシャス・オブジェクター》になることが軍隊を消滅させる方法であると考えるのと同じ位馬鹿げている。ファウストとメフィストの契約などといった無意味な文学的メタファーに自己陶酔している場合ではない。

オッペンハイマーについての記録映画『トリニティの翌日』の終わりに近く、プリンストンの高等学術研究所の室内で、パイプを神経質にくゆらしながらインタヴューに応じるオッペンハイマーの姿が映る。おそらく死の一年か二年まえであろう。「ロバート・ケネディは、ジョンソン大統領が核兵器の漸減政策を打ち出すべきだと言っているが、あなたはどう思いますか」という質問に答えて、オッペンハイマーは「もう二〇年手おくれだ。トリニティの翌日にそうすべきだった」と苛立たしげに言い捨てた。

12 晩年

37 プリンストン高等学術研究所

一九四七年の夏おそく、オッペンハイマーの一家、ロバート、キティー、息子ピーター（六歳）、娘トウニィ（三歳）はバークレーからプリンストンに移り、プリンストン高等学術研究所の新しい時代が始まった。この異色の研究所は、一九三〇年、教育改革論者A・フレクスナーがニュージャージーの百貨店主を出資者として説得し、一九三三年にプリンストンの町のはずれに開設された〝学者の天国〟である。その最初の所員はA・アインシュタインと世界的な数学者でプリンストン大学の教授であったO・ヴェブレンであった。フレクスナーは数学をもっとも厳格な学問であると考え、数学を中心にして研究所の内容を充実していった。ヴェブレンとアインシュタインのすぐあとにH・ワイルとJ・フォン・ノイマンが所員となり、一九四〇年にはK・ゲーデルが加わった。これ以上の顔ぶれが一つの研究所に揃うことは考え難い。アインシュタインの存在に発してボーアやディラックが客員として滞在し、また戦時中からパウリが滞在をつづけていた。オッペンハイマーが三代目の所長に選ばれた時、研究所の理事長はL・ストローズがつとめていた。ストローズはその頃すでにオッペンハイマーを好ましく思わずオッペンハイマーの選択に内心反対だったが、周囲の圧力に押されて賛成したものと思われる。

一九四七年、オッペンハイマーがバークレーから五人の若い理論物理学者をつれて乗りこんできてから、プリンストン高等学術研究所に、新しいダイナミックな時代が始まった。物理部門が数学部門に代わって研究所の日々の活動の中心として目を引くようになった。ベーテの言葉を借りれば「一九四七年につづく一〇年間は、コペンハーゲンが一九二〇年代、三〇年代でそうであったように、この研究所の物理学部門が高エネルギー物理と場の理論の発展の世界の中心となった」のであった。G・シーボーグもこの期間のオッペンハイマーのプリンストンを戦後の新しい〝コペンハーゲン〟として位置づけた。この讃辞ほどオッペンハイマーにとって甘く満足なものはなかったであろう。ゲッチンゲン、チューリッヒ、コペンハーゲンに象徴された物理学者の開かれたコミュニティーの実在性を、自らの手によってアメリカの地で証明することを試み、そして成功したのである。実は、オッペンハイマーは、それをロスアラモスでも試み、成功を収めたのだったが、ロスアラモスは悪魔の落とし子を産んでしまった。オッペンハイマーの生涯の最大のアイロニーと悲劇であった。

戦後の物理学の最大のロマンの一つは朝永－シュヴィンガー－ファインマンの電磁場の

量子理論の展開である。その発展の口火を切ったのは一九四七年アメリカ東海岸のシェルター島で開催された学会だった。ここでW・ラムが後にラム・シフトと呼ばれることになった水素原子のスペクトル線のずれについての新しい実験結果を報告し、基礎物理学に戦慄が走った。オッペンハイマーはこの新局面の重要性をただちに把握して、シェルター島会議を継続する会議を一九四八年と一九四九年に組織し、シュヴィンガーとファインマンに彼らの新理論を詳細に発表説明する機会を与えた。一九四八年の会議で、シュヴィンガーが聴衆の疲労を無視して八時間喋りつづけた話は有名である。ちょうどその頃、オッペンハイマーの手許に朝永振一郎から一通の手紙がとどいた。それは朝永がシュヴィンガー、ファインマンの仕事とまったく同内容の仕事を、戦時中から戦後にわたって進めていたことを告げるものだった。オッペンハイマーは朝永の仕事を自分の紹介文付きでアメリカの代表的物理学研究発表誌『フィジカル・レヴュー』に掲載する労をとった。オッペンハイマーは朝永に招待状を送り、一九四九年には朝永振一郎のプリンストン行きが実現した。湯川秀樹もオッペンハイマーに招待されて一九四八年の夏すでに研究所の客員教授になっていた。その後、湯川、朝永両博士につづいて多数の日本人物理学者がプリンストンの高等学術研究所での生活を経験している。この目ざましい現象は何よりもまず戦後の日本の物理学研究の高水準の反映であるが、オッペンハイマーの心の奥にひそむ日本人への贖罪の意識に由来する部分もあったかもしれない。

いわゆる「繰り込み《リノマリゼーション》」の手法で場の理論の困難を乗りこえた朝永－シュヴィンガー－ファインマンの電磁場の量子理論とオッペンハイマーとのかかわりは深かった。電子の電荷を繰り込む考えはファリーやサーバーが戦前に抱いていた。ラム・シフトのラムは一九三八年オッペンハイマーの下で学位を取った。シュヴィンガーは一九四〇年から一年半ほどオッペンハイマーの研究協力者をつとめ、ロスアラモスにも顔を出している。ダイソンは『宇宙をかき乱すべきか』の中で「オッペンハイマーはファインマンの価値を決して認めなかった」と書いているが誤認もはなはだしい。その後にA・K・スミスによって編集された『オッペンハイマー書簡集』を読んでダイソンは自説の訂正を強いられたはずである。書簡集にはファインマンについての、これ以上の個人的讃辞はあり得ないような文章を含む二通の手紙が収録されている。

電磁場の繰り込み理論を、当初には、場の理論が内包する「無限大発散」の困難に対する対症療法であると考えた物理学者が少なくなかった。オッペンハイマーもその一人であったようだ。しかし、場の理論はこの繰り込み理論を踏み台にしてさらに躍進する。それに大きく貢献したM・ゲルマン、南部陽一郎なども高等学術研究所の〝出身者〟である。A・パイス、F・ダイソン、T・D・リー、C・N・ヤンは正式の所員となった。

しかし幸福の日々《ハピー・ディズ》は長くはつづかなかった。一九五四年のオッペンハイマー聴聞会とそれにつづく原子力委員会（AEC）のオッペンハイマーの政府公職追放決定は彼に痛撃を与えた。

ＡＥＣの決定が発表されたのは六月二九日だが、七月一日付でプリンストン高等学術研究所の正式所員と名誉教授二九名はオッペンハイマーを支持する声明を発表した。その署名リストの中にはＡ・アインシュタイン、Ｏ・ヴェブレン、Ｊ・フォン・ノイマン、Ｈ・ワイル、Ｋ・ゲーデル、Ｇ・プラツェック、Ａ・パイス、Ｆ・ダイソンが名を連ねている。

「オッペンハイマー博士の保安資格審査の問題に関する公式の決定が下された今、以下に署名した高等学術研究所の正式所員と名誉教授は、オッペンハイマー博士についての心情を、彼に対して向けられた諸々の告発に照らして、公けに表明することが適切であると考える。

彼を同僚として、この研究所の所長として、また小さな親密な生活共同体《コミュニティー》の隣人として今日まで知ってきた我々は、最初から、彼の合州国に対する忠誠、国家秘密を守る慎重さ、国家の安泰、国力、福祉についての深い配慮について完全な信頼を抱いた。彼の忠誠と愛国的献身についての我々の信頼は、彼の偉大な公的奉仕に対する我々の讃美の念と同じく、いささかもゆらぐことはない。

オッペンハイマーはわが国のために、別種の奉仕も行ってきた。それはより間接的で、より目立たないものだが、我々は大きな意義を持つものと考える。この七年間、彼は感銘に値する献身をもって高等学術研究所の所長の任を果たしてきた。その人格、広汎な科学的関心、鋭敏な学問的態度のユニークな組合せによって、彼は彼が所長として卓越して適任であることを示してきた。我々はこの時にあたって、所長としての彼が我々と共にあることから我々すべてが受けている多くの利益に対する心からの感謝を公けに表明することを誇りとするものである」

オッペンハイマーに対する支持の声はロスアラモス、シカゴ、アルゴンヌ国立研究所からもあがった。しかし、オッペンハイマーは人が変わってしまったように見えた。ベーテはこう書いている。

「オッペンハイマーは聴聞会の結末を実に静かに受け取って堪えた。しかし、彼は別人になった。以前の精神の溌剌さと生気のほとんどが彼から去ってしまった」。

一九五三年九月一八日から二三日まで、日本初の国際理論物理学会議の本会議が京都の湯川記念館で開かれた。世界各国から五〇名をこえる著名な物理学者が招待された。私も若輩として出席したが、その時の興奮は今も胸に新しい。当時の新聞（『朝日新聞』一九五三年七月二〇日）に「アメリカが原子爆弾のR・オッペンハイマー教授以下二三名。……イギリスは……」と記されている。しかしオッペンハイマーは九月二日になって出席不能の旨を通知してきた。彼の訪日は一九六〇年九月になって実現した。知的交流日本委員会の招きに応じて夫人同伴で九月五日羽田に着き二〇日ほど滞在した。羽田におり立ったオッペンハイマーは、早速、報道記者たちから、原爆を作ったことを後悔しているかと問われたが、後悔していないと答えた。東京では朝永博士、京都では湯川博士を中心として日本の物理学者たちと話合いの場を持ち、東大、東京文京公会堂、大阪朝日会館などで公開講演を行った。広島、長崎は訪れなかった。

この訪日の二年後の一九六二年一月、プリンストン高等学術研究所にオッペンハイマーを訪れた村山磐氏はその好著『オッペンハイマー』(太平出版社、一九七七年)の中で、次のように記している。

「わたしがラコンプテ教授に紹介され、握手しながらあいさつをかわしたときに観察したかれの容貌には、かつての栄光のおもかげはみじんもなく、その手はやせこけた病人のようにかよわく、顔には深い皺が刻まれ、苦悩と孤独にさいなまれる七〇のよわいをすぎた老人のようであった。一九〇四年生まれの博士は、そのとき、五七歳のはずであったが、長身痩軀で杖をつき、よろめくような足どり、目は落ちくぼんで哀愁をたたえ、痛ましいまでに弱よわしくなっていた」

プリンストン高等学術研究所の所長としてのオッペンハイマーは、研究所内のあれこれの内紛で多くの心労を味わった。戦時中のロスアラモスでは、あまたのプリマドンナたちを見事におさめたが、平時のプリンストンでは同じようにはならなかった。最初の難問はフォン・ノイマンの電子計算機「エニアク」だった。それまで、高等学術研究所は純粋に基礎的な学問の場であり、応用研究などもってのほかとされていた。外部から多額の資金を得たノイマンは周囲の反対を押し切って研究所内で「エニアク」を製作し、水爆設計のための計算を行った。オッペンハイマーは板ばさみになって苦しんだ。研究所の主力は数学と物理学だったが、経済学、政治学、人類学などの人文系の所員もいた。オッペンハイマーは人文系の部門の充実をはかり、T・S・エリオットを招いたり、G・ケナンを所員として迎えたりした。こうした研究所の内容の変革が数学部門の犠牲において行われていると感じた数学者たちは、ノイマンも含めて所長のオッペンハイマーにつらく当たるようになっていった。D・モントゴメリーやA・ヴェイユ（シモーヌ・ヴェイユの実兄）のオッペンハイマーに対する罵言が今に伝えられている。

38　残照と死

ロバート・オッペンハイマーの名誉はゆっくりとしか回復の兆を見せなかった。オッペンハイマーが反共産主義、反ソ連の時代の狂気の犠牲者であったことは基本的な事実だが、オッペンハイマーの失脚を謀り、そして成功した直接的な力は、彼に対するテラーとストローズの個人的な敵意であったと広く考えられている。

一九五四年、宿敵オッペンハイマーを政府のサークルから完全に追放したテラーは、それから四〇年間、数代の大統領を籠絡し、アメリカの核政策に絶大な影響を及ぼしつづけて現在に至っている。かつてのオッペンハイマーの声に相当するような、テラーに対抗する正気の声、道理の声は、ついに現われることがなかった。

しかし、L・ストローズの没落は、はやくも五年後に到来した。ストローズは一九五三年アイゼンハワーによって原子力委員会（AEC）の委員長に任命された。五年の任期のあと、一九五八年にアイゼンハワーは彼を再任しようとしたが、ストローズ自身は四年前のオッペンハイマー事件に対する批判の声が根強く残っていることから上院での承認が難航するものと判断し、AECの委員長は辞退し、むしろアイゼンハワー内閣の商務長官に就任することを選んだ。ところが、上院での三カ月にわたる聴聞の末、ストローズはこの地位を占めるには不適格であると判定され、一九五九年の夏以降、ワシントンの政界から完全に姿を消すことになった。ロスアラモス研究所の重要な一員であった核物理学者D・R・イングリスは、ストローズの適性を審査する上院の聴聞会に証人として出席し、一九五四年のオッペンハイマーに対する断罪はストローズの個人的な復讐であったと証言し、さらに、ストローズがオッペンハイマーを非難した言葉をそのまま再使用して「ストローズこそは『本質的な性格上の欠陥』の故に、アイゼンハワー内閣の閣僚には不適である」とまで供述したのであった。一九五四年の聴聞会でオッペンハイマーは単なる記憶の誤りを嘘言として追及されたが、一九五九年、ストローズはまったく同じ責めを受けた。自業自得というべきか。

一九六一年、J・F・ケネディが大統領に就任し、M・バンディ、D・ラスクなどのオッペンハイマー支持者たちがケネディ側近のブレインとなった。オッペンハイマーの公的名誉回復の工作はそのあたりに発したものと思われる。一九六三年四月はじめ、原子力委員会の委員長シーボーグから、AECが科学者に与える最高の栄誉「フェルミ賞」がオッペンハイマーに与えられる旨の通知がとどいた。それより前、シーボーグがオッペンハイマーに、もう一度AECに対して保安審査の再開を求める気があるか否かを尋ねた時、オッペンハイマーは「まっぴら御免」と答えたと伝えられている。

フェルミ賞は一九五四年にAECによって始められ、第一回はフェルミ(一九五四年一一月二八日死去)に与えられ、二回目以後に「フェルミ賞」と名づけられた。歴代の受賞者はJ・フォン・ノイマン(一九五六)、E・O・ローレンス(一九五七)、E・P・ウィグナー(一九五八)、G・T・シーボーグ(一九五九)、H・A・ベーテ(一九六一)、E・テラー(一九六二)であった。

一九六三年一一月二二日の新聞朝刊に、ケネディ大統領自らがホワイトハウスでオッペンハイマーにフェルミ賞を手交することが報ぜられた。その日の午後、ケネディはダラスで兇弾に倒れた。

オッペンハイマーにフェルミ賞を授与することには政府内にも議会内にも反対の声があった。オッペンハイマーはAECの保安審査によって公職から追放された身分であり、フェルミ賞はAECが与える賞であったからだ。しかし、ケネディの後継者L・ジョンソン大統領は反対を押し切って、予定通り一二月二日（フェルミの原子炉の記念日）にオッペンハイマーをホワイトハウスに招待し、自らの手で、表彰状、金メダル、五万ドルの小切手をオッペンハイマーに手渡した。

オッペンハイマーは無言でしばらく立っていたが、やがて、「大統領閣下、あなたがこの賞を与えるに当たっては、いささかの慈悲心といささかの勇気を要したことであったろうと私は考えます。このことは、我々の未来全体にとって良き前兆のように思われます」と礼をのべた。前回の受賞者E・テラーも式典に出席し、オッペンハイマーに握手を求めて祝言を述べた。その時の写真がある。にこやかに握手する二人と、硬い表情のキティー夫人が対照的である。

ゲッチンゲンでのオッペンハイマーの師マックス・ボルンと彼との関係も興味ぶかい。プリンストンの研究所に一度も招待を受けなかったボルンは、オッペンハイマーをはじめとする彼のかつての弟子たちが核兵器の開発に参加したことに彼が批判的であったことがその理由だと考えていたようだ。そのボルンが晩年のオッペンハイマーに手紙を送って、政治家たちの冷笑と大衆の無関心に挑戦し、他の科学者が責任回避を試みる困難な問題に立ち向かったオッペンハイマーを称揚した。オッペンハイマーは心温まる思いで礼状を送った。

「私は、これまで私がしたことの大きな部分をあなたが容認しておられないように感じて

原子力委員会からフェルミ賞を受ける　1963年12月2日，ホワイトハウスでフェルミ賞を受賞したあと，テラーと握手するオッペンハイマー．左端は夫人キティー．この受賞の実現に努力したG. シーボーグが背景に見える．

いました。あなたのお気持を、私はいまあなたと共にしています」

一九六四年の春、オッペンハイマーはロスアラモス研究所からの招待に応じて、一九六二年に亡くなったニールス・ボーアの追悼講演を行った。六〇歳の還暦を迎えたばかりであったが、健康は痛々しく衰え、七〇歳をこした老人と思われた。医者は旅行に反対した。ロスアラモスの講演会場は超満員の入りであった。研究所長のブラッドバリーがオッペンハイマーをミスター・ロスアラモスと呼んで紹介すると、会場をうめつくした全員が立ち上がって嵐のような喝采を送り、ブラッドバリーの声は消されてしまった。ニールス・ボーアのあらゆる面での偉大さを讃える美しい内容の講演の中で、彼がこの巨人と親密な関係にあったことは決して強調されなかった。講演が終了すると、再び全員総立ちとなって拍手は止まることを知らなかった。オッペンハイマーに対するこの自発的な愛情の溢出は、彼にフェルミ賞にまさる喜びを与えたかもしれない。これが彼のロスアラモスへの帰還の最後となった。

一九六五年のなかばには、オッペンハイマーは高等学術研究所の所長を辞任することを考えはじめ、喉頭ガンによる死が間近いことを自覚して、一九六六年はじめ辞表を提出し、アインシュタインが晩年に占めていた名誉教授の座をついだ。F・ダイソンの『宇宙をかき乱すべきか』の一節を引用しよう。

「一九六六年二月、彼は喉頭ガンによる死が迫っていることを知った。彼に残された一二カ月の間、彼の精神は肉体の衰えに反比例して強くなっていった。……彼は単純になり、直截になり、不屈の勇気を示した。こうして、ロスアラモスで彼の友人たちが見たものを、私も目のあたりにしたのであった。打ちひしがれんばかりの重荷をにないながら、しかもその任務を見事なスタイルと上機嫌で遂行し、自ら模範を示して、周りの我々すべての精神を高揚させる、一人の男を見たのであった」

ダイソンによれば、オッペンハイマーは話すこともよくかなわぬ有様ながら、研究所の物理部門の次年度の訪問者を選考する会議に出席し、そのあと帰宅してベッドに倒れこんだまま、意識を回復することなくこの世を去った。一九六七年二月一八日夕刻。六二歳一〇カ月の生涯であった。

一九六七年二月二五日の午後、骨にしみる寒さの灰色の空の下、プリンストン大学のアレクサンダー・ホールに友人、知人、六〇〇名が集まってオッペンハイマーの告別式が行われた。今は白髪の老将軍となったグローヴスはワシントンから軍用機をチャーターして出席した。マンハッタン計画の防諜主任であり、聴聞会ではオッペンハイマーの弁護に回ってロブとわたり合ったランズデールもクリーヴランドから急遽空路で到着した。リリエンソールの顔もあった。

午後三時、高等学術研究所所長C・ケイセンの挨拶につづいて、H・ベーテ、H・D・スマイス、G・ケナンの三人が立って弔辞をのべた。ベーテの長い弔辞は次のように始ま

プリンストン大学から名誉学位を受けるオッペンハイマー　1966年晩春．すでに喉頭ガンが進行していた．翌年2月18日，62歳10カ月の生涯を閉じた．

った。

「J・ロバート・オッペンハイマーはアメリカの理論物理学を偉大にすることに誰よりも大きな貢献をした。彼の心は物理学のもっとも基本的な問題に向けられていた。基本的な困難に意力を集中し、容易な問題はかえりみないという彼の態度は、彼の学生たちによく伝えられた。プリンストンの高等学術研究所の物理グループの活動を説明するのに、『我々は何がわからないかをお互いに説明し合うことにしている』と彼が話してくれたことがある。……そこには常に生き生きとした興奮と、これから先の世代にわたる物理学の興奮への期待があった」

つづいてH・D・スマイスが立って、オッペンハイマーの公職追放がアメリカの歴史に消すことのできない汚点を残したことを強調し、オッペンハイマーの鎮魂を祈った。スマイスは五人のAEC委員の中ではただ一人オッペンハイマーの無罪を主張した。

「プリンストンの小さな町で、私たちは彼を指導的な市民の一人として持っていることを誇りにしていた。科学者たちは、物理学者として、また人間としてのロバート・オッペンハイマーを知る機会を持ったことを心からの喜びとした。私たちは、科学の輝かしい発見がおそるべき武器に誤用されなければならなかったことに対する彼の深い悔悟を共にする」

最後はG・ケナンの弔辞であった。

「大規模破壊兵器の開発の脅威が指し示す終末的破滅を回避するために、これほど熱情的に身を挺した人物は他にいなかった。……彼の戦いは終わった。……」

ジュリアード弦楽四重奏団が演奏するベートーヴェンの弦楽四重奏曲嬰ハ短調（作品一三一）が告別式の最後を飾った。バークレー時代からオッペンハイマーが愛してやまぬ曲であった。

おわりに

本書は多数の文献にもとづいて書かれた。オッペンハイマーと面識のあった方々にも接触したが新しい事実は得られなかった。私が、会話や状況の叙述を勝手に創作した箇所は一つもない。個々の引用文、事実、各種データの出所についての御質問には、個別にお答えしたい。

私がカナダに在住していることもあって、使用した文献のほとんどは英文で、邦訳があるものも、よく参照することを怠った場合が多い。

ただ一冊、村山磐著『オッペンハイマー』（太平出版社、一九七七年）については、感謝の意を表しておきたい。

一〇年ほども前のことであったろうか。その頃いろいろと御教示いただいていた岩波書店の宮部信明さんから村山さんの著書をいただいた。すでにオッペンハイマーに強い関心を持っていた私には、村山氏の著書がオッペンハイマーに対して心情的に好意的すぎるように思われた。つまり、私には別のオッペンハイマー伝が書けると思ったのである。

それから一〇年、私はかなり広く読み漁り、絶えずオッペンハイマーのことを考え続けてきた。その結果、私が見出したことは、私も、まわりまわって、結局は村山さんが立っておられた場所に戻ってきてしまったという事であった。

朝日新聞社の柄沢英一郎さん、山田豊さん、岡恵里さんにはことのほかお世話になった。映画『ジュラシック・パーク』にあらわれるオッペンハイマーのことを教えて下さったのは山田さんである。

村山磐氏が使用されなかった文献で、史料としてもっとも重要と思われるものを、八冊だけ掲げておく。

(1) *Robert Oppenheimer: Letters and Recollections.* Edited by Alice Kimball Smith and Charles Weiner. Harvard University Press, 1980.

(2) *A History of The United States Atomic Energy Commission.*
Volume 1. "*The New World, 1939/1946*". By Richard G. Hewlett and Oscar E. Anderson. Jr. Pennsylvania State University Press, 1962.
Volume 2. "*Atomic Shield, 1947/1952*". By Richard G. Hewlett and Francis Duncan. Pennsylvania State University Press, 1969.
Volume 3. "*Atoms for Peace and War, 1953/1961*". By Richard G. Hewlett and Jack M. Holl. University of California Press, 1989.

(3) *The American Atom*. Edited by Philip L. Cantelon, Richard G. Hewlett, and Robert C. Williams. University of Pennsylvania Press, 1984.

(4) *Critical Assembly: A Technical History of Los Alamos during the Oppenheimer Years, 1943–1945*. By Lillian Hoddeson, Paul W. Henriksen, Roger A. Meade and Catherine Westfall. Cambridge University Press, 1993.

(5) *The History of Modern Physics, 1800–1950*.
Volume 2. "*Project Y: The Los Alamos Story*". Part I: Toward Trinity. By David Hawkins. Tomash Publishers, 1983.

(6) *In the Matter of J. Robert Oppenheimer: Transcript of Hearing before Personnel Security Board and Texts of Principal Documents and Letters*. United States Atomic Energy Commission. The MIT Press, 1970.

文庫版あとがき

一九四五年、ニューメキシコ砂漠の広漠たる荒地に位置する「トリニティ（三位一体）」とロバート・オッペンハイマーが名付けたテストサイトで、現地時間七月一六日午前五時二九分四五秒、史上初の原子爆弾が炸裂、天地に満ち満ちる閃光と大轟音と共に、この世のものとも思われぬ巨大なキノコ雲が天空に立ち上がった。何らかの神秘的啓示の現前として人々の心を打ったことは想像に難くない。その時ロバート・オッペンハイマーの心中に閃いたとされる「われは死となれり、世界の破壊者となれり」という言葉は広く引用される。日本でもよく知られたP・グッドチャイルド著『ヒロシマを壊滅させた男オッペンハイマー』（池澤夏樹訳、一九八二年）の原著タイトル『*J. ROBERT OPPENHEIMER, Shatterer of Worlds*』もこの語句に由来する。

二〇〇一年に米国で出版された漫画本スタイルの著書『フォールアウト』（J・オッタビアーニ他三名共著）は多くの読者を獲得しているようだが、その中の一頁に「I am become DEATH, destroyer of worlds」という言葉がオッペンハイマーの口から出ている「吹き出し」を使ってグラフィックに描かれている。しかし、これは大きな誤りである。

拙著の第6章に詳しく説明した通り、ヒンズー教の神クリシュナ（別称ヴィシュヌ）が、骨肉相食む大戦争への参加を前にして怯え尻込む王子アジュナを激励するために、多数の腕を持った恐ろしい姿に変身して、このセリフを王子アジュナに投げかけるのだ。

生誕百年（二〇〇四年）を機に、米国ではオッペンハイマーについての関心が高まり、C・カールソン、A・ホリンジャー共同編集の『オッペンハイマーの再評価』（二〇〇五年）をはじめとして好著の出版が続いている。中でもK・バード、M・J・シャーウィン著『*The Triumph and Tragedy of J. ROBERT OPPENHEIMER*』（総頁七二二頁、二〇〇五年）とR・モンク著『*ROBERT OPPENHEIMER*』（総頁八二五頁、二〇一二年）の二冊は圧巻である。

これらの重要著作に先立って、二〇〇〇年、『J・ロバート・オッペンハイマーのギータ』と題する四四頁の長論文がアメリカ哲学会紀要（v 144、pp 123〜167）に掲載された。著者は日系米人ジェイムズ・ヒジヤ、先に紹介した三冊の著書のどれにもこの論文への言及がある。

ヒジヤ氏の主張を端的に要約してみよう。

ボードレールの詩集『悪の華』を愛唱する優秀明晰な基礎理論物理学者オッペンハイマーが、国家の要請に応えて、原子爆弾の開発製造に邁進し、ヒロシマ・ナガサキの破壊に加担した事実を、一つの謎として捉え、この謎を解く鍵を、ヒンズー教の聖典『バガヴァド・ギータ』の中で、主神クリシュナ（ヴィシュヌ）が王子アジュナを同胞兄弟をも殺戮する戦争に参加させようとして発した激励の言葉に求めたのである。つまり、オッペンハイマーは自分を王子アジュナに擬して、原子爆弾の製作と広島・長崎への投下という、人間としての悪行の正当化と自己弁護を聖典『ギータ』の一行に求めたとするのが、ヒジヤ氏の主張である。

ヴィシュヌの「われは死……」云々の話をオッペンハイマーが何時どこで他人に初めて語ったのか、はっきり確かめられていない。それが最初のキノコ雲の下でなかったことはほぼ確かである。最もよく知られ、引用されているのは、彼の死の二年前の一九六五年に米国の放送会社NBCが制作したテレビドキュメンタリーに収録された老オッペンハイマーの回想的発言である。音楽家坂本龍一の作品『オッペンハイマーのアリア』でも巧みに利用されている。その発言を以下に訳出する。

「僅かな人々が笑い声を立て、僅かな人々は泣いた。殆どの人々は黙っていた。私は、ヒンズー教の聖典バガヴァド・ギータの一行を思い出した。ヴィシュヌは、王子がその義務を果たすように説得を試み、王子を威圧するために、自らは、多数の腕を持つ姿に変身して、「今や我は死となれり、世界の破壊者となれり」と語る。

私たちの誰もが、あれこれ何らかの形で、そうした考えを抱いたものと私は推察する」*

このヴィシュヌの言葉に関連して、もう一つ、オッペンハイマーの注目すべき発言がある。一九五〇年、西ベルリンに文化自由会議（Congress for Cultural Freedom, CCF）と称する組織が創設された。米国の中央情報局（ＣＩＡ）が秘密裏に出資する反共文化活動の拠点だった。一九六〇年、ＣＣＦの十周年記念講演会で、オッペンハイマーは次の言葉を発しているのだ。「ヴィシュヌがアジュナに与えた理屈では私の気持ちが楽になれないとすれば、それは、私が余りにもユダヤ人、それにも増して余りにもキリスト教徒、ヨーロッパ人、とりわけ余りにもアメリカ人であるからだ**」

この言葉は晩年のオッペンハイマーが原爆製造もヒロシマ・ナガサキの壊滅も『ギータ』によっては正当化出来ないことを自覚していた証拠と言えよう。

ロバート・オッペンハイマーが、特異な歴史的人物として、今なお盛んに論じられている米国の現状を、私は歓迎しない。この現象は米国人が核兵器の問題に正面から向き合うことを妨げていると考えるからである。

幸いに、このところ、ヒロシマ・ナガサキの惨禍に焦点を合わせた好著の出版が相次いでいる。その三例を挙げる。

FALLOUT by Lesley Blume（2020）
A TOMIC DOCTORS by J. L. Nolan, Jr.（2020）

CHOOSING LIFE by Leslie A. Sussan (2020)

私の旧著（１９９６年初版）の文庫本として再出版が実現したのは、全く筑摩書房の渡辺英明さんと元・朝日新聞社の山田豊さんのお陰である。心から感謝を申し上げる。

二〇二一年　六月　　藤永　茂

* A few people laughed, a few people cried. Most people were silent. I remembered the line from the Hindu scripture, the Bhagavad-Gita; Vishnu is trying to persuade the prince that he should do his duty, and to impress him, takes on his multi-armed form and says, "Now I am become death, the destroyer of worlds." I suppose we all thought that, one way or another.

** If I cannot be comforted by Vishnu's argument to Arjuna, it is because I am too much a Jew, much too much a Christian, much too much a European, far too much an American.

ちくま学芸文庫

ロバート・オッペンハイマー
――愚者《ぐしゃ》としての科《か》学者《がくしゃ》

二〇二一年八月十日　第一刷発行
二〇二四年四月五日　第三刷発行

著者　藤永　茂（ふじなが・しげる）
発行者　喜入冬子
発行所　株式会社　筑摩書房
東京都台東区蔵前二―五―三　〒一一一―八七五五
電話番号　〇三―五六八七―二六〇一（代表）
装幀者　安野光雅
印刷所　株式会社精興社
製本所　加藤製本株式会社

ISBN978-4-480-51071-6 C0142